本书是国家社会科学基金项目"农村文化建设与农民全面发展研究"(项目号:17BKS005)的阶段性成果。

中国农民发展的权益保障研究

高君 著

中国社会科学出版社

图书在版编目(CIP)数据

中国农民发展的权益保障研究 / 高君著. —北京：中国社会科学出版社，2019.10

ISBN 978-7-5203-5548-3

Ⅰ.①中… Ⅱ.①高… Ⅲ.①农民-权益保护-研究-中国 Ⅳ.①D422.6

中国版本图书馆 CIP 数据核字(2019)第 248325 号

出 版 人	赵剑英
责任编辑	宫京蕾
特约编辑	李晓丽
责任校对	王 龙
责任印制	郝美娜
出　　版	中国社会科学出版社
社　　址	北京鼓楼西大街甲 158 号
邮　　编	100720
网　　址	http://www.csspw.cn
发 行 部	010-84083685
门 市 部	010-84029450
经　　销	新华书店及其他书店
印刷装订	北京君升印刷有限公司
版　　次	2019 年 10 月第 1 版
印　　次	2019 年 10 月第 1 次印刷
开　　本	710×1000　1/16
印　　张	16.5
插　　页	2
字　　数	279 千字
定　　价	98.00 元

凡购买中国社会科学出版社图书，如有质量问题请与本社营销中心联系调换
电话：010-84083683
版权所有　侵权必究

目　录

引言 …………………………………………………………………（1）
 一　发展已经成为农民的主要问题 ………………………………（1）
 二　农民发展关键是农民权益保障 ………………………………（4）

第一章　农民发展的权益保障理论分析 ………………………（8）
 第一节　农民发展的前提基础是拥有权益保障 …………………（8）
  一　农民发展已成为农民问题的实质 …………………………（9）
  二　农民发展的主要内容 ………………………………………（12）
  三　农民发展的前提基础是权益保障 …………………………（18）
 第二节　农民发展权益保障的本质与基本内容 …………………（21）
  一　农民发展权益保障的本质 …………………………………（22）
  二　农民发展权益保障的基本内容 ……………………………（25）
 第三节　马克思主义农民发展的权益保障理论 …………………（31）
  一　马克思主义农民发展的理论 ………………………………（31）
  二　马克思主义农民发展的权益保障理论 ……………………（35）
  三　中国化马克思主义农民发展的权益保障理论 ……………（39）

第二章　农民发展的权益保障历史变迁 ………………………（49）
 第一节　传统农民发展的权益保障 ………………………………（50）
  一　传统农民发展的阶段 ………………………………………（50）
  二　传统农民发展的权益保障 …………………………………（56）
  三　传统农民发展权益保障的阶段性特征 ……………………（63）
 第二节　集体农民发展的权益保障 ………………………………（65）
  一　集体农民发展的阶段 ………………………………………（66）
  二　集体农民发展的权益保障 …………………………………（71）

三　集体农民发展权益保障的阶段性特征……………………(78)

　第三节　自主农民发展的权益保障……………………………(80)
　　一　自主农民发展的阶段………………………………………(80)
　　二　自主农民发展的权益保障…………………………………(85)
　　三　自主农民发展权益保障的阶段性特征……………………(89)

第三章　农民发展的经济权益保障……………………………(92)

　第一节　农民发展经济权益保障的重要作用…………………(92)
　　一　农民经济权益保障与农民发展的内在一致性……………(92)
　　二　农民经济权益保障对农民发展的促进作用………………(93)

　第二节　农民发展经济权益保障现状与问题…………………(97)
　　一　农民发展经济权益保障的积极变化………………………(97)
　　二　农民发展经济权益保障的主要问题………………………(100)

　第三节　农民发展经济权益保障问题的原因…………………(106)
　　一　制度不完善是农民发展经济权益缺失的根源……………(106)
　　二　组织化程度低导致农民缺乏市场谈判能力………………(111)
　　三　自身素质低下使得农民经济权益意识不强………………(114)

　第四节　农民发展经济权益保障的对策建议…………………(116)
　　一　完善农民发展经济权益保障的相关制度…………………(116)
　　二　提高农民发展经济权益保障的组织化程度………………(121)
　　三　提高农民自身发展的经济权益意识………………………(122)

第四章　农民发展的政治权益保障……………………………(126)

　第一节　农民发展政治权益保障的重要作用…………………(126)
　　一　农民政治权益保障是农民发展的题中之义………………(126)
　　二　农民政治权益保障是农民发展的前提条件………………(127)
　　三　农民政治权益保障是农民发展的核心内容………………(128)

　第二节　农民发展政治权益保障现状与问题…………………(129)
　　一　农民发展政治权益保障的积极变化………………………(130)
　　二　农民发展政治权益保障的主要问题………………………(133)

　第三节　农民发展政治权益保障问题的原因…………………(138)
　　一　农民发展政治权益保障的制度性因素……………………(138)
　　二　农民发展政治权益保障的规范性因素……………………(140)
　　三　农民发展政治权益保障的自身因素………………………(142)

第四节　农民发展政治权益保障的对策建议 …………………… (144)
　　一　健全法律制度保障体系，落实农民发展的平等选举权 …… (145)
　　二　提高农民政治权益保障意识，落实农民发展的政治
　　　　参与权 ……………………………………………………… (147)
　　三　健全农民政治权益表达机制，落实农民发展的政治
　　　　表达权 ……………………………………………………… (150)
　　四　完善农民政治监督机制，落实农民发展的政治监督权 …… (151)

第五章　农民发展的文化权益保障 ……………………………… (154)
第一节　农民发展文化权益保障的重要作用 …………………… (154)
　　一　保障农民文化权益有利于培育现代新型农民 ……………… (155)
　　二　保障农民文化权益有利于增强农民发展的动力 …………… (156)
　　三　保障农民文化权益有利于实现农民脱贫致富 ……………… (157)
　　四　保障农民文化权益有利于维护农民其他权益 ……………… (157)
第二节　农民发展文化权益保障现状与问题 …………………… (159)
　　一　农民发展文化权益保障的积极变化 ………………………… (159)
　　二　农民发展文化权益保障的主要问题 ………………………… (162)
第三节　农民发展文化权益保障问题的原因 …………………… (168)
　　一　保障农民发展文化权益的相关制度设计缺陷 ……………… (168)
　　二　政府为农民发展提供的公共文化服务不够完善 …………… (171)
　　三　农民发展自身的文化权益保障意识不强 …………………… (174)
第四节　农民发展文化权益保障的对策建议 …………………… (176)
　　一　完善农民发展的文化权益保障相关制度 …………………… (176)
　　二　加强政府提供农民发展的公共文化服务力度 ……………… (179)
　　三　提高农民自身发展的文化权益保障意识 …………………… (181)

第六章　农民发展的社会权益保障 ……………………………… (184)
第一节　农民发展社会权益保障的重要作用 …………………… (184)
　　一　农民发展的社会权益保障是农民全面发展的基本保障 …… (184)
　　二　农民发展的社会权益保障是农民权益保障的重要内容 …… (185)
　　三　农民发展的社会权益保障是我国社会协调发展的必然
　　　　要求 ………………………………………………………… (187)
第二节　农民发展社会权益保障现状与问题 …………………… (189)
　　一　农民发展社会权益保障的积极变化 ………………………… (189)

二　农民发展社会权益保障的主要问题 …………………… (200)
　第三节　农民发展社会权益保障问题的原因 ……………………… (205)
　　一　城乡二元社会制度差异的影响 ………………………… (205)
　　二　政府投入不足及责任边界不清的影响 ………………… (208)
　　三　企业社会责任缺乏的影响 ……………………………… (209)
　　四　农民自身素质低下的影响 ……………………………… (210)
　第四节　农民发展社会权益保障的对策建议 ……………………… (213)
　　一　深化城乡二元制度改革推进城乡发展一体化 ………… (213)
　　二　厘清政府责任边界加强政府的服务职能 ……………… (216)
　　三　提高企业社会效益增强企业的社会责任 ……………… (219)
　　四　确保农民主体地位提升农民的能力与素质 …………… (221)

第七章　**农民发展的环境权益保障** ……………………………… (224)
　第一节　农民发展环境权益保障的重要作用 ……………………… (224)
　　一　农民环境权益保障是农民发展的题中之义 …………… (225)
　　二　农民环境权益保障对农民发展的促进作用 …………… (226)
　第二节　农民发展环境权益保障现状与问题 ……………………… (230)
　　一　农民发展环境权益保障的积极变化 …………………… (230)
　　二　农民发展环境权益保障的主要问题 …………………… (233)
　第三节　农民发展环境权益保障问题的原因 ……………………… (237)
　　一　农民环境权益保障制度不够完善 ……………………… (237)
　　二　农民环境权益保障中政府责任不够到位 ……………… (239)
　　三　农民环境权益保障意识不强 …………………………… (240)
　第四节　农民发展环境权益保障的对策建议 ……………………… (242)
　　一　完善农民发展环境权益保障的相关制度 ……………… (242)
　　二　强化农民发展环境权益保障的政府责任 ……………… (244)
　　三　提高农民发展环境权益保障的主体意识 ……………… (246)

参考文献 ………………………………………………………………… (249)
后记 ……………………………………………………………………… (258)

引　言

我国"三农"问题是经济社会发展的主要问题，也是党和国家工作的重中之重。"三农"问题的核心是农民问题，农民问题的实质已经由生存层面转型到了发展层面，现在也已到了必须从发展的视角看待和解决农民问题的时候了。

在乡村振兴背景下解决农民问题的根本，就是要解决农民的发展问题。农民发展问题的解决，既有赖于农民自身的内在条件，也有赖于社会提供的必备的外在环境与条件，本书的基本立场是在承认和尊重农民享有各项权益的基础上，在实施乡村振兴战略的基本框架内，侧重于农民发展的经济权益保障、政治权益保障、文化权益保障、社会权益保障和环境权益保障等外在环境与条件的分析和探索，致力于寻找农民发展的各项权益实现和保障的有效途径，以促进农民自由全面发展。

一　发展已经成为农民的主要问题

长期以来，中国农民一直为吃饭问题所困扰，农民面临的主要问题是生存问题。新中国成立后，特别是改革开放以来，农村家庭联产承包责任制的实行，短时间内解决了大多数农民的吃饭问题。进入21世纪，在全面建成小康社会、建设社会主义新农村和实施乡村振兴战略过程中，农民的主要问题已经从生存层面进入发展层面，发展成为农民面临的主要问题，这需要从发展的角度看待和回答农民问题了。

（一）农民的主要问题已经是发展问题

中国最大的问题是"三农"问题，"三农"问题的核心是农民问题，在农民生存问题得到基本解决之后，农民问题的重心已经由生存转型到了发展层面，即如何提高农民的素质和能力、增强农民的主体性和现代性问题。对于大多数中国农民来说，面临的主要问题是可持续发展问题。

所谓农民发展，是指农民的本质力量和本质关系的发展。农民的本质力量就是农民主体的能力，农民的本质力量的发展就是农民主体的能力的发展，是农民的认识、控制和改造自然的能力的拓展，是实践发展在农民的生理和心理上的积淀，是农民的智力和体力的总和；农民的本质关系就是农民所具有的现实的社会关系，农民的本质关系的发展就是农民所具有的现实社会关系的发展，它包括农民在实践中所形成的对象性关系、主体与客体的关系以及主体能力的发挥所借以实现的社会形式和交往形式。农民发展的根本是农民自身的能力与素质的提升，即农民通过能力与素质的提高，拓展其劳动范围，使农民不再是从事简单劳动的体力劳动者，并能够在劳动的过程中发展自己、提升自己；农民发展的核心是农民意识的发展，即农民通过认识自然和社会能力的提高，从而具有理性、具有总体意识。

无论是作为群体的农民还是作为个体的农民，都具有人本质的一般特性，包含人的需要、劳动、交往和意识四个要素。所以，把握农民发展的基本内涵，必须从农民作为人，从人的本质发展角度来认识和理解。人的本质发展的要素，主要包括作为人本质的核心要素——人的劳动能力的发展以及作为人本质的从属要素——人的需要的发展、人的社会交往的发展和人的现代意识的发展。其中，正是因为人有了需要才有了劳动能力的发展，而人的劳动能力的发展不仅不断满足人的需要，而且还会引发出新的需要。劳动能力的发展与需要的发展的相互作用，成为人的社会交往的基础，人的社会交往的发展使人与人统一形成社会，人的现代意识的发展则是贯穿于人的劳动能力发展、人的需要的发展和人的社会交往的发展中的必要因素。

因此，从人的内在本质发展的角度来认识和理解农民发展，农民发展主要体现为需要的发展、劳动能力的发展、社会交往的发展和现代意识的发展四个方面的内容。如果从人的发展的外在表现与外在条件看，人的发展离不开或少不了社会提供的必要的环境与条件，这样来认识和理解农民发展，农民发展则外在地表现为农民在经济、政治、文化、社会、环境等方面的发展以及社会在经济、政治、文化、社会、环境等方面为农民发展提供的必要的环境与条件。

当前，农民发展问题已经成为农民面临的根本性问题，这就要求我们必须坚持以农民为本、以农民发展为本，来分析、思考和对待农民问题，积极赋予农民平等的发展权利，为农民发展创造更为有利的发展环境、条件和机会。

（二）要以发展为根本解决农民问题

何谓中国农民问题的解决？实际上，一方面，就是农民主体与非农民主体之间的经济社会差异不再显著，也就是城乡经济社会一体化发展的实现。在此意义上，提出城乡统筹发展、城乡一体化发展是一个根本取向。城乡一体化并不意味着城乡间无差异或城乡一致化，城乡一体化的核心内涵应该是城乡间不存在人为的影响农民就业、教育、医疗、社会保障、自由迁徙与选择等的制度性障碍。从这一意义上讲，中国农民问题的解决过程既是城乡统筹发展一体化程度不断提高的过程，更是农民主体性得以确认、维护和提高的过程。另一方面，也是中国农民的素质、技能不断提升，农民的现代性不断增强的过程。在此意义上，实现中国农民发展是一个根本的取向，农民问题的解决过程就是农民的本质力量和本质关系提升的过程，就是农民能力和素质提升的过程。

现在已经到了必须从发展的视角来审视和解决中国农民问题的时候了，也已经到了必须以农民发展为根本来解决中国农民问题的时候了。其原因在于：一是中国共产党坚持以人为本，始终把实现好、维护好、发展好最广大人民的根本利益作为党和国家一切工作的出发点和落脚点。无疑，实现好、维护好、发展好占中国人口大多数的农民的根本利益，解决好农民问题，应该始终是党和国家工作的重中之重，是党和国家一切工作的出发点和落脚点。因此，必须尊重农民主体地位，发挥农民首创精神，保障农民发展的各项权益，促进农民全面发展。二是任何历史发展进程都是历史主体的主体性提高的过程。事实上，无论中国革命、建设还是改革，如果没有农民这个主体，一切最终还是落不到实处。仅就"三农"而言，无论是发展现代农业，还是发展现代农村，都必须落实到发展现代农民问题上。中国的历史、现实和未来的一切发展，都必须落实到发展农民问题上。无论何时，中国农民发展，中国就发展；中国农民不发展，中国就很难发展。

因此，当中国农民问题已经上升到发展层面问题的情况下，解决中国农民问题就必须确立以农民发展为根本的农民观，确认农民作为经济社会发展的重要主体，维护、增进农民发展的主体地位和各项权益，促进农民自由全面发展。

二 农民发展关键是农民权益保障

农民发展的外在表现，体现在农民在经济、政治、文化、社会及环境等方面的发展。如何实现和保障农民发展中应享有的各项权益，成为农民发展的关键。即如何确保农民在发展过程中对经济、政治、文化、社会及环境等各种资源具有有效利用的权益，确保农民在发展过程中能够平等参与现代化进程和公平分享现代化成果的机会和能力以及社会提供相应的较为完善的制度政策予以支持和保障农民发展。

（一）保障农民发展的经济权益为农民发展提供物质基础

农民发展的经济权益是农民在发展过程中平等地占有社会发展资源，平等地参与社会经济事物，并平等地享有经济收益的权益。经济是发展的基础，保障农民发展的经济权益，为农民发展的其他权益保障的实现提供物质基础。在农民发展的整个权益保障体系中，农民发展的经济权益保障居于主导地位和基础地位。农民发展的经济权益保障的核心是平等，即农民应该像其他社会阶层一样，平等地参与社会经济生活，公平地参加市场经济活动，公平地获取社会物质财富。

农民发展的经济权益主要由农民市场主体权益、农民财产权益、农民劳动权益以及劳动成果收益权益等一系列影响和促进农民发展的权益所组成，保障农民发展的经济权益的过程，就是最大可能地保障农民物质利益实现的过程，也是为农民的可持续发展提供物质保证的过程。洛克将财产权视为人的三大基本人权之一，财产权不仅是农民生存的基础性物质权益，也是农民发展的基础性物质权益。比如，农民的主要财产是土地，土地在传统农业社会里是农民的生存之基，是农民最为重要的财产，今天中国绝大多数农民依然是以耕种土地，作为自己生存与发展的基本方式和手段，且有一部分农民是以出售农产品为主要收入来源。因此，只有保障农民发展的市场主体权益和土地财产权益，确保农民拥有独立的土地财产，形成可以预期的农产品长期均衡价格，才能保证农民的基础收入，为农民发展提供物质基础。

（二）保障农民发展的政治权益为农民发展提供前提条件

农民发展的政治权益是农民在发展过程中平等地参与政治生活、享有政治权利机会以及因行使政治权利的获得而带来的促进农民发展的权益。

实际上，农民发展的政治权益是以农民发展为视角、出发点和落脚点，而提炼出来的农民发展的政治权益系统。在推进农民发展的各种权益保障系统中，实现和保障农民发展的政治权益是农民发展的前提条件。

农民发展的政治权益主要包括选举权与被选举权、知情权与监督权、政治参与权与决定权等。这些权益的实现与保障，为农民的发展提供了前提条件。因为长期以来，国家对农村实行"一国两策""城乡分治"，城乡二元分割的经济社会结构人为地制约了农村人口向城市的自由流动。农民被束缚在土地上、隔离在城市发展之外，农民向上流动的机会被阻隔，大都只能水平流动。要想实现农民发展，显然赋予农民"国民待遇"、保障农民发展的政治权益是基础和前提。比如，农民的选举权利与被选举权利是指通过民主选举或被选举成为村民自治带头人、人大代表和政府官员的权利，是农民谋求发展的政治基础；农民政治参与权是农民积极参与国家政治和村民自治活动，发表政治见解和政治主张的权利，从而谋求其发展的经济社会文化权益。如果没有或缺少了农民发展的政治权益保障这一前提条件，离开了政治权利的保障和政策的支持，农民就没有参与国家经济社会发展的资格和机会，当然，农民也就很难实现发展。

（三）保障农民发展的文化权益为农民发展提供精神动力

农民发展的文化权益是农民在发展过程中对社会文化生活享有的不容侵犯的自由和权益。农民发展是需要有文化滋养的，因为，文化可以提高农民的修养、气质、能力；可以开阔农民的视野、拓展农民的思维等，对农民发展的各个方面都会产生影响。保障农民发展的文化权益，就是要不断增加农村文化设施、文化产品和公共文化服务供给，满足农民不断发展的文化需求；要不断提高农民的思想观念、伦理道德和文化修养，建设农村精神家园、丰富农村文化生活，从根本上提高农民精神文化生活质量。

随着农村经济的快速发展，农民物质生活的改善、闲暇时间的逐渐增多及受教育水平的逐步提高，农民的生产生活已经超出了原来维持"生活水准"的标准，不再仅仅是满足生存的生理性和物质性活动，文化需求逐渐成为当代农民的一种基本生活风格和生存体验，对精神文化生活表现出了强劲的需求。保障农民发展的文化权益，更加重视把精神文化产品和服务推向农民群众，与农民群众日益增长的精神文化需求相适应，是推进农民全面发展的必然要求。这是因为，农民发展的文化权益保障的一项重要功能，就是在保障农民平等地享有公共文化资源和服务、参与社会文化生活、满足农民精神文化需求的同时，通过文化熏陶和教育的方式，从根本上改变广大农民传统的生产方式、生活方式、交往方式和价值观念，引导农民提高素质、转变观念、走向富裕、迈向文明。

科学的、先进的和民族的文化，就像是旗帜一样主导着农民发展的思维，决定着农民发展的行为模式和生活方式，能鼓舞农民、激励农民去热爱自己的家园，并且尽力为其作出自己的贡献。因此，保障农民发展的文化权益，有利于激发农民发展的内在需求，为农民发展提供精神动力。

（四）保障农民发展的社会权益为农民发展提供基本保障

农民发展的社会权益是农民在发展过程中对社会生活依法享有的各种权利和应得的各种利益，是实现农民发展的一项基础性权益。农民发展的社会权益主要包括农民的迁移权益、就业权益、教育权益和社会保障权益等。实现与保障农民发展的社会权益，有利于缩小城乡发展差距，确保农民平等地参与现代化进程、共同分享现代化发展成果，实现社会的公平正义。

农民发展的社会权益保障与农民发展的经济权益保障、政治权益保障、文化权益保障、环境权益保障一起，共同构成了农民发展的权益保障体系。其中，农民发展的经济权益保障为农民全面发展提供经济基础，农民发展的政治权益保障为农民全面发展提供政治保证，农民发展的文化权益保障为农民全面发展提供精神动力和智力支持，而农民发展的社会权益保障则为农民全面发展提供后勤保障，是事关农民发展的基础性权益保障。比如，在农民发展的社会权益保障中，自由迁徙权益保障为农民全面发展提供自由流动迁徙与居住的保障，就业权益保障为农民全面发展提供获取生活资源公平就业机会，社会保障权益的维护不仅为农民全面发展提供基本生活保障，同时还为农民全面发展解除后顾之忧。

切实保障农民发展的社会权益，农民生产生活的积极性、主动性将大大提升，创造热情也将大大激发，从而使其成为推动社会经济发展乃至社会全面进步的中坚力量。农民在推动社会全面发展的同时，也必将获得自身的自由全面发展。

（五）保障农民发展的环境权益为农民发展提供环境保障

农民发展的环境权益是指农民在发展过程中对自然环境资源所享有的法定权益，也就是农民享有在安全和舒适的自然生态环境中生存和发展的权益。农民发展的环境权益主要包括农民对环境资源的利用权益、环境状况的知情权益、环境状况的参与权益、环境状况的监督权益以及农民对环境侵害的请求权益和救济权益等。人类的所有活动都受着生态系统的影响和制约，生态环境资本的保值、增值决定着人类社会的存续和发展的基本方向和态势。广大农村的生态环境状况，直接关系到农民群众的基本生活和长远发展。

国外有学者认为，环境污染将是人类最严酷的世界大战。对我国来说，生态环境建设尤为紧迫。资源短缺、耕地锐减、人口增长，这是我国的基本国情。我国经济的长期增长，基本上是建立在高消耗、高污染的传统模式上的，发达国家百余年工业化过程中分阶段出现的环境问题，在我国已集中出现。而我国生态环境建设的重点是在农村。农村是淡水、耕地、林地、草原、生物等资源的最大腹地，是承载人口的主要场所，是实现可持续发展的主要环境依托。生态环境的恶化加剧了农民的相对贫困化，制约了农民自身的发展和农村社会的进步，成为农民发展的瓶颈。

保障农民发展的环境权益，有利于加强农村的资源节约、生态保护和环境治理，把农村生态环境建设落到实处。有利于在农村生态环境改善的基础上变革农业生产方式和提高农业生产力水平，进而促进农民的全面发展。

第一章

农民发展的权益保障理论分析

实现现代化和中华民族伟大复兴是中国人民的百年梦想。作为一个农业大国,农民自古以来就是中国人中数量最大、最特殊、最困难的发展群体。如何将数量庞大、发展相对滞后,又为中国历史和现实发展作出巨大贡献的农民带入现代社会,使之实现由传统向现代的转型,成为实现全面建成小康社会目标和决定现代化建设成败的关键。可以说,农民的发展已逐渐成为当前和今后很长时期内中国社会发展的重中之重,他们的发展状况标志着中国人的整体发展水平的高低。

经过40年的改革开放,中国农民呈现出大发展、大变动和大分化的格局。一方面,免除农业税、统筹城乡发展、新农村建设及乡村振兴战略等政策的实施,为农民发展创造了有利的局面;另一方面,在全面建成小康社会的过程中,落后地区农民的脱贫问题,青少年受教育问题,庞大流动人口的医疗保障问题和农业转移人口在城镇化进程中的非家庭式异地迁移等问题比较突出。与此同时,农民群体中还呈现出代际更替的格局,如出现了新生代农民工和青年农民的新特性,社会分化带来的农民贫困(代际性贫困),信息化、全球化带来的农民生产生活上的变化等。这些问题都亟待进一步解决。

实践告诉我们,要想解决农民的发展问题,就需要坚持以农民为本、以农民的发展为重心,来分析和对待农民问题,积极赋予农民平等的发展权利,为农民发展创造更有利的条件和机会。

第一节 农民发展的前提基础是拥有权益保障

发展是当今世界的时代课题,发展的本质是人的发展,是人的全面、自由和可持续的发展。就中国社会整体而言，农民是整体人群中的大多数，涉及中国人整体发展的问题，而就农民的发展实际情况而言，即是中国人整体发展中的最大短板。所以，中国人的发展关键在于农民的发展。

一 农民发展已成为农民问题的实质

长期以来，中国农民的主要问题一直是生存层面的问题。改革开放以后，由于家庭联产承包责任制和社会主义市场经济体制的实施，使大多数农民获得了自主经营的权利，他们的吃饭、穿衣、住房等温饱问题基本上得以解决。进入到21世纪，随着全面建成小康社会步伐的不断推进，中国农民的主要问题已经开始由过去生存层面的问题上升到了发展层面的问题。所以。农民的发展问题已经成为农民问题的核心。

（一）农民发展的含义

所谓农民发展是指农民本质力量和本质关系的发展。农民本质力量的发展就是农民主体能力的发展，是农民认识、控制和改造自然能力的拓展，是实践发展在农民生理和心理上的积淀，是农民智力和体力的总和。农民本质关系的发展就是农民所具有的现实社会关系的发展，它包括农民在实践中所形成的对象性关系、主体与客体的关系以及主体能力的发挥所借以实现的社会形式和交往形式。农民发展的根本是农民自身能力与素质的提升，即农民通过能力与素质的提高，拓展其劳动范围，使其在劳动的过程中发展自己、提升自己；农民发展的核心是农民意识的发展，即农民通过认识自然和社会能力的提高，使其自身具有理性和总体意识。可见，农民发展是一个综合性的概念，它涉及农民作为人的发展的各个方面。

（二）农民发展的必要性

农民是中国历史推演的主角，农民的发展勾勒出中国发展的基本脉络，也从根本上决定了中国现代化发展的进程和方向。在由传统社会向现代社会转型的过程中，农民始终作为一支不可忽视的力量而存在。可以说，一部中国的发展史，就是一部中国农民的发展史。

作为一个农业大国，农民在中国人口中比例最大、素质和能力最低的情况还没有得到根本性改变。农民总体上还是中国落后生产方式和生活方式的代表。改革开放以来，党和政府高度重视农民素质的提升，并采取了一系列针对性措施。在这些政策的推动下，农民的发展现状得到明显改进，但是从总体上看，他们的能力和素质与我国工业化、城镇化、农业现代化、新农村建设及乡村振兴的目标要求还有较大差距,其发展进程也比其他社会群体缓慢。农民文化素质偏低的情况也没有发生改变。据相关部门统计,在近4.8亿农村劳动力中,小学文化程度和文盲半文盲的占40.31%,初中文化程度的占48.07%,高中文化程度的占11.12%,大专以上文化程度的仅占0.5%。强烈的宗法意识和封建迷信观念,淡薄的合作意识及理性精神的缺失也严重阻碍了农民的现代化进程。这也表明,当前中国农村人力资源和农民发展状况已经不能适应农业现代化发展、城镇化进程以及经济产业结构升级的需求。作为小生产者的农民,他们在生产方式、生活方式以及需要、交往上都与现代化社会不符。这些方面的发展成为农民发展的主要内容。

农民发展是我国农业现代化的必然要求。农业现代化就是农村工业化、农村城镇化、农村信息化以及实现城乡统筹发展的一体化,它是对传统农业生产方式的一种扬弃和超越,其首要标志是农业生产工具的机械化和自动化。农民作为农业现代化的主要承担者和推动者,是推动农业生产力发展和生产关系变革的主体力量。其积极性、主动性和创造性发挥的程度,直接关系着农业现代化的能否实现及其实现程度。可以说,没有占中国人口绝大多数的农民从生产方式到生活方式,从心理、思想、态度和行为方式的现代化转型,任何先进的农业生产工具、生产技术、管理经验和制度安排在传统的农民手里都将是毫无意义的。因此,农民发展的程度和水平已经成为影响农业现代化发展的主要因素。

农民发展是我国农村经济社会可持续发展的必然要求。农村经济社会发展面临的问题是科技落后、知识缺乏和农村经济社会自我发展能力的难以形成等。这也意味着实现农村经济社会的可持续发展,就必须加大对农民人力资本的投资和开发力度,提高农民群众的知识技术素质,使广大农民依靠自己的知识、技术和能力增加收入,促进农村经济社会的繁荣和可持续发展。

农民发展是我国农民摆脱贫困的现实需要。近年来,随着农村经济社会变革步伐的加快,农民负担大大减轻,但其发展仍面临着的诸多问题。2013年我国城乡居民收入差距仍保持在3倍以上,城乡居民两极收入相差20余倍,已达结构失衡程度;[①] 党的十八届五中全会提出实施"脱贫

---

① 《社科院蓝皮书:城乡居民两极收入差20余倍》,《京华时报》2013年12月27日。

攻坚工程",目的是到2020年,稳定实施农村贫困人口不愁吃、不愁穿,义务教育基本医疗和住房安全有保障,我国现行标准下农村贫困人口实现脱贫,贫困县全部摘帽。①

总之,中国农民的发展状况在很大程度上决定着农业和农村发展的状况,决定着中国经济社会发展战略目标的实现。中国农业现代化、新农村建设、乡村振兴和农民摆脱贫困的根本,在于提高农民的能力和素质,促进农民的发展。

(三) 农民发展的新要求

在新的历史条件下,党的十八届五中全会提出并阐发了"创新、协调、绿色、开放、共享"五大发展理念,这是对科学发展观的深化和拓展,也是对我们党关于发展的重要思想和马克思主义发展观的丰富和发展,其内蕴着人的全面发展的要求。

创新发展理念要求提高农民综合素质和能力。创新是引领发展的第一动力。这要求农民发展就是要提高广大农民的综合素质和能力,培养大量新型职业农民,把农业的发展转移到主要依靠科技进步和劳动者素质提高的轨道上来。

协调发展理念要求统筹城乡一体化,以实现城乡居民公平地拥有发展权利和机会。在实践上,这表现在要破解城乡二元结构、推进城乡要素平等交换和公共资源均衡配置,引导资金、技术、信息、人才、管理等现代要素向农业、农村和农民身上流动,形成以工促农、以城带乡、工农互惠、城乡一体的新型工农城乡关系,并从根本上增强农民发展能力,以适应工业化、城镇化对农民发展的新要求。

绿色发展理念要求保障农产品的质量安全,维护农民的环境权益。加强土地、水、森林等资源的保护和合理利用,加快农村环境突出问题的治理,完善农产品质量和食品安全法律法规,保障农民群众饮食安全。

开放发展理念要求借鉴先进国家农民发展的模式和经验,引进国外先进技术,增强农民科技创新能力。在实践政策上,积极推行鼓励农民走出去战略,拓展农民国际视野,提高农民国际合作利用资源的能力和水平。

共享发展理念要求引导农民积极参与现代化进程,为农民分享更多的现代化成果。在实践上,保证农民以完全平等的姿态参与到现代化进程

---

① 《扶贫标准提高惠及上亿人》,《中国青年报》2012年6月24日。

中，不被任何因素阻碍；保证农民拥有与其他社会成员共享现代化成果的机会。

上述五大发展理念预示着在新的历史条件下，要尊重农民意愿，依法保障农民合法权益，充分发挥农民的主体作用，坚持走中国特色农民发展道路。

二 农民发展的主要内容

农民发展是一个综合性的概念，在内容上涉及农民发展的多个方面。由于长期的城乡二元体制，严重影响了农民主体性的增强与现代性的形成，进而阻碍了农民的自由全面发展，也导致了农民群体或个体一直处于较低的社会地位。这一情况表明，破除相关的制度性约束，使农民拥有平等发展权利与利益，成为解决农民发展问题的路径选择。本着这样一个分析思路，结合对农民发展含义及其内容的梳理，可认为农民发展主要内容包括两个方面：一方面是农民的主体性发展，另一方面是农民的客体性发展。

（一）农民的主体性发展

所谓农民主体性发展是指农民作为主体，自发地在需要、劳动、交往和意识等方面得到的发展。从马克思关于人的本质理论出发，作为人的重要组成部分的农民也拥有人在本质上的一般特性，即具备需要、劳动、交往和意识四要素。农民的主体性发展集中体现在农民需要层次的提升、劳动能力的改进、社会交往水平的提高和现代意识的增强等方面。作为农民发展的重要组成部分，这四种层次的需求是相辅相成的。

1. 农民需要的发展

农民发展的需要，是指农民在现有社会条件下，对改善和提高自身生存状态、生活质量的要求与渴望。它包括两方面内容，一是物质层面的需要，如生活需要、生产需要等；二是非物质层面的需要，如自我意识、自身价值、独立与自由以及社会交往、情感交流、文化教养、自我实现、获得尊重等需求。农民物质层面的需要主要体现在农民衣、食、住、行方面的需要。由于生产和生活状况的不同，农民在需要上存在着很大的差别。从现象上看，农民的发展需要是主观的，包含着"我想发展""我要发展"的主观动机。但从本质上看，农民的发展需要和意识多取决于农民的生存环境、生存实践等客观因素。

物质性发展需要按内容可分为生产发展需要和生活发展需要两类。生产发展需要是指通过增加农业投入，提高农业产出，调整、优化、升级农业产业结构，以实现由传统农业向现代农业的过渡和发展。生活发展需要是指农民对增加教育培训、文化体育活动、改善医疗卫生条件和社会保障条件等的需要。从功效上看，物质性的需要又可分为生存性需要、享受性需要和发展性需要。

非物质层面的需要，也就是精神层面的需要，表现在农民对于公民各项基本权利的需要，即争取与其他群体享有平等的生存权和发展权，如人身自由权、人格尊严权、受教育权、劳动权等等。当物质需要得到满足时，农民对精神的需要也逐渐增加。在内容上看，农民的精神需要不仅包括农民对自我意识、价值、独立与自由等的需要，还包括农民在社会交往、感情交流、文化教养、自我实现和获得社会尊重等方面的需要。面临着职业社会评价低、自主择业难度大、向上社会流动的机会少等客观因素的制约和自身整体文化素质偏低，劳动技能单一，市场竞争意识不强以及工作能力较弱等主观因素制约，农民在物质层面上的发展显得极其艰难。所以，争取发展的平等权成为当前农民发展的最迫切、最首要的精神需要。

农民的需要呈现出从低级到高级发展的阶段性特征。根据农民发展过程的不同，农民发展需求可分为六个层次：

第一层次是农民的生存需要。生存需要是农民的基本需要。在较长时期内，摆脱贫困解决温饱，不断提高物质生活水平一直是中国农民的主要需要。对于贫穷农民而言，与其生命延续有关的各种物质条件的需求是最根本的，而其他方面的需要对他们的吸引力则仍不明显。这时农民的需要及其满足与实现方式也具有了原始的"自然化"特征。

改革开放以来，农村经济发展取得了巨大成就，农民的衣、食、住、行等基本生存需要得到满足。农民的需要逐渐转移到对医疗、养老等生活方面的追求上。

第二层次是农民的安全需要。所谓农民的安全需要，是指农民保护自己免受身体、精神和情感伤害的需要。这也体现出了农民在社会生活的各个方面渴望得到满足的需要。这类安全需要主要包括安全就业、安全劳动、安全生活以及人身安全、财产安全等。

第三层次是农民的致富需要。当农民的生存和安全需要得到满足后，追求更加美好的生活，更多的财富便成了他们的主要需要。作为社会的小生产者，提高生产效率、扩大生产规模、获取更多收益，成为农民生产、生活的主要出发点。为了提高生活水平，满足自身、家庭、子女后代发展的需要，他们还自发形成了一种提升自身科学技术文化知识的内在驱动力。

第四层次是农民的精神需要。当生活富裕、充实之后，农民必然会对自身的精神生活提出更高需求。为了保障农民精神需要得到满足，除了政府、社会积极营造有利的条件外，还需要农民自觉地融入现代化学习中去，毕竟内因决定了个体发展的趋向。

第五层次是农民的民主权利需要。在满足上述需求后，农民的关注点开始转移到了社会中去。重新审视自身发展所依托的社会环境，必然会产生参与社区社会事务，表达对社会发展看法的需要，这是农民参与社会、参与政事的主要体现。

第六层次是农民的个性发展需要。个性发展需要是农民最高层次的需要，它主要是指以个人独特的性格和行为特征，充分发挥个人的能力、素质与创造性，以达到个人的自由发展。

就目前农民发展情况而言，绝大多数农民的温饱问题已经基本解决（当然还有部分贫困人口，生活在贫困线以下），虽然农民发展的生存需要已得到基本满足，农民发展对第二层次、第三层次、第四层次的需求增加，但总体上看，中国农民的发展需要还停留在较低的层次。

2. 农民劳动的发展

马克思反对德国工人党"劳动是一切财富和一切文化的源泉"的观点，强调"劳动不是一切财富的源泉。自然界和劳动一样也是使用价值（而物质财富本来就是由使用价值构成的）的源泉，劳动本身不过是一种自然力的表现，即人的劳动力的表现"。[①] 具备一定劳动能力和素质的劳动者通过与劳动对象的结合，既获得了财富，满足了其生存、生活的需要，又提高了自身的能力和素质。劳动关系的转变和劳动分工的细化，也促使着劳动者自身素质的不断提高。劳动者要在不同的时期，提升自己的素质、能力，以达到使用相应劳动工具，驾驭劳动对象的目的。人的劳动实践是人的存在方式，其全面发展的表现是劳动实践内容和形式的丰富

---

① 《马克思恩格斯文集》第3卷，人民出版社2009年版，第428页。

性、完整性和可变动性。

农民,作为劳动者的一部分,其劳动能力的发展主要体现在两个方面。

其一是农民健康素质的发展。健康素质是现代农民的重要标志,心理和生理健康是提高工作效率和应对社会复杂环境能力的重要条件,是提高劳动生产率的基础。

其二是农民科技文化素质的发展。它主要表现在农民对新知识、新技术的吸收、运用能力,社会环境的适应能力,农业生产过程中经营管理能力,把握市场理念、质量理念、标准化理念及参与市场竞争能力等的发展。

农民劳动能力的发展,不仅体现在农民作为劳动者与劳动对象结合能力和素质的提高,还体现在农民在劳动范围上的拓展。

中国封建社会自给自足的经济形态限制了农民的活动范围,依然落后的农业生产力水平限制了农民的活动形式,制约了农民自身能力的培养。在这种小农经济中,农民的日常所需基本上是由个人家庭劳动提供的。一户小农,它几乎要种植其所在地已经种植过的所有农作物,生产自己需要的大部分日常生活用品,还要饲养家禽家畜,从事各种手工业。可以说,这一时期农民是为生存而劳动。

到了计划经济时期,农民在整体上仍存在目光短浅,思想狭隘,行为被动,缺乏自信心等情况。改革开放以来,随着家庭承包责任制的实施、市场经济和乡镇企业等外部因素的发展,农民开始逐渐认识到分工对提高劳动生产率的意义。随着农民自身素质的提升,他们还自觉地通过学习某项技能,积极参与到市场分工中去。他们的职业选择也大大增加,如一部分走入乡镇企业成为企业工人,另一部分选择经营个体手工业,还有一部分进城务工经商。劳动活动范围的拓展,促进了农民自身的发展。总之,农民走出土地,从事第二、第三产业的生产劳动,使农民的劳动发生了根本性的变革。农民劳动的出发点由自给自足转变成满足他人需要,以增进自身收益的最大化。

3. 农民交往的发展

交往是指在一定社会历史条件下现实的个人、社会集团、民族、国家间的相互来往、相互作用、彼此联系的物质和精神交流活动。人的社会关系的形成离不开人的交往,而人的交往活动也是人的一切社会关系的前提。马克思强调:"个人的全面性不是想象的或设想的全面性,而是他的现实联系和观念联系的全面性。"① "一个人的发展取决于和他直接或间接进行交往的其他一切人的发展。"② 同样,农民要实现自由全面发展,必须不断突破血缘和地缘关系,广泛地参与到社会生活的各个领域、各个层次中去,摆脱个体的、地域的和民族的狭隘性,在交往中形成丰富而全面的社会关系,实现与他人在心理、情感和信息等方面的交流、启发,进而充实、完善和发展自己。

农民的社会关系网络是动态的、不断变化的。一般而言,社会关系网络是一个需要不断塑形与被塑形的动态过程,会随着社会的变迁而变化。它会由于长期未经操作而弱化、消失,也会因经常强化或扩张而膨胀。

长期以来,中国传统农民生活在封闭狭小的环境中,交往范围十分有限,交往的对象主要是同村落的村民和家族亲属,交往的方式主要是面对面直接交往,交往需要不像城市居民那样强烈。随着现代市场经济和大众传媒在农村的快速发展,各种新信息、新观念冲击着农民的传统思想,让他们感觉到了社会交往的重要性。农民传统的自给自足的生产和生活方式、传统的价值观念、习惯和行为方式都在潜移默化中发生变化。

作为一种社会事实,农民社会交往的发展成为农民发展变化的一个重要因素。在传统与现代的博弈与互动中,农民的价值观念、生活的各个细微之处也都在发生变化。随着农民需求、劳动素质的提高及农村社会经济的发展,农民的社会交往在范围和行为上都发生了很大的变化。进城农民的社会支持网络扩展为三类:第一类是先赋性群体,包括家人和亲属(血缘和亲缘关系)、老乡(地缘关系);第二类是后致性群体,包括业缘关系(主要是同事和同学)、社会交往群体(主要是朋友);第三类是政府部门、社会组织,这一类主要和当地的小环境以及整个社会的大环境有关。③

4. 农民意识的发展

农民现代意识的发展,是指农民的认知心理、价值观念以及思维方式等在人类社会发展到一定阶段并伴随着社会的发展和时代的变迁,使其意

---

① 《马克思恩格斯文集》第8卷,人民出版社2009年版,第172页。
② 《马克思恩格斯全集》第3卷,人民出版社1960年版,第515页。
③ 梅方权、黄广智、严丽君:《从佛山市的调查看当前外出务工青年的社会支持网络》,《青年研究》2003年第7期。

识发展方向从农民传统的个体意识、守旧意识、依赖意识以及封闭盲从观念,向现代的市场意识、民主意识、法制观念、科学观念、参与意识、开放竞争意识以及维护自身权利意识等的转变,并融入现代文明社会之中的过程。

农民社会意识的发展与其所处的社会环境、社会生产力水平等有着密切的关系,并在不同的发展阶段表现出不同的阶段特征。在自给自足小农经济占主导地位的传统社会,农民具有明显的封闭性、保守性和狭隘性。随着社会生产力水平的提高和市场经济对农村的影响,农民的生存意识基本上得到满足,他们对精神需求的投入也越来越多。这一时期,农民的市场意识、竞争意识、法制意识逐渐增强,发展意识逐渐占据重要地位。农民种地已不再是单纯地为了生计,而是为了取得更大的经济效益。他们的择业选择也开始由单纯的农耕向其他行业转移,其僵化保守的思想,也逐渐得到解放。传统社会中形成的臣民意识、保守、蒙昧意识逐渐向民主、开放、法制、科学意识转变。

综上可知,农民劳动能力的发展是农民发展的核心因素,其他三个因素的发展是从属因素。农民有了需要,便有了提升劳动能力的动力,而劳动能力的提升又进一步推动了农民需求层次的不断提升。随着农民需求层次的提升,农民的劳动技术、素质得到提升,农民社会交往能力也大大增强。而农民现代意识的发展则是贯穿于农民劳动能力发展、需要的发展和社会交往发展中的必要因素。另外,农民主体权利意识是指农民对自己独立的权利主体利益和自由的认识、要求,以及对他人同样认识的主张、要求和社会评价,它是农民主体性发展的重要内容,也是农民有效行使权利的基础和前提。

(二) 农民的客体性发展

所谓客体性发展是指农民作为客体(被改造的对象),在外界作用力(主要指制度引导和政策保障)下获得的发展。从内容上看,农民的客体性发展是指保障农民发展各项权益的制度、政策性的发展,即通过国家、社会的制度性完善与政策性导向,使农民在发展过程中获得平等享受各项权益和平等利用各种资源。

"权益"是公民受法律保护的权利和利益的统称,是指在一定的生产力和社会制度条件下,人们形成的客观的具有法律效力的社会经济利益关系,在不同的场合下,其内涵存在着差别。权利一般是指法律赋予人实现其利益的一种力量，属于法律用语。而利益则是社会学用语，指人类出于满足自身欲望的一系列物质、精神需求的产品。

农民发展的权益是指从农民发展的角度看待农民问题，在农民发展的过程中基于农民的公民身份，依据宪法、法律规定所享有的权利并承担相应义务，同时基于农民的弱势群体地位所应获得的相关权益。从内容上看，农民发展的权益包括农民发展的经济权益、农民发展的政治权益、农民发展的社会权益、农民发展的文化权益和农民发展的环境权益等各种权益。

一般说来，农民发展的权益保障就是农民发展过程中的各种权益的实现过程。面对现阶段我国农民各项权益得到保护的程度有限、城乡发展依然存在较为明显差距的情况下，如何保障农民发展的各项权益成为实现农民发展的首要问题。由于农民自身的能力和素质不高，使农民发展的权益保障受到了很大的制约。这表明，提高农民发展的主体性成为保障农民发展的各项权益的重要主体性因素。而政府健全农民发展的权益保障的相关法律制度，通过制度性引导与政策性保障，确保农民发展的各项权益得到彻底落实，促使农民平等享有各种权益、各种公共服务和发展的机会，则成为保障农民发展的各项权益的重要客体性因素。主体性因素与客体性因素两者是相辅相成，缺一不可的。

三　农民发展的前提基础是权益保障

在农民的发展过程中，对于拥有相关权益保障在其发展中的重要作用，已有的研究成果进行过一些探讨。如：李克强在《农民发展论》一文中指出，农民发展的基础是要有其发展的基本权利，它包括物质的、精神的和人身的各种权利，可以划分为经济权利、政治权利、人身权利等。[1] 刘永佶认为，农民问题必须依靠农民自身的力量来解决，其内在需要和主动精神是促进自身问题解决的不竭动力，应当以社会主义民主法制的确立保证农民权利的有效实现。[2] 汪习根、杨丰菀主张，农民发展权的核心是农民的平等发展权，包括机会平等、规则平等与结果意义上的公平

---

[1] 李克强：《农民发展论》，《河北学刊》2007年第3期。
[2] 刘永佶：《保障农民权利是解决农民问题的关键》，《中国民族报》2008年10月10日。

发展的权利。[①] 单飞跃等人认为，农民发展就是农民权利的发展，也就是农民发展权的获得和保护，包括农民的政治发展权、农民的经济发展权、农民的文化发展权以及农民的社会发展权。[②] 赵立刚基于对中国农民发展现实状况的认识，认为农民发展包含拥有同其他个人或群体平等的发展机会；能够获得经济的、政治的、文化的资源并利用这些资源提高自身素质，实现社会地位的上升；具备可持续发展自身的能力；实现包括精神素质、法政权利和物质拥有在内的全面发展；农民发展的终极目标是全面发展，机会、资源和可持续能力的发展是实现终极目标的途径。[③]

实践证明，农民发展问题事关农村改革发展稳定的成败和农民权益的保护情况，农民发展的基础是农民各项权益的保障。要想切实保障农民发展的各项权益，还需要认识到农民发展的权益需求与权益保障也是有一个不断变化和不断发展的历史过程的。

从含义上看，农民发展的权益包括农民发展的权利和利益两部分。首先，就农民发展的权利而言，按内容可知，农民发展的权利包括农民发展过程中在政治、经济、社会、文化、环境等方面的权利。比如：农民发展的政治权利，狭义上是指农民参与公共事务的权利，亦为参政权；广义上除了参政权之外，还包括平等权、人身权、自由权等公民权利。虽然，在政治上看，中国农民已经成了国家和社会的主人，充分享有宪法和法律赋予的各项权利和自由。但在实际生活中，当前农民的公民权利和政治权利仍受到旧观念和旧体制的束缚。如1958年1月9日第一届全国人大常委会第9次会议通过的《中华人民共和国户口登记条例》中，人为地将全体公民划分为农业户口和非农业户口，建立了严格的城乡二元户籍制度，使农民在户口登记、劳动就业、社会保障、就学就医、粮油供应、税收负担等方面享受和承担着与城镇居民完全不平等的权利和义务。

不过，近年来，随着市场经济的发展和户籍制度的改革，农民发展的权利获得了更多的发展。张英洪在《农民权利论》中指出，经济、社会和文化权利的地位是相对于公民权利和政治权利而言的。其中许多权利都具有两重性，有的权利既是经济、社会和文化权利，同时也是公民权利和

---

① 汪习根、杨丰菀：《论农民平等发展权》，《湖北社会科学》2009年第9期。
② 单飞跃、范锐敏：《农民发展权探源——从制约农民发展的问题引入》，《上海财经大学学报》2009年第5期。
③ 赵立刚：《关于农民发展问题的若干分析》，《中国研究》2002年第12期。

政治权利，如结社权、婚姻家庭权、就业权等。从权利的享有者来看，经济、社会、文化权利的主体大多是社会的弱势群体。从内容上看，经济、社会、文化权利包括劳动权或工作权、财产权、受教育权、社会保障权等。[①] 长期以来，由于城乡二元社会结构的制约，农民的劳动权、工作权受到了很大限制。国家在宏观政策上也严格限制着农民进入城镇就业。改革开放后，农民工逐渐形成了新的社会阶层，但他们的劳动就业权依然受到相关部门的歧视与限制。为了改进这一情况，2002年党的十六大首次提出了统筹城乡发展的新理念，这使农民的劳动权、就业权得到了越来越多的重视与尊重。

再比如，财产权是指在法律规定范围内财产所有人对其财产享有占有、使用、处分的权利。农民的财产权主要包括税收和土地政策的实施。新中国成立之初，我国实行了"以农补工"的政策，农民的土地产权长期被忽视。改革开放后，中国农民呈现出巨大的变化。免除农业税、统筹城乡经济以及建设新农村等政策都推动了农村面貌发生重大变化，这都给农民发展带来了前所未有的机遇。

其次，就农民发展的利益而言，农民发展的利益就是农民平等获得发展资源和公平享有各项权利、公共服务和发展机会的过程。平等获得发展资源是农民发展的重要保障。赵玉霞等认为农民发展依赖于获取必要的发展资源，资源的获取达到了一定程度，并且利用这些资源提高自身的素质和发展能力，这是农民发展的核心。农民发展需要的原始资源可以是资本、权利、技术、知识、素质或是社会关系等。[②] 周明海等人揭示出农民发展是需要获得一定的资源保障的。他认为，"解决农民发展问题，就是必须解决农民获取资源的路径平等问题，从而改变其弱势群体地位，提高对资源的控制能力、社会行动能力和利益表达能力"[③]。

农民发展是一个综合性的概念，为了实现农民发展的目的，农民需要相应的物质资源作保障。事实上，在不同的发展时期，农民发展享有的资源是不同的。如在传统农耕社会，农民占有的资源一是土地，二是农民自

[①] 张英洪：《农民权利论》，中国经济出版社2007年版，第17—23页。

[②] 赵玉霞等：《我国农民发展的若干问题研究：基于马克思主义人学研究视阈》，中国社会科学出版社2012年版，第54页。

[③] 周明海：《资源平等·实质自由·基本公共服务均等化——基于农民发展的理论观察》，《求实》2008年第7期。

身的劳动力。农民发展的主要途径是通过自身劳动力与土地的结合生产出供家庭生存的必需品。改革开放以来，随着社会经济条件的改善与农民自身素质的提升，原本单一从事农业生产的农民，逐渐走出农田，进入第二、第三产业中。农民可享用的发展资源变得更加宽泛了，扩展到了主要包括资本、权利、技术、知识、素质或是社会关系，甚至国际先进的技术资源等各个方面。但在实际操作中，作为在能力和素质方面都处于弱势的农民，在资源获得上并不能享有与城市居民同样的地位。如从教育资源投入总量上看，城乡之间的差距仍然很大。长期以来，国家对农村征收的财政收入大大多于对农村的投入。农村的义务教育、环境保护、卫生道路和文化事业等公共产品投入多为集体自我提供，政府的财政投入不足；在就业方面，农民工面临的劳动力廉价、环境恶劣、安全隐患、社会保障不健全等问题仍需进一步解决；在社会保障方面，农村虽已实施了社会养老保险制度，但在实际生活中参保率低、覆盖面不广的现象依然存在。现有的农村合作医疗制度也不能有效保障农村居民的健康等。这些现实问题要求国家、社会创造有利条件，以确保农民能够平等地享用各种发展资源。

综上可知，公平享有各项权益、服务和机会是实现农民发展的重要条件。对农民发展的权益的尊重、赋予、保障是解决农民发展问题的关键。农民发展的本质就是农民发展的各项权益得到维护和各项权益得以实现的过程。实现农民发展是一项综合性、系统性的大工程。它一方面要在实践中培育农民发展的主体意识，不断推进农民需要、劳动能力、社会交往和现代意识的发展，实现农民主体性的增强和现代性的全面提升。另一方面，它又需要通过制度创新和政策保障，使农民同其他社会成员一样，享有同等发展的权利、利益和机会。如果说，增强农民发展的主体性的发挥是促进农民发展的内因，那么相关的制度性保障和各项权益的保障则是农民发展的重要的基础条件。可以说，农民发展的核心是提高农民的能力和素质，其实质是确保农民发展的权利、利益和国民待遇。

第二节　农民发展权益保障的本质与基本内容

农民问题是中国革命、建设和改革的根本问题。在不同的历史时期，农民发展反映出的问题也不同。在新民主主义革命时期，作为重要的革命力量，农民成为我们党的重要盟友。这一时期农民的主要问题是土地问题。新中国成立以后，农民在政治上翻身做了主人，其政治权利得到了一定的保障。但是，由于计划经济体制与城乡分离的二元社会结构的实施，农民在经济、社会、文化等方面的权益受到了一定程度的限制。改革开放以来，农民问题的关注点逐渐从土地、增收等物质生存层面，开始上升到了平等参与和公平、共同享有各项权益的发展层面。

一 农民发展权益保障的本质

"农民权益发展"与"农民发展权益"是两个意义不同的概念。"农民权益发展"是指农民权利、利益在不同历史时期的变化和发展过程；"农民发展权益"是指满足农民发展的各项权利和利益。从内容上看，满足农民发展的权利保障是指满足农民发展的必要的制度性、政策性保障；满足农民发展的利益保障是指满足农民发展所需的物质生产条件、物质生活条件和各种资源的保障。"农民权益发展"与"农民发展权益"这两者是相辅相成、缺一不可的。

（一）农民发展的权利保障

就国家和社会而言，农民发展的权利保障主要涉及的是与农民发展相关的制度性保障和政策性保障。

1. 制度性保障

制度，是指建立在一定社会生产力发展基础之上，反映该社会的价值判断和价值取向，由行为主体（国家或国家机关）建立的调整交往活动主体之间以及其社会关系的具有正式形式和强制性的规范体系。按照性质和范围，制度主要分为根本制度、基本制度与具体规章制度三个层次。根本制度是指同生产力发展到一定阶段相适应的经济基础和上层建筑的统一体。我国的根本制度是社会主义制度，即工人阶级领导的，以工农联盟为基础的人民民主专政的社会主义国家；基本经济制度是社会的具体组织机构。我国的基本经济制度是以公有制为主体，多种所有制经济共同发展；具体规章制度是各种社会组织和具体工作部门规定的行为模式和办事程序规则，如教育制度、社会保障制度等。

从中国农民发展进程看，长期性的制度性障碍，成为农民长期得不到发展或发展缓慢的原因。可以说，制度性保障不仅是社会主义社会制度化的内在要求，也是实现农民发展的题中之意。其中，农村所有制结构的深度变革，为中国农民发展提供了制度性条件。新中国成立以来，农村所有制问题成为中国共产党和政府投入精力最多、引发争论最激烈、影响最广和最深刻的基本制度。它随着社会分工的发展而不断变迁，成为社会主义基本经济制度的重要组成部分。

新中国成立以前，中国实行的是封建剥削土地所有制，这一制度严重阻碍了农业生产力的发展。1950年中共七届三中全会通过的《中华人民共和国土地改革法（草案）》，决定废除封建剥削的土地所有制，实行农民土地所有制。这一草案的实施标志着我国农村实现了由封建社会向新民主主义社会的转变。1955年中共七届六中全会通过的《关于农业合作化问题的决议》，大力推进了土地等主要生产资料归集体所有的高级农业生产合作社的发展，并一直延续到1978年。这导致了农民的产权长期被忽视。1978年12月中共十一届三中全会通过的《中共中央关于加快农业发展若干问题的决定（草案）》和《农村人民公社工作条例（试行草案）》，在解放思想、实事求是的思想路线指引下，实现了对农村所有制认识的新突破。1982年中共十二大逐渐放宽了对个体经济的限制。1998年10月中共十五届三中全会通过的《中共中央关于农业和农村工作若干重大问题的决定》，正式提出了实行"以公有制为主体，多种所有制经济共同发展的基本经济制度"。这种经济制度促进了非公有制经济的崛起，使农民的阶层结构日益呈现出多元化、异质化特点。

改革开放以来，虽然农民通过土地承包的方式，获得了土地的有限使用权，但在现实中却仍缺少严格的法律对他们的这些权益予以保障。地方政府往往不经农民同意以低于市场地价的标准对农地进行强制征收。不少地方政府和村委会还出现了以公家"征用"的名义任意缩短农民法定土地承包期的情况。

另外，农民的发展还与户籍制度、社会保障制度、教育制度等有着密切的关系。[1] 就户籍制度而言，严格的城乡二元户籍制度使城乡居民在社会保障、基础设施、教育资源、就业机会等方面存在着较大的差异。农村居民无法享有与城市居民同等的社会保障、就业保障等。就社会保障制度而言，农村社会养老保险仍面临着参保率较低、覆盖面不广的情况。近年来，由政府组织引导，农民自愿参加，多方筹集资金建立起来的新型农村

---

[1] 高君：《农民工市民化进程中的就业和社会保障问题研究》，《社会科学辑刊》2008年第3期。

合作医疗制度虽已得到实施，但仍不能从根本上解决农村居民看病难的问题。就教育制度而言，国家虽然已成功地推行了义务教育，并决定加快农村中等职业教育的发展。但从城乡教育资源投入总量上看，城乡差距仍然很大。虽然在《中华人民共和国义务教育法》第12条中，明确规定"实行义务教育所需事业费和基本建设投资，由国务院和地方人民政府负责筹措，予以保证"。

现行的农村义务教育资源投入体制将政府投入的统筹主体从原来的乡提升到县，同时加大中央和省级财政对农村义务教育的扶持力度。这种投入体制使农村义务教育资源短缺在许多地区得到了较高程度的缓解。但是，由于县级财政（特别是中西部地区）普遍比较困难，所以县级政府义务教育资源短缺情况普遍存在。比如，拖欠教师工资问题尚未得到根本解决，农村中小学校舍建设和危房改造资金的正常投入机制尚未真正建立起来。

2. 政策性保障

政策是国家政权机关、政党组织和其他社会政治集团为了实现自己所代表的阶级、阶层的利益与意志，以权威形式标准化规定在一定历史时期内，应该达到的奋斗目标、遵循的行动原则、完成的明确任务、实行的工作方式、采取的一切步骤和具体措施。改革开放以来，为保障农民发展的权益，我国在政治、文化、教育等方面制定了不少新的政策。

近年来，我国的社会分层结构趋于复杂化、多元化，城乡之间在资源获得和权利分配上的差别依然很大。如城市的公共教育机构在资源获得和教育质量上都远胜于农村。城乡居民子女在教育机会、过程及结果上的不平等，使他们在能力、素质上呈现出来明显的差距。为了解决这一问题，我国推行了多项具体政策。如城乡义务教育保障机制和"两免一补"政策实施，有力地推动了教育资源的均衡配置，有效地缩小了城乡教育之间的差距。

实践证明，农民发展的程度，与政府搭建的相关制度政策平台、政府的扶持力度存在着正比例关系：在保障政策较为完善、政府较为关注的地区，农民发展的效果显著；反之，则缺乏活力和发展缓慢。可见，为了推进农民发展的权益保障，政府亟须进一步完善相关的制度政策环境。

（二）农民发展的利益保障

"发展利益"是指主客体间发展需要的满足与被满足之间的价值关

系。具体而言,"农民发展利益"是指满足农民发展需要的一系列事物。追求物质利益是农民发展的内在动力,社会发展要以利益为基础、前提和动因。可以说,充足的物质生存条件是农民发展的前提,也是国家和社会赋予农民发展的利益保障。从追求物质的内容上讲,农民发展主要包括农民生产条件的发展和生活条件的发展。农民生产条件发展是指农业产业结构不断调整和优化,农业生产力不断提高,以实现由单一的传统农业向多样化的现代化农业的转型,农民由传统农民向现代农民转变的历史过程。农民生活条件发展是指农民物质生活资料日益丰富,物质生活水平逐渐提高以及教育培训、医疗卫生、文化体育等在内的基本生活条件不断改善的过程。

农民发展的利益保障还包括满足农民精神发展的各种资源保障。在强烈的宗法意识影响下,传统农民的理性精神缺乏、合作意识淡薄,对精神的需求也主要集中在休闲娱乐等方面。而随着农民由传统向现代的转变,其在精神方面的需求也越来越多。他们对休闲娱乐文化产品的增加和文化品位、精神境界的提升提出了更高的要求,这就亟待政府创造有利的条件。

二 农民发展权益保障的基本内容

农民发展权益保障的内容是随着时代的推移而不断发展的。在不同时代和不同发展阶段,政府关注农民发展的权益内容也是各不相同的。在中国传统社会中,农民对封建皇权和地主阶级有着强烈的依附关系,并深受他们剥削与压迫。土地成为传统农民的命根子,也是他们维持生存的基本生活资料。为了获得对农民的控制权,封建帝王严格控制着对土地的占有。这种土地所有制,不仅造成了农民经济上的受剥削,也带来了政治上的被统治。所以说,在中国古代人治社会的农民,是不可能拥有"权益"的,更不用说保障农民发展的"权益"了。

新中国成立以后,土地革命的实施使农民个人土地所有制取代了封建地主土地所有制,这成为农民发展的经济前提。社会主义改造完成后,农业普遍采用了集体经济形式,人民公社在全国范围内广泛地开展起来,农民发展进入了集体农民阶段。以毛泽东为核心的第一代领导集体一直把解决农民问题放在工作的重要位置,并在农民发展的权益保障方面取得了不少成果。但是,由于各种政治运动、人民公社和城乡二元户籍制度等的实施，农民的自由流动和个人意识中断，群体进入无意识状态，这一定程度上制约了农民发展的权益。

党的十一届三中全会以后，家庭联产承包责任制的推行和村民自治的实施，极大地激发了农民生产和参与政治的积极性。农民的自我发展意识也在新的社会发展情况下不断觉醒，他们的经济主体、政治参与、文化共享、社会平等和环境保护等意识也逐渐发展和完善起来。由于不同阶段农民发展的权益保障内容不同，下面主要就新时期即改革开放以来农民发展权益保障内容进行分析。

（一）农民发展的经济权益保障

农民发展的经济权益是指农民在发展过程中从事生产、交换、消费、分配等经济活动，所应享有的独立、自主、平等的权利与机会，主要包括农民发展的财产权、经营自主权、土地权、劳动成果收益权等内容。保障农民发展的经济权益就是最大可能地保障农民的物质利益，增加农民的收入。它是实现农民发展的其他权益的基础，也是促进农民发展、解决农民问题的关键。

从农民发展的经济权益得到保障的实际情况看，农民发展的经济权益保障主要包括农民发展的土地财产权益保障、农民发展的市场主体权益保障和农民发展的劳动权益保障三个方面：农民发展的土地财产权益主要是指农民的土地权益、宅基地权益等。作为农民的主要劳动对象，土地一直都是农民生存、生活资料的来源。20世纪70年代末进行了以家庭联产承包责任制为核心的农村经济改革，主要使土地的经营权逐渐转移到农民手中，而所有权却仍归集体。这就意味着农民不能将土地作为财产随意地转让、流转、继承，也不能产生自我积累的动力和发展的动力。在实际生活中，一些地方政府对农民土地进行征收时缺乏严格的程序，在征收过程中还出现了补偿标准不科学，补偿分配缺乏监督等问题。

农民发展的市场主体权益表现为农民作为独立的市场主体享有平等参与市场交换的权益。在市场经济中，农民要成为完整意义的市场主体，就要公平地享有根据市场价格和供求关系决定资金投向，组织交易活动的自由权。但是，由于相关政策法规不健全，农村环境、交通等条件的制约和农民自身主体意识淡薄、竞争力不足等，使农民在市场交易中主体性作用的发挥受到很大限制。

农民发展的劳动权益是指农民在剩余劳动力进城就业中平等地享有就

业权和获得工资报酬权等。随着我国城镇化的发展，大量农村剩余劳动力涌入城镇，这在一定程度上缩小了城乡差距，加快了我国城市化进程，为实现农民的现代化发展起着举足轻重的作用。但是，值得说明的是，在市场化进程中，由于受到原有"以农补工"政策和市场经济体制不完善等的影响，农民平等交易的权益并不能得到充分的保障，农产品的价值也得不到应有的充分的实现，工农产品价格比差仍然很大。

（二）农民发展的政治权益保障

"政治权益"是指公民按照法律规定应该享受的不容侵犯的权利及其带来的相关利益，我国公民平等地享有法律赋予的各项政治权利。如我国《宪法》规定：公民在法律面前一律平等，农民和其他公民一样享有宪法和法律规定的各项政治权利，主要有选举权和被选举权，言论、出版、集会、结社、游行和示威的自由，有宗教信仰的自由，人身自由不受侵犯，人格尊严不受侵犯，住宅不受侵犯，通信自由和通信秘密受法律的保护，对于任何国家机关和工作人员有提出批评和建议的权利，有申诉、控告和检举的权利，有依法取得赔偿的权利，等等。概括地讲，农民发展的政治权益包括农民的选举、政治参与、政治监督以及政治表达四个方面的权利及其带来的相关利益。

确保农民在发展过程中公平地享有参与政治和社会公共事务的权利，是保障农民发展的政治权益的重要内容。随着政府多项农民政治权益保障措施的实施，虽然农民发展的民主政治权益得到了一定程度的保障，但还有待进一步加强。以选举权与被选举权为例，虽然宪法明确规定了包括农民在内的所有公民都能公平地享有选举权和被选举权，但是由于选举程序缺乏规范性和保障农民发展的政治权益法律条文的不健全，农民发展中的这一权利长期以来并未得到完全和公正地对待。1953年《选举法》的规定，农村与城市每一个代表所代表的人口数，自治州、县为4∶1；省、自治区为5∶1；全国为8∶1。1995年新的《选举法》，又统一把各级人民代表选举中的农村与城市每一个代表所代表的人数改为4∶1。直到2010年3月15日第十一届全国人民代表大会第三次会议上通过的《选举法（修正案）》，才正式删除了农民在选举权上的"四分之一"条款，真正实现了城乡居民选举人大代表的"同权同票"。

（三）农民发展的文化权益保障

文化权益，与经济权益和政治权益一样，是受宪法保障的公民的基本权益。1948年《世界人权宣言》第一次明确地将文化权利纳入人权范畴。1966年12月16日，联合国通过的《经济、社会、文化权利国际公约》中指出，"人人有权参加文化生活，享受科学进步及其应用所产生的利益，对其本人的任何科学、文艺或艺术作品所产生的精神上和物质上的利益，享受被保护之利"。中国政府于1997年正式签署《经济、社会、文化权利国际公约》，并于2001年获得全国人大委员会的批准。这充分表明了党和政府对保护公民生存权、发展权、政治权、文化权的重视。农民作为中国公民的一部分，应当享有与所有公民同样的文化权利与机会。2005年11月7日，中共中央办公厅、国务院办公厅联合发出《关于进一步加强农村文化建设的意见》，强调加强农村文化建设的重要性和紧迫性。十九大以来，党中央、国务院又进一步加大了对农民公共文化生活政策上的倾斜，强调要完善公共服务体系，这在一定程度上保障了群众性文化活动的顺利开展和文化惠民工程的全面启动。

农民发展的文化权益，是指农民在发展过程中应当享有的不容侵犯的文化权利和文化利益。从宏观层面讲，农民有权公平地享有接受教育、掌握科学文化知识和获得审美愉悦的权利；从微观方面讲，农民有权公平地享有参与各种文化活动、进行文化交流、享受文化成果等日常文化生活的权利。保障农民发展的文化权益是满足农民精神发展需要的重要手段，也是实现农民发展的政治权益的基础。[①] 从内容上看，农民发展的文化权益包括享受公共文化服务的权益和文化生活的权益两方面内容。

农民发展的公共文化服务权益具体表现在两方面，即农民有权享有政府提供的公共文化设施，如广播、光纤、卫星、网络等技术设备；农民有权享有各种文化产品和政府提供的公共文化服务，如各类文化艺术培训、科学技术指导、信息服务及各种"送文化下乡"活动等。农民发展的文化生活权益也表现在两方面，即农民享有文化生活的自由选择权，其核心是农民参与文化生活的自由；农民享有文化生活的平等参与权，即从参与文化活动的主体角度看，任何人，不论男女老少，都有权平等地参与由政府提供的各种公共文化活动的权益。

为了传承发展、革故鼎新和不断提升农村优秀传统文化，2018年的

---

① 徐莉：《城乡一体化中国农民文化权益保障研究》，西南财经大学出版社2011年版，第43页。

中央一号文件中指出，通过加强农村思想道德建设、提升农村优秀传统文化、加强农村公共文化建设和开展移风易俗行动，来提升乡村社会文明的发展程度，保障农民发展的文化权益。

（四）农民发展的社会权益保障

农民发展的社会权益是指农民可以在生活、医疗、教育等方面获得国家保障的生存与发展的权利和利益。从内容上看，它主要包括农民享有的自由流动迁徙权、社会保障权、受教育权、国家救济权、健康卫生权、婚姻和家庭权等。

从农民发展的自由流动迁徙权、平等劳动就业权、社会保障权和受教育权等的权益保障情况看，旧有的城乡二元化结构和不合理、不公平的制度性因素把农民牢牢地束缚在土地上，剥夺了农民迁徙自由的权利，制约了农民发展的社会权益保障水平的提高。改革开放以后，随着市场经济的发展和小城镇化的普及，农村剩余劳动力大量涌入城市，这成为农民取得迁徙自由权的标志。

社会保障权是国家设计的一种通过国民收入再分配，体现社会公正，保障公正实现的权利。在家庭联产承包责任制实行以前，农民虽然可以通过以社队为基础的集体形式获得集体保障，但是在社会保障项目、内容、水平等方面与城镇居民有着较大差距。家庭联产承包制实施以后，传统的集体核算制度被彻底打破，农民成为独立自主的经营单位，原有的集体保障也随之消失。农民的疾病、养老和贫困一度成为制约其发展的最大障碍。20世纪90年代以来，随着我国经济社会体制改革的不断深化，农民的社会保障权得到不断完善。新型农村社会养老保险制度、医疗保险、失业保险、贫困救济等保障制度逐渐普及。可以说，随着城乡统筹就业制度和社会保障体系的逐渐健全与覆盖，农民发展的社会权益在实践中得到不断发展与完善。

受教育权是公民享有并由国家保障实现的接受教育的权利，是宪法赋予全体国民的一项基本权利。为了改善农民的受教育环境，政府先后出台了多项政策，如2005年出台的《国务院关于深化农村义务教育经费保障机制改革的通知》（国发〔2005〕43号）中，切实保障了农村义务教育经费改革的有效实施；2008年出台的《国务院关于做好免除城市义务教育阶段学生学杂费工作的通知》（国发〔2008〕25号）中，对符合政府规定接受条件的进城务工人员随迁子女免除学杂费，不收借读费；2012

年出台的《关于做好进城务工人员随迁子女接受义务教育后在当地参加升学考试工作意见的通知》(国发〔2012〕46号),为进城务工人员子女的教育、升学考试等问题提供了保障。另外,国家还加快了对农村中等职业教育的建设。

(五) 农民发展的环境权益保障

农民发展的环境权益是指农民享有的环境发展的权利和利益。从内容上讲,农民发展的环境权益主要包括环境知情权、参与权、监督权和侵害救济权等。

改革开放以来,随着工农业的迅速发展,农村环境污染和生态破坏的情况日趋严重,这严重危及了农民的身体健康,制约了农民环境权益的发展。在这一背景下,制定符合农村现实的环保法律和政策,加大农村环境保护机构建设,提高农民的环保意识和农民自身的文化素质成为保障农民发展的环境权益的重要举措。另外,政府还需立法调整土地利用结构,优化土地资源分配,并建立可持续发展的土地、人口、资源、环境组合运作立法管理模式,建立积极有效的环境监督机制。

2003年7月28日,胡锦涛同志在一次谈话中提出了"坚持以人为本,树立全面、协调、可持续的发展观,促进经济、社会和人的全面发展"的可持续发展观。党的第十七次全国代表大会上,把这一发展观写入党章。进入新时代,党的十八届五中全会又提出并阐发了"创新、协调、绿色、开放、共享"五大发展新理念,这既是对科学发展观的深化和拓展,也是对我们党关于发展的重要思想和马克思主义发展观的丰富和发展。其中,绿色发展理念的要求就是保障农产品的质量安全,维护农民的环境权益,加强土地、水、森林等资源的保护和合理利用,加快农村环境突出问题的治理,完善农产品质量和食品安全法律法规,以保障人民群众饮食安全。

土地、山脉、水源、森林、矿藏资源、动植物资源与气候、水文等要素紧密相关、相互影响,共同构成了一个地域的生态环境。生态资源是农业发展的重要资源,也是农民发展的重要资源。农民发展的环境权益保障旨在提高生态资源直接价值的利用效率,优化产业结构,提升资源利用能力和水平,提高林区、草原、湿地的有效、合理利用,保持生态资源的可持续发展。同时,深入挖掘生态资源的间接价值,大力发展生态服务业,充分发挥生态文化的作用,利用生态资源塑造地域形象,提升竞争力。

伴随着城乡一体化发展、新型城镇化建设和乡村振兴战略的推进，国家日益重视农民发展基本权益的保障。可以说，农民发展的权益保障在程度和范围上都已经取得了一系列的成就。

第三节 马克思主义农民发展的权益保障理论

当前中国农民的核心问题，是由生存、转型到发展的问题，即在保障农民基本生存层面满足的基础上，实现农民由传统向现代的转型与发展。这一变迁过程中形成的各种理论、观点，构成了对农民发展的历史、现状及未来趋向的理论性解释。在这些理论解释中，马克思主义经典作家关于农民发展及其权益保障的理论、中国化马克思主义者关于农民发展权益保障的思想，构成了中国农民发展权益保障的重要思想理论来源和方法论指导，它对于揭示农民发展规律，坚持走中国特色社会主义农民发展道路，具有重要指导意义。

一 马克思主义农民发展的理论

农民发展是人的发展在农民身上的具体体现，具有人发展的一般特征。马克思指出，人的本质包含了需要、劳动、交往和意识四个要素。农民作为个体的、群体的、类的人，也应该具有人的本质的一般特性，包括需要、劳动、交往和意识四个要素。

(一) 马克思主义者关于农民需要发展的观点

马克思认为，人的需要是有层次的，具体包括人的生理、社会、精神和发展四个层次的需要。而农民的需要，也包括这四个层次。

生理需求仍是现阶段农民的主要需求之一。马克思曾从小生产者和资本主义生产以前的状态对农民进行过分析。他在对法国传统农民进行概括时指出，自给自足和小规模生产是传统农民的本质特点。而资本主义生产以前的状态就是农业社会的自然经济或自给自足经济。这种情况也同样适用于中国。在长期传统农业的社会，尤其是在战乱不断、社会生产力落后的时期，农民的生理需要成为他们的主要需要。改革开放以来，家庭联产承包责任制的实施，有力地调动了农民生产生活的积极性，使农村的经济社会发展取得了巨大成就。各项惠农措施的实施也使占全国绝大多数农民的温饱问题得到很快解决。当农民的物质需求基本上得到满足后，农民对医疗保障、养老保障等身体健康方面需求又有了进一步的提高。

农民的交往需求。马克思曾对法国传统农民的交往进行过概括，他指出"小农人数众多，他们的生活条件相同，但是彼此间并没有发生多种多样的关系。他们的生产方式不是使他们互相交往，而是使他们互相隔离。这种隔离状态由于法国的交通不便和农民的贫困而更为加强了……这样，法国国民的广大群众，便是由一些同名数简单相加而形成的，就像一袋马铃薯是由袋中的一个个马铃薯汇集而成的那样"[1]。这种情况同样适用于中国传统的农业社会。传统农业阶段，农民的生活环境狭小，社会交往范围有限，其社交范围主要在家族、邻里之间，这就使得他们具有了强烈的归属心理。随着市场经济的影响，农村正由传统向现代化转型，大批农民走出农村，走进城市。新的信息手段和观念冲击着农民的传统思想，使他们与外界交往的渴望和需求进一步增强。

精神需要在农民需求中的比重越来越大。马克思把人的能力的发展看作人发展的核心。他指出："任何人的职责、使命、任务就是全面地发展自己的一切能力。"[2] 当农民的衣食住行等生理需要基本上得到满足后，他们对精神文化生活等方面提出了更高的要求。这就意味着社会要满足农民的精神需要，提升农民的精神境界，构建有利于农民发展的价值体系，创造新的农民精神文化形态。不同类型、不同区域农民的精神需求是有明显差异的。所以，在关注和满足农民精神需要时，还要注意农民精神需要的形式与内容的差异性，时刻注意对当代农民精神文化需求给予正确的引导。

农民的发展和自我实现需要是较高层次的需要，是农民实现自己的理想和抱负，最大限度地发挥个人潜力并获得成就的需要。这种需要往往是在较低层次需要得到满足时表现出来的，是以充分发展个人的心理品质、能力、素质以及自身创造性为特征的。

马克思认为，人发展的终极目标是实现人的自由全面发展。作为人的一部分，农民发展的终极价值是实现农民的全面发展。在马克思看来，农民的发展属于人类解放的目标和内容之一。可以说，农民的发展是个动态

---

[1] 《马克思恩格斯文集》第2卷，人民出版社2009年版，第556页。
[2] 《马克思恩格斯全集》第3卷，人民出版社1960年版，第330页。

的过程，在不同的发展阶段农民的需求层次也不同。正如列宁所讲，"在改革后的时代，资本主义和商品经济的发展也已经导致了'农民'需求层次的提高：农民开始过'更为整洁'的生活（关于衣、住等）"①。他还观察到，对便宜的印花棉布等东西的渴望，正在使家庭小生产逐渐消失。在这一过程中，传统农业社会发展成各种经济层次构成的社会。

就传统自给自足的小农而言，最根本的是要彻底改变资本主义私有制的生产关系，以土地国有来实现农民作为自由人联合的解放目标。中国地域辽阔，农民发展需要层次的地区性差异很大。中西部欠发达地区的农民的生理需要、安全需要是其优先需要。而东部沿海地区的大多数农民的生活水平已经得到了明显改善，生理、安全等低层次需要已经得到了较好的满足，部分农民的需要已经上升到了社交、发展和自我实现的需要阶段。

（二）马克思主义者关于农民劳动发展的观点

农民的劳动范围、劳动方式及在劳动中形成的劳动关系，决定了农民的劳动有其自身的特点。马克思曾经指出："他们是怎么样的，这同他们的生产是一致的——既和他们生产什么一致，又和他们怎样生产一致。因而，个人是什么样的，这取决于他们进行生产的物质条件。"② 列宁不仅重视一般物质文化生活的需要，而且重视劳动者才能的发展和自由全面发展的需要。他认为农民从无产阶级专政方面获得了最多的利益，"第一次比城市居民吃得好些"，"享用自己粮食的自由、不挨饿的自由"③，这是与消灭阶级的最困难的任务——消灭工农间的差别一致的。

因此，要实现小农的发展，必须要改变小农经济结构。改革开放以前，农民作为集体生产者，从事的劳动主要是农业劳动，还兼职一些手工业。改革开放以后，随着家庭联产承包责任制的实施和市场经济的发展，农民的劳动范围拓展了，一部分农民在从事农业生产的同时，还走入乡镇企业成为工人；另一部分农民开始发展家庭手工业；还有一部分农民进城打工，成为农民工。从职业分层来看，可概括为农业种植阶层、农民工阶层、个体劳动者和个体户阶层、农民知识分子阶层、私营企业主阶层、乡镇管理者和农村管理者阶层等。不过，因为大多数农民从事的劳动仍以体力劳动为主，他们在劳动技能、素质等方面仍亟待加强。

---

① 《列宁全集》第1卷，人民出版社1955年版，第89页。
② 《马克思恩格斯文集》第1卷，人民出版社2009年版，第520页。
③ 《列宁选集》第4卷，人民出版社1995年版，第64页。

(三) 马克思主义者关于农民交往发展的观点

在马克思看来，人和自然之间的物质交换，人和社会之间的交往活动，都源于物质生产基础上的劳动能力。农民是劳动主体（内在尺度）与社会主体（外在尺度）统一的体现者和承担者。作为劳动主体的劳动者，通过劳动活动，在主体与客体之间建立稳固的联系，以维护社会持续发展的秩序。而作为社会主体的劳动者，通过各种社会交往，以确证自身的存在，并将这种存在方式与他人、自然和社会紧密地结合起来，成为一个不断完备发展的主体。因此，实现作为劳动主体和社会主体共同的需求，就成为现代主体发展的推动力。这种需求推动力不仅体现在农民自我意识的觉醒上，还体现在其劳动能力的提升和社会交往的不断拓展上。也可以说，农民生产方式和生活方式决定着他们的社会交往有着不同于其他群体的特点。

(四) 马克思主义者关于农民意识发展的观点

社会实践表明，农民发展的条件有三方面，一是通过资本主义大生产的方式，摧毁了小农得以存在的经济基础，使之完全破产；二是由工人阶级的推动，正如马克思指出的，"农村居民由于分散于广大地区，难以达到多数人的意见一致，所以他们永远不能胜利地从事独立的运动。这一点也同样是十分明显而为各个现代化国家的历史所证实了的。他们需要更集中、更开化、更活跃的城市居民的富有首创精神的推动"[1]；三是激发农民的主体意识和阶级意识。

马克思认为，农民的发展，在于改变传统农业的小生产和自给自足经济，使个体的农民通过合作制的形式组织起来，走上集体的发展道路。在这个过程中，农民的主体意识觉醒和主体性增强，是农民发展的内在条件。恩格斯强调了社会实践对主体性塑造的重要作用，他指出："在再生产的行为本身中，不但客观条件改变着，例如乡村变成城市，荒野变为开垦地等等，而且生产者也改变着，他炼出新的品质，通过生产而发展和改造着自身，造成新的观念，造成新的交往方式，新的需要和新的语言。"[2]

列宁在实践中探索了实现农民市场主体的方法。1921年在布尔什维克党第十次代表大会上起草的《关于新经济政策问题的决议》中针对粮

---

[1] 《马克思恩格斯文集》第2卷，人民出版社2009年版，第358页。
[2] 《马克思恩格斯文集》第8卷，人民出版社2009年版，第145页。

食短缺、农民日用工业品和其他工业品缺乏的实际情况，为满足农民的需要，提出了"部分地修改大工业的生产计划，加强日用必需品和农民日用品的生产"①。这使农民可以自由地支配自己生产的大部分剩余粮食——拿到市场上出售。这在一定程度上调动了广大农民生产生活的积极性，也提升了他们的市场主体意识。列宁还提出，党的迫切任务是"把社会主义思想和政治自觉灌输到无产阶级群众中去"。②斯大林强调了扩大农民市场，提升农民需求的重要性。他在1927年3月发表的《关于我国工业政策的问题》报告中提出，降低工业品价格，扩大了国内市场和群众对工业品的需求是工业发展的重要因素。报告中还指出，农民的需求，工人阶级及农民的联盟也是农业和工业的发展。③

农民意识是以自然经济为基础、家族血缘关系为主体的环境中形成的，并内化于农民思想之中的价值体系、思维方式以及对经济社会环境的认知心理。由于小农经济的平均主义、政治上的皇权主义和小农的依附性、狭隘性、保守性特点，使传统农民形成了非主体性的意识特点。改革开放之前，在农村合作社和农村公社体制下，土地归集体所有，农民平等地参与集体劳动，农民的个人意识也被湮没在了集体意识之中。改革开放以后，农民的劳动关系发生着深刻的变化。农业的生产单位由集体变为家庭，农业劳动也由集体劳动转变为个体家庭劳动，农民的意识也逐渐由非主体意识转化为现代公民意识。

综上所述，马克思、恩格斯等经典作家的农民发展理论是基于工人阶级与资产阶级之间的阶级斗争展开的，他们把农民作为与封建地主阶级相对立的阶级，随着资产阶级对封建地主阶级的革命胜利，农民阶级也成为一个与封建地主阶级一样落后的阶级而存在。农民发展需要通过社会外力和自身意识的觉醒予以实现。

二 马克思主义农民发展的权益保障理论

"权益"是公民受法律保护的权利和利益的统称，是指在一定生产力

---

① 《列宁全集》第41卷，人民出版社1982年版，第328页。
② 《列宁选集》第1卷，人民出版社1995年版，第285页。
③ 斯大林：《在苏联列宁共产主义青年团第五次全国代表会议上的演说》，选自《马克思恩格斯列宁斯大林论青年》，中国青年出版社1980年版，第235页。

和社会制度下,人们形成的客观的具有法律效力的社会经济利益关系,在不同的场合下,其内涵存在差别。马克思主义关于"权利"和"利益"的理论是农民发展权益保障的理论依据。

(一) 马克思主义权利思想

马克思主义的权利思想是在批判资产阶级权利与秩序及唯物史观的基础上提出的,他的权利观点主要有以下几方面内容:

第一,权利是生产关系和生产方式聚集在某一个别或群体社会成员利益关系上的社会规定,它在本质上是社会规定下的人们需要与满足之间的利益关系。马克思在《德意志意识形态》中指出,为了满足个人的物质生活需要而进行的物质生产,使社会生产产生了双重关系,一是主客体之间的关系,即人与自然之间的物质交换关系;二是社会关系或交往关系。满足人的生产关系与交往关系的集中体现是利益,按照内容主要分为经济利益、政治利益、社会利益、文化利益、生态利益等。权利就是对这些利益的社会规定,权利本质上是利益的主体表现。

第二,权利具有层次性。经济权利是基础,决定其他一切权利。马克思、恩格斯曾指出,无产阶级要求的不仅是政治解放、获得政治权利,更要求社会解放或经济解放,即消灭私有制,使经济平等。经济权利的保护和实现,表现在国家、法律和政治层面上,并由此产生了一定的政治权利和文化权利。

第三,国家性质、社会性质不同,权利也就不同。尽管权利的根源和基础形式在经济领域,但是权利的获得都需要上层建筑的社会肯定,并随着生产力和生产关系的发展而不断发展变化。

第四,权利具有阶级性。马克思主义总是站在无产阶级立场上,为争取无产阶级权利而斗争。争取无产阶级的自由和平等权利是马克思政治哲学的价值诉求。

第五,人民权利观。一切权利属于人民。

第六,权利是具体的。权利是与一定社会的经济、政治、文化和意识形态相适应的,并且永远不能超出社会的经济结构以及社会文化的发展,不存在永恒的、超阶级的、抽象的权利。[1]

在马克思看来,权利发展在实质上是自由个性的全面发展。发展权利

---

[1] 代华琼:《在权力与秩序之间 新自由主义与新保守主义政治哲学批判》,生活·读书·新知三联书店2016年版,第139—140页。

的主体是每一个人,社会的解放取决于每一个人的解放,即"要不是每一个人都得到解放,社会本身也不能得到解放"①。发展的权利属于"每一个人"②。

列宁进一步发展了马克思的"一切权力属于人民"的观点,把专政、民主看作统一国家政权的两个侧面。早在民主革命时期,他就把民主问题放在重要位置。他指出"民主意味着在形式上承认公民一律平等,承认大家都有决定国家制度和管理国家的平等权利"③。"无产阶级民主……在世界历史上史无前例地发展和扩大了的,正式对大多数居民即对被剥削劳动者的民主。"④列宁还先后制定了多个宪法性文件,规定了工人、农民可以直接通过选举代表组织国家政权,人民拥有广泛的政治、经济、游行、集会、结社、出版、言论等权利。

(二) 马克思主义利益思想

马克思认为,利益是"社会化的需求,是人们通过一定的社会关系表现出来的需要"⑤。可以认为,整个社会的发展就是利益不断交互作用的过程。"真正的社会联系……是由于有了个人的需要和个人利益才出现的。"⑥

经济利益是一切社会活动的根源和动力。对于马克思主义经济利益理论的理解,是我们认识农民发展的经济利益的思想基础。马克思主义唯物史观主张,经济利益(即物质资料生产)是人们追求的最基本和最首要的利益。"人们为了创造历史,必须能够生活。但为了生活,首先就需要吃喝住穿以及其他的一切东西。因此,第一个历史活动就是生产满足这些需要的资料,即生产物质生活本身。"⑦马克思在1842年写的《第六届莱茵省议会的辩论》一文中指出,"人们为之奋斗的一切,都同他们的利益有关"⑧,并认为"利益"的内涵是指物质利益,如他在《政治经济学批

---

① 《马克思恩格斯全集》第20卷,人民出版社1973版,第318页。
② 姚德利:《论马克思主义人的发展的权利内涵》,《当代世界和社会主义》2009年第3期。
③ 《列宁全集》第33卷,人民出版社1985年版,第257页。
④ 《列宁全集》第35卷,人民出版社1985年版,第244页。
⑤ 《马克思主义哲学全书》,中国人民大学出版社1996版,第376页。
⑥ 《马克思恩格斯全集》第42卷,人民出版社1979年版,第24页。
⑦ 《马克思恩格斯选集》第1卷,人民出版社1995年版,第78—79页。
⑧ 《马克思恩格斯全集》第1卷,人民出版社1957年版,第187页。

判·序言》中提到,"莱茵省议会关于林木盗窃和地产分析的讨论,就摩赛尔农民状况同官方展开的论战,有关自由贸易和保护关税的辩论,这些都是促使我去研究经济问题的最初动机"①。马克思还指出,"每一个社会的经济关系首先是作为利益表现出来"②。唯物史观中的利益不是"普遍观念",利益包含了客观实在的内容,它是人们为了满足需要由自己的活动创造的在一定社会关系中占有和支配的物质生活条件。③ 恩格斯在1844年2月写的《美国状况·18世纪》中提到,"只要异化的主要形式,即私有制仍然存在,利益就必然是私人的利益,利益的统治必然表现为财产的统治"④。

为了突出经济利益的重要性,马克思、恩格斯还多次强调经济利益对政治活动、社会关系等方面的作用,也指出利益并不仅仅是满足人们基本生存需要的物质形态的生活资料,其背后还隐藏着有待揭示的社会关系本质。他们指出:"随着分工的发展也产生了单个人的利益或单个家庭的利益与所有互相交往的个人的共同利益之间的矛盾;而且这种共同利益不仅仅作为一种'普遍的东西'存在于观念之中,而首先是作为彼此有了分工的个人之间的相互依存关系存在于现实之中。"⑤ 他们还认识到了"在自然形成的社会中"共同利益和特殊的个人利益之间的矛盾对社会和谐产生了影响,在资本主义社会中,资本家与工人之间存在着剥削与被剥削的不平等关系,工人阶级没有利益可言;而在社会主义社会中,人与人是平等的关系,每个人都平等地享受权益。

列宁在社会主义社会建设中进一步兼顾了特殊的个人利益和共同利益。他在对新经济政策进行总结时指出:"发现了私人利益即私人买卖的利益与国家对这种利益的检查监督相结合的合适程度,发现了私人利益服从共同利益的合适程度,而这是过去许许多多社会主义者碰到的绊脚石。"⑥ 他考虑到了在社会主义建设中要力求在个人利益和共同利益中寻找到二者和谐的现实路径,以构建社会主义和谐社会的利益关系。

---

① 《马克思恩格斯全集》第13卷,人民出版社1965年版,第7—8页。
② 《马克思恩格斯全集》第18卷,人民出版社1965年版,第307页。
③ 谭培文:《马克思主义利益观研究》,广西师范大学出版社2000年版,第52页。
④ 《马克思恩格斯全集》第1卷,人民出版社1957年版,第663页。
⑤ 《马克思恩格斯选集》第1卷,人民出版社1995年版,第84页。
⑥ 《列宁专题文集·论社会主义》,人民出版社2009年版,第349页。

列宁的利益观,是对马克思、恩格斯利益观的继承与发展,是马克思主义利益思想的一个重要发展阶段。这些思想为我们探讨新时代农民发展的权益保障问题,提供了科学理论指导和路径选择。

三 中国化马克思主义农民发展的权益保障理论

在长期的历史发展过程中,共产党人及其领导人逐渐形成了解决农民土地问题、破除农民体制束缚、赋予农民平等权益、实现农民自由全面发展的农民发展思想。这为我们探究农民发展的权益保障思路,提供了重要的理论指导。

(一) 毛泽东农民发展的权益保障理论

在新民主主义革命、社会主义革命和社会主义建设时期,以毛泽东为核心的党中央一直把解决农民问题放在工作的重要位置。从内容上看,毛泽东农民发展的权益保障思想,主要包括农民发展的经济、政治和文化权益保障思想等。

毛泽东把农民发展的经济权益保障作为解决农民问题的关键,并强调解决农民土地问题在保障农民发展经济权益中的重要性。在新民主主义革命时期,毛泽东把农民作为革命的动力,指出中国革命就是农民革命,中国革命的问题就是农民的问题。这一时期,党领导农民进行土地革命,废除封建土地制度,使农民获得自己的土地;新中国成立初期,全国开展了"三大改造"运动,以社会主义改造的形式,彻底改变了小农经济的生产方式,变革土地私有制为社会主义公有制;在社会主义建设时期,毛泽东还提出了一系列维护农民发展的经济利益措施,有力地提高了农民的生产积极性。另外,他还一方面鼓励党政工作人员要帮助农民增加生产,主张通过农业合作化,开展集体经济,力求实现农民的共同富裕。另一方面,又强调要尽可能实行工农产品的等价交换,缩小工农产品价格剪刀差。

保障农民发展的政治权益思想,是第一代领导集体在探索农民政权建设、保障农民政治权利道路的重要尝试,也是我党保障农民发展政治权利的重要体现。在新民主主义革命时期,毛泽东明确指出了农民是中国革命的动力和主力军,中国必须走工农联盟的道路。这一时期,他积极发动农民建立农民协会组织。他从国情出发,明确指出"目前我们对农民应该领导他们极力做政治斗争,期于彻底推翻地主权力"①。为实现农民平等地享受政治权益,我党进行了艰辛探索。从抗日战争时期的抗日民主政权、解放战争时期的乡民代表会议制度到新中国成立后的地方各级人民政府以及第一届全国代表大会制定的宪法建立起来的农村完整的政权体系,使农民发展的政治权利在制度上逐渐得到保障。可以说,毛泽东在新民主主义革命、社会主义革命及社会主义建设时期,形成的关于农民发展的政治权益保障思想,为中国化马克思主义农民发展政治权益保障思想的形成奠定了理论基础。

毛泽东多次强调农民发展的文化水平的高低,对于我们国家文化昌盛与否具有重要作用。他指出,在旧中国,地主是有文化的,而"农民没有文化"②,但从某种意义上讲,地主的文化是农民创造的,是在榨取农民时形成的。他还强调为了形成农民独具特色的文化,"严重的问题是教育农民",③ 面对中国绝大多数的农民"有落后的思想",④ "我们应该长期地耐心地教育他们"⑤。毛泽东要求在社会主义社会中,我们要改变这种农民未受教育的现状,发展先进的农民文化,去其糟粕,为促进农民发展的文化权益实现,提供坚实的保障。

(二) 邓小平农民发展的权益保障理论

作为党和国家的第二代领导核心,邓小平非常重视农民发展问题。在长期的社会主义建设中,形成农民发展的经济、政治和文化权益保障等思想,成为邓小平农民发展思想的重要内容。这些思想立足于突破历史的局限性,强调了农民发展的重要作用,形成了颇具中国特色的农民发展权益保障思想,这也是对马克思主义经典作家、毛泽东相关思想的继承与发展。

农民发展问题是关系党和国家全局的重大经济社会问题,也是我国全面建成小康社会、实现现代化战略目标的关键。邓小平强调:"农民连温饱都没有保障,怎么能体现社会主义的优越性呢?"⑥ 可见,他将农民发

---

① 《毛泽东选集》第1卷,人民出版社1991年版,第33页。

② 同上书,第39页。

③ 《毛泽东选集》第4卷,人民出版社1991年版,第1477页。

④ 《毛泽东选集》第3卷,人民出版社1991年版,第849页。

⑤ 同上书,第849页。

⑥ 《邓小平文选》第3卷,人民出版社1994年版,第255页。

展的权益保障问题作为衡量社会主义优越性的重要指标。为保障农民发展的经济权益，邓小平鼓励一部分农民先富起来，先富带后富，实现共同富裕，并由此进行了一系列农村经济改革。首先，邓小平非常重视农民的土地问题。十一届三中全会以后实行的家庭联产承包责任制，使农民获得了对土地的经营权和管理权，极大地调动了农民的生产积极性；在确保粮食生产的基础上，他鼓励农民开展多种经营，倡导科技兴农，鼓励农民因地制宜地开展农林牧副渔等多种经营；他遵循价值规律，放开农产品价格，把农村经济纳入有计划的商品经济轨道，增强了农民的市场主体意识；为解决农村剩余劳动力，邓小平还鼓励支持乡镇企业的发展，为农民就业提供了新的途径，很好地保障了农民发展的劳动就业权。

为保障农民发展的政治权益，邓小平致力于改革农村政治体制，通过村民自治使农民获得平等参与政治事务的权利。邓小平曾明确指出："只搞经济体制改革，不搞政治体制改革，经济体制改革也搞不通，因为首先遇到人的障碍。……我们所有的改革最终能不能成功，还是取决于政治体制的改革。"[①] 他还强调："把权力下放给基层和人民，在农村就是下放给农民，这就是最大的民主。我们讲社会主义民主，这就是一个重要内容。"[②] 为了保障农民的民主权利，他指出"要切实保障工人、农民个人的民主权利，包括民主选举、民主管理和民主监督"[③]。

人民公社的废除和家庭联产承包责任制的实行，使我国农村政治生活出现了新局面。1987年第六届全国人大常委会第23次会议通过的《中华人民共和国村民委员会组织法（试行）》中决定在全国范围内实行村民自治。[④] 作为我国农村实行基层直接民主的一项基本制度，村民自治切实保障了农民的政治权益。家庭联产承包责任制的实行和"三步走"战略的制定，也为现阶段解决农民发展问题带来了很大的启示作用。

邓小平还非常重视保障农民发展的文化权益。他指出"国力的强弱，经济发展后劲的大小，越来越取决于劳动者的素质"[⑤]，并倡导"把国民

---

① 《邓小平文选》第3卷，人民出版社1993年版，第164页。

② 同上书，第252页。

③ 《邓小平文选》第2卷，人民出版社1994年版，第146页。

④ 龚先庆：《邓小平农民利益思想略论》，《三峡大学学报》（人文社会科学版）2007年第4期。

⑤ 《邓小平文选》第3卷，人民出版社1993年版，第120页。

经济的发展转移到依靠科技进步和提高劳动者素质的轨道上"。① 1982年10月，邓小平还进一步指出"农业的发展，一靠政策，二靠科学"，② 并在此基础上提出了"科教兴农"战略，在广大农村地区开展了"扫盲"运动和九年义务教育等，这些政策都大大改善了农民受教育情况。

（三）江泽民农民发展的权益保障理论

以江泽民为核心的党的第三代领导集体，坚持马克思主义关于农民发展权益保障的基本原理，继承了毛泽东、邓小平关于农民发展的权益保障思想，在新的历史条件下正视农民发展过程中的新问题，形成了以"三个代表"重要思想为指导核心的农民发展权益保障思想，进一步丰富了中国化马克思主义农民发展的权益保障理论。

江泽民高度重视农民发展的经济权益，并就如何实现和维护农民发展的经济权益进行了较为系统的阐述。江泽民极力地鼓励和支持农业的发展，完善家庭联产承包责任制，加大对农业的财政投入、加强农业基础设施建设、保护农业生态环境、提高农业抗灾能力。为加快实现农业现代化，他还强调调整农业产业结构、实现农业产业化和推动农业科技等的重要性。为解决农村剩余劳动力，江泽民主张要大力发展乡镇企业和加快小城镇建设，改善农村金融服务，减轻农民负担。面对农民负担过重的问题，江泽民还主张实施了农村税费改革，财政支出结构调整等政策，这些都大大减轻了农民的经济负担，增加了农民的收入。他还进一步指出："增加农民收入是一个带有全局性的问题，不仅直接关系到农村实现小康，还直接关系到开拓农村市场、扩大国内需求、带动工业和整个国民经济增长，从长远看还可能影响农产品的供给。"③

保障农民发展的政治权益，是江泽民农民发展权益保障思想的重要内容。在江泽民看来，农民发展问题"不但是个重大的经济问题，同时也是一个重大的政治问题"④。江泽民一再强调调动农民积极性，加强农村基层民主政治建设的重要性。他指出："在农村开展任何一项工作，实行任何一项政策，都必须首先考虑，是有利于调动还是会挫伤农民的积极性，是维护还是会损害农民的物质利益和民主权利，是解放和发展还是会

---

① 《邓小平文选》第3卷，人民出版社1993年版，第23页。
② 同上书，第17页。
③ 《江泽民文选》第2卷，人民出版社2006年版，第546—547页。
④ 江泽民：《论有中国特色社会主义》，中央文献出版社2002年版，第120页。

阻碍农村生产力。"①

针对农民发展的权益保障问题，江泽民进一步指出"在政治上要切实保障他们的民主权利"②；在实践上，主张依法健全保障农民民主权利的三项制度，村委会直举制度、村民议事制度和村务公开制度。他在2002年党的十六大报告中指出，"健全基层自治组织和民主管理制度，完善公开办事制度，保证人民群众依法直接行使民主权利，管理基层公共事务和公益事业，对干部实行民主监督"③，这是确保农民发展政治权益得以实现的基本要求和发展社会主义民主的基础性工作。

江泽民还十分重视农民发展中的物质文明和精神文明的关系，他指出，经济落后不是社会主义，精神匮乏也不是社会主义，并明确指出："只有两个文明都搞好，经济社会协调发展，才是有中国特色社会主义新农村。"④

（四）胡锦涛农民发展的权益保障理论

胡锦涛在继承党的历代领导人关于农民发展权益保障思想的基础上，对保障农民发展权益思想又进行了丰富和发展。从内容上看，主要包括农民发展的经济权益保障、政治权益保障、文化权益保障和社会权益保障等。

土地产权和增收是农民发展的主要经济权益。可以说，稳定并完善农村土地产权制度是胡锦涛农民发展经济权益思想的基础和前提。为了维护被征地农民的合法权益，以胡锦涛为总书记的党中央还实行了最严格的耕地保护制度，改革征地制度，允许农民土地承包经营权的自由流转。胡锦涛还确定了"多予、少取、放活"的方针，以保障农民发展的经济权益。"多予"是指加大国家对农业的财政支持力度，推进扶贫工作的实施；"少取"就是进行农村税费改革，全面取消农业税；"放活"是指搞活农村经济，发展多种经营，加大农产品价格保护力度，刺激城乡生产要素的

---

① 中共中央文献研究室：《十五大以来重要文献选编》（上），人民出版社2001年版，第527页。
② 江泽民：《全面推进农村改革，开创我国农业和农村工作新局面——在安徽考察工作时的讲话》，《人民日报》1998年10月5日。
③ 《江泽民文选》第3卷，人民出版社2006年版，第554页。
④ 江泽民：《江泽民论有中国特色社会主义（专题摘编）》，中央文献出版社2002年版，第126页。

自由流动。为了增加农民收入，缩小城乡居民收入差距，国家采取了多项措施：制定相关的法律条例以保障拖欠农民工工资、农民工工资低等问题的解决；推行农村税费改革、增加国家财政对三农的投入和全免农业税等政策，减轻农民负担，缩小城乡差距；重视农民工问题，支持、发展小城镇建设和重视农村土地问题以解决城镇化进程滞后，农村剩余劳动力转移难和农民就业严峻等问题。2009年新修订的《农业法》中又增加了"农民权益保护"一章，以法律的形式禁止了乱收费、乱罚款、乱摊派、集资等现象，切实保护了农民的合法权益，因地制宜地推进了农村社会保障制度建设。

保障农民发展的政治权益是胡锦涛农民发展权益保障思想的重要内容。为了实践这一目的，他一方面强调要加强和完善对基层社会的管理和服务，在就业、社会保障、医疗、子女上学、保障性住房等方面给予农民工以充分考虑。另一方面，强调加强党员干部为民执政的意识，主张"健全服务群众制度，充分发挥党组织和党员在服务群众中的带头、推动、督促、保证作用；要健全联系群众制度，创新联系群众方式，做到机关工作重心下移、基层干部坚守一线、领导干部深入基层"[①]。"完善党员干部直接联系群众制度。坚持问政于民、问需于民、问计于民，从人民伟大实践中汲取智慧和力量。"[②] 他还特别强调要建立健全信访制度，强调领导干部要亲自接待群众来访、亲自处理群众信访。2006年2月14日，在中共中央举办的省部级领导干部建设社会主义新农村专题研讨班上，胡锦涛指出，当前和今后一个时期建设社会主义新农村，要扩大农村基层民主，搞好村民自治，健全村务公开和民主议事制度，确保农民群众当家做主权利的有效实施。

胡锦涛还持续强化了对农民发展的文化权益的保障。他第一次把文化称为"软实力"。2006年，在中国文联第八次全国代表大会的讲话中，胡锦涛指出："和谐文化既是和谐社会的重要特征，也是实现社会和谐的精神动力。建设和谐文化，是构建社会主义和谐社会的重要任务，也是构建

[①] 胡锦涛：《十七大以来重要文献选编》（中），中央文献出版社2011年版，第1014—1015页。

[②] 胡锦涛：《坚定不移沿着中国特色社会主义道路前进，为全面建成小康社会而奋斗——在中国共产党第十八次全国代表大会上的报告》，《人民日报》2012年11月18日。

社会主义和谐社会的重要条件。"① 为了建设社会主义和谐文化，必须要注重农民与市民之间获取文化权益的均衡，也要"加强农村教育、科技、文化和卫生等事业建设，促进农村社会发展"②，尽快补齐农民发展这块短板。胡锦涛在党的十七大报告中指出："重视城乡、区域文化协调发展，着力丰富农村、偏远地区、进城务工人员的精神文化生活。"③ 在党的十七届三中全会上又勾勒出到 2020 年建成城乡一体化、农民收入大幅提高、文化繁荣、生活安定的新农村蓝图。这样繁荣农民文化变成了新农村蓝图的重要组成部分。在《关于进一步加强农村文化建设的意见》中，党和政府又提出坚持"多予少取放活"方针，加大了对文化基础设施的建设，完善了公共文化服务体系，以确保农民群众的基本文化权益。

胡锦涛农民发展的社会权益保障思想，包括保障农民发展的受教育权、社会保障权和医疗卫生健康权等。在 2003 年中央农村工作会议上，党和政府决定今后每年新增教育经费主要用于农村。在同年下发的《关于做好农民工进城务工就业管理和服务工作的通知》中，提出要保障农民工子女接受义务教育的权利。到 2007 年，农村普遍实行了免除国家扶贫开发工作重点县农村义务教育阶段贫困学生的书本费、学杂费，补助寄宿学生生活费等；在 2003 年，党的十六届三中全会中通过的《中共中央关于完善社会主义市场经济体制若干问题的决定》中提出要加快建设与经济发展水平相适应的社会保障体系。2006 年中央一号文件中提到要逐步加大公共财政对农村社会保障制度建设的投入，完善农村社会救助体系，逐步建立与其他保障措施相配套的农村社会养老保险制度，并强调了在有条件的地方探索建立农村居民最低生活保障；2003 年到 2010 年，农村居民的新型合作医疗制度得到基本全面覆盖，这使县、乡、村三级农村卫生服务网络得以健全，为农民享用安全、有效、方便、价廉的医疗卫生条件提供了保障。

总之，胡锦涛农民发展的权益保障思想，是坚持科学发展观和构建社会主义和谐社会的必然要求，也是十六大以来党中央解决农民发展问题的理论指导。

---

① 《十六大以来重要文献选编》（下），中央文献出版社 2008 年版，第 753 页。
② 《十六大以来重要文献选编》（上），中央文献出版社 2004 年版，第 122 页。
③ 胡锦涛：《高举中国特色社会主义伟大旗帜，为夺取全面建设小康社会新胜利而奋斗——在中国共产党第十七次全国代表大会上的报告》，《人民日报》2007 年 10 月 18 日。

(五) 习近平农民发展权益保障理论

以习近平为核心的党和国家的新一代领导核心高度重视"三农"问题。习近平立足于农业、农村、农民发展的国情，系统全面阐述了农民发展的权益保障思想。这些思想集中反映在其《摆脱贫困》《现代农业理论与实践》《中国农村市场化建设研究》《之江心语》《我是黄土地的儿子》等多部书籍中。

保障农民发展的经济发展权益是习近平农民发展权益保障思想的集中体现。习近平总书记一直以来十分关心农民增收致富和农民小康建设的问题。他把农民增收看作"三农"的核心。2014年中央一号文件中指出，当前农业发展的出路在全面深化农村改革，加快推进农业现代化。农业现代化需要科技兴农，努力培养新型职业农民，加快构建新型农业经营体系，建设高素质农业生产经营队伍。他特别强调："只有在发展农业、建设农村的同时，用现代文明和先进理念武装农民……培养具有新思想、新理念、新知识、新技能、新精神、新能力、新素质的新型农民，新农村建设才具有……长久的活力，才能取得更大的成效。"[1] 他还把鼓励农民进城务工，保障农民工的就业权益，消除农民工就业中的受歧视现象作为实现农民增收，保障农民发展经济权益的重要手段。[2]

此外，习近平强调，要努力完善土地产权制度，赋予农民更多的土地财产权和房地产权，以增加农民财产性收入。针对农民组织化与"三位一体"的新型农业合作体系建设等问题，他强调要发展大农业，建立农民专业合作、供销合作和信用合作"三位一体"的新型农业合作体系，实现合作组织、合作功能以及合作体系的一体化。近年来，这种发端于浙江的新型合作组织，得到了长足的发展，也为新时代农民现代化发展，提供了行动保障。十八届三中全会以来，党和政府出台了鼓励农民土地流转，征地实现城乡同价，城乡养老保障一体化等惠农措施，并完善对种粮农民的农资补贴政策。这些政策进一步促进了农业的发展，也调动了农民从事生产的积极性。

习近平在继承前几代中央领导人关于文化建设思想的基础上，结合我国实际情况，提出了一系列农民发展的文化权益保障思想，为保障农民发

---

[1] 习近平：《之江新语》，浙江人民出版社2005年版，第52—54页。
[2] 习近平：《关心关爱农民工》，《新华每日电讯》2013年2月4日。

展的文化权益提供了理论依据。早在 2005 年,习近平就曾指出:"文化的力量,或者我们称为构成综合竞争力的文化软实力,总是'润物细无声'地融入经济力量、政治力量、社会力量之中,成为经济发展的'助推器';政治文明的'导航灯';社会和谐的'粘合剂'。"① 他还指出,要"大力弘扬以爱国主义为核心的民族精神和以改革创新为核心的时代精神,深入挖掘和阐发中华优秀传统文化讲仁爱、重民本、守诚信、崇正义、尚和合、求大同的时代价值,使中华优秀传统文化成为涵养社会主义核心价值观的重要源泉"②。

由于中华优秀传统文化的根基在农村,因此,只有保障了农民发展的文化权益,才能使中华民族伟大复兴的中国梦早日实现。在党的第十九次全国代表大会报告中,习近平指出:"农业、农村、农民问题是关系国计民生的根本性问题,必须始终把解决好'三农'问题作为全党工作重中之重。"③ 为实现乡村振兴,政府需要"完善公共文化服务体系,深入实施文化惠民工程,丰富群众性文化活动"④,"推动城乡义务教育一体化发展,高度重视农村义务教育,办好学前教育、特殊教育和网络教育,普及高中阶段教育,努力让每个孩子都能享有公平而有质量的教育"⑤。

习近平还从经济与环境的关系出发,重视环保法制建设和污染治理,加强农村环境保护,促进农民发展。在继承马克思主义关于人与自然关系思想的基础上,形成了符合时代特色的农民发展环境权益保障思想。一是绿色发展思想。由于在经济发展过程中片面追求短期的经济增长,忽视了生态环境保护,引发了严重的环境问题。为此,习近平提出,既要绿水青山,也要金山银山。宁要绿水青山,不要金山银山,而且绿水青山就是金山银山。⑥ 坚持走可持续发展之路,改善农民生存环境,推动农民发展。二是生态法治观。习近平指出,只有实行最严格的制度、最严密的法制,

---

① 习近平:《之江新语》,浙江人民出版社 2007 年版,第 149 页。
② 《习近平在中共中央政治局第十三次集体学习时强调,把培育和弘扬社会主义核心价值观作为凝魂聚气强基固本的基础工程》,《人民日报》2014 年 2 月 26 日。
③ 习近平:《决胜全面建成小康社会夺取新时代中国特色社会主义伟大胜利——在中国共产党第十九次全国代表大会上的报告》,《人民日报》2017 年 10 月 28 日。
④ 同上。
⑤ 同上。
⑥ 《绿水青山就是金山银山》,《人民日报》2014 年 7 月 11 日。

才能为生态文明建设提供可靠的保障。他还提出要对政府官员考核指标做相应调整，增加生态考核指标。从法律制度层面解决环境污染问题，保护农民的生存环境，促进农民发展。三是污染治理思想。习近平面对水污染、土壤污染、大气污染等环境问题严重影响农民的生产生活和身体健康，指出坚持预防为主、综合治理，强化水、大气、土壤等污染防治，着力推进重点流域和区域水污染防治，着力推进重点行业和重点区域大气污染治理，① 把环境污染治理好，努力为子孙后代留下天蓝、地绿、水清的生产生活环境。②

综上所述，中国化的马克思主义者，坚持以马克思主义农民发展的基本理论为指导，从中国实际出发，在农民发展实践经验总结中逐渐形成了中国化马克思主义农民发展权益保障思想。这极大地丰富和发展了马克思主义农民发展理论，也为我们解决新时代中国农民发展问题提供了理论依据。

---

① 《习近平谈治国理政》，外文出版社 2014 年版，第 210 页。
② 《习近平向生态文明贵阳国际论坛 2013 年年会致贺信强调：共建生态良好的地球美好家园》，《人民日报》2013 年 7 月 21 日。

第二章

农民发展的权益保障历史变迁

农民发展作为社会发展主体的一个子系统,其发展的逻辑也体现为理论逻辑与历史逻辑的内在演进和外在统一。而且理论的逻辑往往融合在历史的逻辑之中,并通过历史的演进体现出来。由于对农民发展历史演进过程的划分标准或参照依据不同,农民发展阶段的划分也有所差异。如黄琳等人依据农民主体性发展情况的不同,把农民发展划分为五个阶段,即传统农民主体性发展到现代主体性,经历了近代起点以前的阶段、以传统为主但有发展可能的阶段、以传统为主而转向现实性的阶段、以现代主体性为主但仍受传统影响的阶段以及现代主体性完全确立的阶段。[1] 宋圭武将小农的演进历程划分为古典小农、宗法小农、商品小农和现代小农四个阶段,[2] 与一些历史学家相对精致的分析不同的是,大多社会学者则把中国社会简化为传统时期、集体化时期、改革开放以来三个典型时期分别进行论述。

本书根据马克思对三大社会形态的划分,结合社会生产关系变革和农民作为劳动主体的演变过程,为方便讨论,还是选择传统时期、集体化时期、改革开放以来三个典型时期分别论述,将农民发展的历史变迁过程划分为三个阶段,即传统农业社会时期的传统农民发展阶段、计划经济体制时期的集体农民发展阶段和市场经济体制时期的自主农民发展阶段。如此划分农民发展的阶段,则农民发展权益保障的历史变迁过程也将划分为三个阶段,即新中国成立之前传统农民发展的权益保障阶段、新中国成立后到改革开放之前集体农民发展的权益保障阶段和改革开放以来自主农民发

---

[1] 黄琳等:《农民主体性发展的五个阶段》,《改革与战略》2010年第9期。

[2] 宋圭武:《对小农问题的若干思考》,《农民经济问题》1999年第12期。

展的权益保障阶段。

第一节　传统农民发展的权益保障

马克思曾对传统农民进行过精辟的分析，指出"他们把自己的全部注意力集中在一块小得可怜的土地上，静静地看着整个帝国的崩溃"[①]。"他们不能代表自己，一定要别人来代表他们。他们的代表一定要同时是他们的主宰，是高高站在他们上面的权威，是不受限制的政府权力，这种权利保护他们不受其他阶级侵犯，并从上面赐给他们雨水和阳光。"[②] 这种情况同样适用于中国。几千年来，小农经济一直占主导地位，封建专制统治也使农民养成了根深蒂固的臣民思想与行为习惯，使他们长时间缺乏主体意识。

一　传统农民发展的阶段

新中国成立以前，中国处于自给自足的自然经济占主导地位的阶段。传统小农的生产方式受制于土地私有制，并随着生产工具的变革不断改进。一般认为，传统农民是指以家庭为生产单位，从事物质资料和家庭消费资料生产的农户，也是传统意义上以男耕女织式家庭生产模式为主的农民。这类农民自夏商周三代从事集体生产生活的农户，发展到封建地主土地所有制下自给自足的小农。按照农民与自然（土地）、社会（包括政治）关系的不同，传统农民发展的阶段又可分为古代农民发展阶段和近代农民发展阶段两个时期。

（一）古代农民发展阶段（夏商周—1840年）

由于受到生产规模和生产生活方式的影响，传统农民意识呈现出非主体性特征，即小农经济上的平均主义，政治上的皇权主义，并体现出人格上的依附性以及狭隘经验性和保守性等。[③]

古代农民发展的阶段，始自夏商周时期，晚至1840年的鸦片战争。按照生产方式的不同，这一阶段的农民又可细分为三个小阶段，即夏、

---

① 《马克思恩格斯全集》第9卷，人民出版社1961年版，第149页。
② 《马克思恩格斯选集》第1卷，人民出版社1995年版，第678页。
③ 袁银传：《论农民意识现代化的具体道路》，《毛泽东邓小平理论研究》2002年第3期。

商、西周三代时期的主要以人身依附和土地依赖的附属农民（即宗法井田制农民），东周、秦、汉时期的大自耕农（五口之家有田百亩）和唐代至清代的小自耕农、租佃农（每户十亩）。

大约在一万年前的旧石器时代晚期或新石器时代初期，在长期的采集渔猎过程中，人们逐渐掌握了栽培、驯化农作物的办法，农业随之产生。考古学家在湖南省道县玉蟾岩、江西省万年县吊桶环遗址一万年前的地层中发现了稻作遗址和水稻植硅石。在黄河流域和华南地区的一部分新石器时代早期遗址中[1]，也发现了相关原始农业的遗存。这一时期的原始农业耕作方式被称为"刀耕火种"。距今七八千年前，中国各地相继进入新石器时代，生产工具和耕作方式的改进标志着原始农业进入新阶段。南北各地的农业遗存中普遍发掘出整套的农业工具和人工栽培的粮食作物、家畜骨骼等，因为耒耜等翻土工具的出现，这一时代又被称作"耜耕农业"。大约距今5000年到4000年前，我国的原始农业已经相当发达，并逐渐形成了以黄河流域为主的粟作农业，以黄淮地区为中心的粟、稻混合农业和以长江流域为代表的稻作农业格局。随着农业的发展，农民也相应地产生。

《谷梁传·成公元年》载，"古者有四民：有士民，有商民，有农民，有工民"。这是文献资料中"农民"一词的较早记录。另外，《诗》中又有"农人""农夫"之语。[2] 总体而言，这一时期的农民还处于发展的原始阶段。由于生产工具落后，改造自然的能力差，他们不得不从事集体劳作。三代时期，农户还深受宗法观念的影响，一夫一妻组成的个体家庭只是生活单位，而个体家庭从属的家庭公社，即"宗"或"族"才是农业的基本生产单位。

井田制是春秋时期的主要土地制度。这一土地制度把土地分为"公田"和"私田"，公田收获物全部归公，私田上的收获物归农户自己。《谷梁传·宣公十五年》释"井田"曰："古者三百步为里，名曰井田，井田者九百亩，公田居一。"范宁注："出除公田八十亩，余八百二十亩，

---

[1] 如黄河流域的有河北徐水南庄头遗址，华南地区的有广东英德牛栏洞遗址和广西桂林甑皮岩遗址等。

[2] 《诗·小雅·甫田》："我取其陈，食我农人"；《诗·豳风·七月》："嗟我农夫，我稼既同，上入执宫功。"

故井田之法，八家共一井，八百亩余二十亩，家各二亩半为庐舍。"① 可见，按《穀梁传》所云，"八家一井"，一家耕种百亩。随着生产力的提高，铁农具和牛耕也在这一时期开始出现。"履亩而税"的社会改革使田亩制度开始向国家授田制转变。

到了战国时期，铁农具和牛耕在农业生产中得到普及，这大大提高了劳动生产率。大量资料表明，这一时期的土地分配已经不再是以血缘为纽带聚族而居的村社为基础，而是以国家编户制度下的"齐民"为单位。土地私有制逐渐确立起来，一家一户的小农经济形成，传统农民也开始由集体劳作向个体小农转变。

唐代前期继承了北魏以来的均田制，规定"丁男给永业田二十亩，口分田八十亩"，在永业田中要"课种桑五十根以上，榆枣各十根以上，三年种毕"。这是一种小农经济下的平均地权思想。政府把土地分配给每家每户，使用权归农民，所有权归政府，农民被固定在土地上，不允许土地买卖。这类均田户又被称为"中古自耕农"。从北魏到唐中叶，耕种国有土地的自耕农要缴纳租庸调，农民以丁为单位，以耕地为前提，缴纳"调"——绢、帛、丝、麻、布，这就迫使农民不得不从事多种经营。这一时期，小农经济得到了较快发展，并突出表现在农民的兼业化行为和乡村市场的兴起上。小农不仅从事农业生产，还在农闲之余从事家庭手工业、商业，这使小农的生存能力不断加强，乡村市场也得以兴起。值得说明的是，这一时期社会分层标准也逐渐发生变化。唐代中期以前，社会等级制度森严，土地分配严格按照身份的不同进行划分。到了唐代中晚期，资产逐渐成为社会分层的主要标准。随着均田制的崩溃，政府允许土地自由买卖，地主土地私有制逐渐成为五代、北宋时期土地的主要占有形式。可以说，唐宋时期，中国传统农民已经发育得比较成熟了，并形成了以家庭为单位的耕织相结合的多种经营模式。到了宋代，佃农向国家缴纳粮食地租，农民的耕种方式也由多种经营趋于单一化。另外，随着商品经济的发展，农民的从业方式也发生了新的变化，小农、小工、小商"三位一体化"的自耕农已较为普遍。

到了明代，传统农民主要分为佃农、自耕农等。租佃制在明代各地普遍流行，并成为地主剥削佃农的主要形式。通过地租的征收，地主对佃户

---

① （清）钟文丞：《春秋谷梁经传补注·宣公第六》，中华书局2009年版，第457—458页。

进行着剥削。佃户一般地位低下，对地主有人身依附关系。自耕农是小农经济的附属品，封建政权的经济基础。作为小土地所有者，他们以耕种土地为主，土地上的产品除了一部分以田赋的形式上缴政府以外，其余仍归自己所有。传统农民在这一阶段发展到成熟，按照经济程度，可分为比较富裕的自耕农、一般自耕农和半自耕农。另外，明代还出现了佃仆，又称庄仆、地仆等，其多为农民沦落而成。他们一般没有土地，全靠租种地主田园山场为生，向地主提供实物地租。在身份上，佃仆是世袭的，他们被主人视为财产，对地主有着严格的人身依附关系，是社会、政治、经济地位最低下的一个佃农阶层。

清代的土地有官田和民田之分。其中民田主要掌握在地主和自耕农或半自耕农手里，这类土地约占全国耕地面积的百分之七八十以上，可分为地主所有土地和农民所有土地。自耕农或半自耕农占有小块土地，他们是清代赋役的重要来源。随着商品经济的进一步影响、永佃制的确立及货币地租的发展，农民两极化的情况加剧。少数人成了富农，多数人破产成了雇佣劳动者。雇佣劳动者在经营地主①的土地上劳作，他们获得土地的主要来源有四种，即承袭流传下来的，清初招民垦荒获得的，占据前明藩王及赴边疆垦荒获得的，国家使用行政手段将原来属官的土地改归私有而得的。这一时期原来具有严格隶属关系的佃仆制度逐渐发展成佃农支付取得耕作权的永佃制和押租制，新型租佃关系产生。佃农中农化也在这一时期出现，魏金玉在《清代押租制新探》一文中进行过探讨。其中，中农大多数是自耕农，一般指介于富农和贫农之间的农民，他们大多具有齐备的土地、农具和资金等生产要素。中农化佃农壮大了自耕农的队伍，使清代社会经济成为中国封建经济发展的高峰。可以说，清代是自耕农发展的最好时期。

(二) 近代农民发展阶段

从1840年的鸦片战争到1949年新中国成立之前，中国处于半殖民地半封建社会，传统农民有了新的发展，我们把这一时期称为近代农民发展的阶段。鸦片战争以后，西方列强以武力打开了中国的大门，并以侵略的方式逼迫中国传统农民朝着近代化方向转变。面对着内忧外患的局面，中

---

① 所谓经营地主是指占有土地，自己不劳动或只有附带劳动，主要依靠大量雇佣劳动耕种土地，以剥削为生的地主。自耕农基本上获得了迁徙、种植、支配自己的劳动时间和产品以及占有土地等权利。

国传统农民自发地成为中国现代化进程的承担者。

自19世纪60年代晚清启动现代化进程以来,农民的现代化一直被排除在规划范围之外。面对帝国主义、封建主义和官僚资本主义的三重压迫,农民长期处于衰败和挣扎之中,到了20世纪初,这种情况更加突出。李大钊在1925年底至1926年2月深入农村调查后,指出:"中国的农业经营是小农的经济,故以自耕农、佃户及自耕兼佃为最多。此等小农因受外货侵入、军阀横行的影响,生活日感苦痛,农村虽显示不安的现象,壮丁相率弃去其田里而流为兵匪,故农户日渐减少,耕田日渐荒芜。"[①] 毛泽东在1925年12月1日发表的《中国社会各阶级的分析》一文中也对中国各阶级进行了分析,他指出中国社会各阶级可分为地主买办阶级、中产阶级(主要指民族资产阶级)、小资产阶级(自耕农[②]、手工业主、小知识阶层、小商人等)和半无产阶级(绝大部分半自耕农[③]、贫农、小手工业者等)。[④] 他进一步分析道:"绝大部分半自耕农和贫农是农村中一个数量极大的群众。……所谓另一部分贫农,则既无充足的农具,又无资金,肥料不足,土地歉收,送租之外,所得无几,更需要出卖一部分劳动力。荒时暴月,向亲友乞哀告怜,借得几斗几升,敷衍三日五日,债务丛集,如牛负重。"[⑤] 另外,他还多次指出:"由于帝国主义和封建主义的双重压迫……中国的广大人民,尤其是农民,日益贫困化以至大批地破产,他们过着饥寒交迫的和毫无政治权利的生活。"[⑥]

在旧民主主义革命时期,传统农民基本上处于被社会漠视的范围之内。无论是地主阶级的洋务运动,还是资产阶级改良派的戊戌维新变法和革命派的辛亥革命,都未关注到农民的发展前途。这一时期,中国面临着严重的民族危机和社会危机,救亡图存成为国人关注的首要大事。一些先进的知识分子和阶层纷纷提出了各自对国家出路的探索主张。地主阶级主张在器物层面实现现代化,他们开矿山、制船炮,师夷长技以制夷,形成了中国现代意义的工业;资产阶级维新派则主张在制度层面实现现代化,

---

① 《李大钊文集》下册,人民文学出版社1984年版,第5页。

② 自耕农主要指中农。

③ 半自耕农主要指自己有一部分土地,或出卖一部分劳动力,或兼营小商的贫农。

④ 《毛泽东选集》第1卷,人民出版社1991年版,第5—7页。

⑤ 同上。

⑥ 《毛泽东选集》第2卷,人民出版社1991年版,第631页。

他们要求设议会、立宪法、兴民权、兴西学等,这在思想和观念上给予了中国传统社会以沉重打击;以孙中山为领导的资产阶级革命派,结束了封建帝制,令民主共和的观念深入人心,使中国在政治形态上有了质的突破。这些阶级都站在各自的阶级立场上进行探索,主要关注本阶级的利益,对广大农民的权益保障问题缺乏足够的关注。

五四运动以后,中国进入新民主主义革命时期。马克思主义在中国得到迅速传播,中国知识分子开始了对农民的关注。以毛泽东为代表的中国共产党人,从政治、经济的角度深入分析了农村问题、农民问题,强调了农民群众在民主革命中的作用,主张唤醒农民的主体与阶级意识。正如毛泽东指出的:"我们要有大批的同志,立刻下决心,去做那组织农民的浩大工作。要立刻下了决心,向党里要到命令,跑到你那熟悉的或不熟悉的乡村中间去,夏天晒着酷热的太阳,冬天冒着严寒,挽着农民的手问他们痛苦些什么,问他们要些什么,从他们的痛苦与需要中,引导他们组织起来,引导他们向土豪劣绅争斗,引导他们与城市的工人、学生、中小商人合作,建立起联合战线,引导他们参与反帝国主义反军阀的国民革命运动。"[①] 新中国成立以前,在中国共产党的领导下已有14500万农业人口实行了土地改革。至1952年9月,全国完成土地改革的农业人口已占全国农业人口总数的90%以上。通过土地革命,农民由依附于地主阶级的传统小农转变为个体劳动者,在革命斗争实践中农民自身也逐渐具有了自主意识。

综上所述,在中国传统农业社会,土地是主要生产资料,土地的归属与使用权直接决定了传统农民在生产生活中的地位。实际上,这个时期的绝大部分土地是掌握在占社会人口少数的统治者手中的,占人口大多数的农民处于无地或少地的境地。这种生产资料占有上的不公平,不仅造成了农民经济上的被剥削地位,也带来了政治上的被统治地位,直接导致了农民长期处于无主体意识的状态。处在这样一个历史发展阶段的中国传统农民,大多是为了自给自足而生产的。这正如马克思对西欧农民所分析的那样:"每一个农户差不多都是自给自足的,都是直接生产自己的大部分消费品,因而他们取得生活资料多半是靠与自然交换,而不是靠与社会交

---

① 《毛泽东文集》第1卷,人民出版社1993年版,第146页。

往。"① 这个发展阶段正是中国传统农业缓慢和自发演进的发展阶段，也是中国农民发展相对稳定的阶段。

二 传统农民发展的权益保障

封建土地所有制使传统农民对封建皇权和地主阶级有着强烈的依附关系，并深受他们的剥削与压迫。在这样的人治社会里，历代统治者都曾努力地缓解人地矛盾、鼓励发展生产，并在王朝统治初期从经济、政治、文化、社会、环境等多方面采取措施，保障农民各项权益，调动农民生产生活积极性。

（一）传统农民发展的经济权益保障

土地问题是我国传统农业社会解决农民问题的关键。为了解决农民的土地问题，历代统治者实施了积极有效的土地政策。如国家通过政府权力规定无地农民或流民有对无主荒地的使用权。秦汉时期的"授田制""赋民公田""赐民公田"，魏晋南北朝时期的"占田制"，隋唐以后的"均田制"等的实施，都有效地分化了农民对土地资源的拥有，并在一定程度上保障了农民对土地的使用权。政府还通过"均分"继承制，把家庭土地均分给子嗣，这在一定程度上遏制大土地所有制的发展。

统治者还意识到勿夺农时、轻徭薄赋对统治农民的重要性。《孟子·梁惠王上》中载，孟子建议统治者爱惜民力，轻徭薄赋，勿夺农时。《吕氏春秋》中《上农》《任地》《辨土》《审时》四篇是关于农业生产的，文中强调了农业的重要性，并主张政府要安定民心、勿滥用民力和"勿夺农时"，以保证农业生产的顺利进行。

中国古代的历朝政府都能意识到税收征调对政府管理和民众控制的作用。在夏商周三代基本实行什一之税，然至秦"力役三十倍于古；田租口赋，盐铁之利，二十倍于古"，这就造成了秦代"民愁亡聊，亡逃山林，转为盗贼"②。西汉惠帝时，实行"减田租，复十五税一"③。文帝在位期间，多次下诏劝课农桑，又"弛山泽之禁"④，鼓励农民发展生产，

---

① 《马克思恩格斯全集》第 8 卷，人民出版社 1961 年版，第 217 页。
② 《汉书》卷二四上《食货志》，第 1137 页。
③ 《汉书》卷二《惠帝纪》，中华书局 1962 年版，第 85 页。
④ 《史记》卷一二九《货殖列传》，中华书局 1982 年版，第 3261 页。

这使汉初出现了"文景之治",为后世树立了典范。曹魏时期田租实行按亩征税,亩收四升,还实行"户出绢二匹、绵二斤"①。两晋南北朝时期,赋税有了增加的趋势,并逐渐出现了"田税"附加。隋至唐中期,实行租调制。隋朝统治者为了减轻农民负担,多次减免租税。为了缓和重税造成的官民矛盾,唐后期以来实行了三项重要的税制改革措施,即杨炎的两税法,张居正的"一条鞭法"和"摊丁入亩"等,这些税制的实施在一定程度上减轻了农民负担,保障了农民的经济权益。因传统农民的主要负担是农业税、人头税和杂项税等,但政府往往无力解决官僚机构膨胀与赋税征收的矛盾,在王朝后期的统治中,多依靠掌握的土地,强行向农民征收各种田赋,更以杂派各种税的方式加重农民负担,使税收项目呈递增之势,尤其是到了宋、明、清三代后期,政府巧立名目,税收多如牛毛,农民的负担也越来越重。

统治者为了维护自身的统治,还多采取重农政策。"重农"思想较早由战国时期的商鞅提出,他主张"事本""禁末",农业为"本业",其他行业都为"末业",这也为后世统治者所继承。另外,统治者还强调发展农业多种经营的重要性,"治水弭灾"也是关乎"国之利害"的首要民政。所以,历代统治者都很重视兴修水利。在封建王朝统治时期,传统农民的生产权益并不能得到长期稳定而又完全的保障,一些惠农措施也是出于统治之需,是在统治者与被统治者的博弈中实施的。农业措施在实施上还呈现出明显的阶段性特征,即在政权初立时,统治者往往能轻徭薄赋,与民休息;但是,到了王朝统治的后期,则多出现横征暴敛、苛捐杂税。

另外,在自给自足的小农经济下,为了使农户家庭平稳度过自然灾害或应对重大家庭变故,统治者还会采取一定的扶持农民的措施。如在春秋战国时期实施过"粟贷"和"贷种还本";西汉政府通过发放低利货币贷款来帮助农民解决对种子、肥料和农具的需要;北宋王安石变法中,政府设立了专管部门,制定并推行了"青苗法",这有效地抵制了高利贷对农民的盘剥。总之,这些保障农民生产权益的措施基本上贯通了整个封建王朝。在措施实施得当的情况下,农民的相关经济权益可以得到一定的保障。但由于受到王朝统治目的的影响,这种保障也仅是局部和短暂的,完整意义上的保障农民发展经济权益的情况是不存在的。

---

① 《三国志》卷一《魏书一·武帝纪》,中华书局1982年版,第26页。

(二) 传统农民发展的政治权益保障

传统农民作为被统治者,与统治者是"舟""水"的关系。如果统治者开明,他会领会到"水能载舟,亦能覆舟"的真谛,并由此产生自律意识和适度征税的自觉。在人治社会,侵害农民权益的问题充其量也只能靠道德舆论进行约束。起义或抗争,只能看作传统农民在自然经济面临瓦解时所作出的应急被动的反抗。不过,值得说明的是,在王朝晚期,农民追求平等的意识越发强烈,如农民中相继出现了"王侯将相宁有种乎"的陈胜,自称"天补平均大将军"的黄巢,"等贵贱,均贫富"的钟相,"均田免粮"的李自成和"有田同耕,有饭同食,有衣同穿,有钱同使,无处不均匀,无人不饱暖"的洪秀全等。这些农民战争的爆发促使接下来的统治者不得不把保障农民权益诉求放到了首要位置。统治者往往还力求通过改革的手段,给予农民相应的权益参与。

在古代中国,乡村的治理主要是通过国家行政权力控制和乡村社会自治两方面来实现的。为了保障农民权益,古代历朝政府还很重视巡访使的设置。这类巡访使在巡查期间有权接受词状,参与审理冤假错案;有权把贪官污吏和危害百姓的官僚绳之以法。但是总体而言,中国传统政治形态的核心是中央集权专制统治。在这种政治形态下,农民追求政治平等的意识薄弱,等级意识、崇拜权威、顺从依附的臣民思想盛行。农民的一切政治权利基本上被剥夺,权力集中到皇帝和朝廷手中。在心理上,农民表现出了接受统治者专制统治的臣民思想,他们对权力既崇拜又畏惧,并缺乏对人权和政治权利的普遍要求。

"乡绅"自治是乡村治理的主要形式。这一形式适应了中国古代农村的经济社会结构,也适应了小农经济为抵制超时代经济剥削、合作兴修水利、抵御外侮等王权的需要。这种乡绅自治的统治模式,使拥有威望的地方乡绅士族对地方官员的管理产生较大的约束,并在一定程度上保护了地方农民的政治权益。从秦汉到明清,乡村治理的特点是皇权只达于县。郡县以下设有专门的乡官,如秦汉时期的亭长、三老、啬夫、游徼,晋朝的里史、啬夫,北魏的三长,隋唐的族正、里正等。这些乡官除了负责处理国家行政事务外,还负责劝农、教化、治安、民事调解、公益建设、互助救济等乡里事务。这使乡村社会保持相对有序状态。唐宋时期,乡官的地位急剧下降,逐渐变成了遭贪官污吏"追呼答箠"的差役。

为了维护乡里社会的秩序和安宁,北宋年间,还出现了具有民间士绅自发的组织乡约，如神宗年间有"吕氏乡约"等。这些组织旨在扬善惩恶，教化人心，以促使乡里社会形成互敬互爱、患难与共的淳朴社会之风。到了元代，农村还出现了"村社"组织，并设有"社长"进行管理。社长的任务主要是监督生产、管理义仓、维持风纪等。明代推行里甲制，里甲除了配合官府征派各种赋役外，还承担了和睦邻里关系、调解民事纠纷、实施互助保障、劝农督促生产和维护治安等职能。到了清代，地方自治性质更加明显。

通过回顾、总结传统农民发展的政治权益保障状况，历史和实践昭示我们，在中国漫长的封建社会，无论是在封建专制统治下，还是在西方列强入侵的半殖民地半封建社会中，传统农民要想获得政治上的自由民主权益是无法实现的。

（三）传统农民发展的文化权益保障

在长期的封建社会，农民享有一定的文化参与权。如在春秋之前，是没有私学的，并实行着"学在官府"的官学制度，这是统治阶级直接举办和管辖的教育形式。到春秋战国时期，随着新兴地主阶级的形成，教育对象开始向下普及。孔子曾倡导"有教无类"的办学方针，主张人不分贫富贵贱、国家地域、贤愚、年龄等，只要有心向学，便可入学受教，即所谓的"自行束脩以上，吾未尝无悔焉"[①]。从孔子学生中平民子弟占大多数来看，孔子确实实践了这一教育理念。战国时期，私学更为普遍，并呈现出百家争鸣的局面。随着儒家思想对统治阶级影响的加深，统治者意识到愚民政策很难"长治久安"，于是他们便逐渐放松了对农民受教育的限制，农民也可以在乡学私塾中接受教育。

一般而言，古代乡村教化的途径主要是通过乡官里吏的道德表率与道德教化来实现。自秦代始，底层有三老乡官的设置，他们多半是由本地的大户、族长充任。两汉时期，乡官里吏仍居重要地位，他们有权在乡里推举孝悌、力田、廉吏等。如《汉书·文帝纪》载，汉文帝十二年三月下诏，"孝悌，天下之大顺也。力田，为生之本也。三老，众民之师也。廉吏，民之表也"[②]。乡里之间还把礼作为教化的工具，在衣食住行、婚丧祭祀等方面都有一定的礼数。乡里学校还定期举行乡饮酒礼，以礼属民。

---

① 《论语》卷四《述而》，中华书局1983年版，第94页。
② 《汉书》卷四《文帝纪》，第124页。

这些活动不仅是乡村治理的重要部分，还是农民智慧的结晶。元代在农村成立了"村社"组织，还兴办了"社学"，选择具有学养的老师，农闲时节令社中子弟入学学习，提高他们的农业生产技术和文化素质。

传统农民在一定程度上还拥有学而入仕的机会。春秋战国时期，儒家思想盛行，"学而优则仕"的主张得到宣传。它强调从政做官的机会要均等，这是对身份特权官吏制度的挑战。秦汉魏晋时期，政府官位主要由"累世公卿"把持，"民"基本上处于政治、社会的最底层，为求自保他们多依附大族。隋代开始，"科举"制度代替了原有的"九品中正制"。这种选官制度在理论上不排斥农民，"朝为田舍翁，暮登天子堂"的例子频出，很多农家弟子放下锄犁，走进学校，耕读成为农村的风尚。

（四）传统农民发展的社会权益保障

纵观中国社会保障制度变迁史，保障传统农民的社会权益主要是由社会保障机构进行的。这类社会保障机构不仅包括官办的社会保障机构，还包括民办的社会救济机构。官设社会保障机构，即从中央政府到地方各级政府设立的社会保障机构。在中国传统社会，政府从一开始就充当了社会保障活动的责任主体。这类机构自其创建以来，为历代官府沿用，以备不时之需。各朝多以"赐"的形式实行国家救济，统治者向被统治者提供一定的社会保障，责令各级官吏按照皇帝意志或法令对社会成员实行及时救助。仓储制度是传统农民社会保障机构的重要组成部分。如战国时期的平籴仓，汉代的常平仓，隋代的义仓、社仓，唐代的常平仓、义仓，五代后周的惠民仓，宋代的惠民仓、广惠仓、丰储仓，福田院、居养院、慈幼局、惠民局、养济院，明代的预备仓、济农仓，清代州县设的常平仓、市镇设的义仓、乡村设的社仓等，这些机构保障的内容涉及灾害保障、弱势群体保障等。为了确保社会保障落到实处和避免实施中出现漏洞，中央政府往往会对各级官员进行考核。如明弘治时期规定，"州县十里以下积万五千石，二十里积二万石，卫千户所五千石，白户所三百石"，并以储藏多寡作为考核依据，规定"不及三分者夺俸，六分以上降调"[①]。

传统社会除公办救济外，还有民办救济，民办救济既包含私人救济，又包括民办机构。民间私人救济活动由来已久，并在唐宋以后出现了很多著名的案例，如宋代有范仲淹首创义庄，刘宰金坛三赈饥民。义

---

① 《明史》卷七十九《食货志》。

庄保障的内容主要涉及赡贫、恤病、助婚丧、养老、劝学、救急，甚至道德教化等；明清时期，一些富商和地方绅士也开始广泛地参与到地方社会的救灾辅民活动中。政府还多通过认可、嘉奖或强制等方式，使民间社会保障机构由自愿、自发性组织转变为半强制或强制性的制度化组织。这些社会保障机构在一定程度上对保障受灾严重的农民群体的利益起到重要作用。

（五）传统农民发展的环境权益保障

中国自古就有着遵循自然规律、保护生态环境的传统。为了保护森林资源，很多统治者制定了相应的保护山林的法规。如西周时期颁发的《伐崇令》中要求人们"毋填井，毋乱伐树木，毋滥杀六畜。有不如令者，死无赦"①。1975年湖北省云梦县睡虎地11号秦墓中出土一大批秦朝竹简，其中有关农业生产的《田律》，以法律的形式明确规定，从春二月开始，不准进山砍伐林木，不准堵塞林间水道，不到夏季不准入山采樵，烧草木灰，不准捕捉幼兽幼鸟或掏鸟卵，不准毒杀鱼鳖，不准设置诱捕鸟兽的网罗，这些禁令，到七月才解除。② 这是迄今所见保存最完整的环境保护法律条文。西汉武帝诏令"禁无伐其草木"③，宣帝时也制定了一系列保护鸟的法令，规定"三辅毋得以春夏摘巢探卵，弹射飞鸟"④。元帝也诏令"有司勉之，毋犯四时之禁"⑤。到了唐代，政府规定"京兆、河南府三百里内，正月、五月、九月禁弋猎"⑥。《唐律》中有"诸弃毁官私器物及伐毁树木稼穑者，准盗论"⑦的处罚规定。到了宋代，大量围湖造田、乱砍滥伐使蓄泄两误和水土流失问题严重。宋太祖下诏鼓励臣民种树，"定民籍为五等，第一等种杂树百，每等减二十为差，桑枣半之"⑧。他还下诏"禁春夏捕鱼射鸟"⑨，"民伐桑枣为

---

① 《全上古三代文》卷二《周文王》，选自《全上古三代秦汉六朝文》第1册，河北教育出版社1997年版，第21页。
② 睡虎地秦墓竹简整理小组：《睡虎地秦墓竹简》，文物出版社1978年版，第26页。
③ 《汉书》卷六《武帝纪》，第190页。
④ 《汉书》卷八《宣帝纪》，第258页。
⑤ 《汉书》卷九《元帝纪》，第284页。
⑥ 《新唐书》卷四六《百官志》。
⑦ 《故唐律疏议》，《四部丛刊三编》本，上海书店出版社1935年版。
⑧ 《宋书》卷一七三《食货志》。
⑨ 《宋史》卷一《太祖本纪》。

薪者罪之：剥桑三工以上，为首者死，从者流三千里，不满三工者减死配役，从者徒三年"①。《宋律》中还规定"重盗剥桑柘之禁，枯者以尺计，积四十二尺为一功，三功以上抵死"②。有明一代，山林川泽的保护承袭了前代规定，但是到了明仁宗时，"山场、园林、湖池、坑冶、果树、蜂蜜官设守禁者，悉予民"。③ 政府的松弛管制直接造成了乱砍滥伐，湖泊干涸、盗垦为田的情况频出，生态平衡被打破。清军入关后，河南人口大增，政府性地屯田垦荒，直接或间接地造成了林木大面积的损毁，这在一定程度上不利于农业生产，农民的相关权益也遭到了破坏。

为了保护山林等资源，历代政府还设置了专门的官员。如《周礼·地官·司徒》载，周时设有专门管理山林的山虞、林衡、迹人等官职。山虞"掌山林之政令，物为之厉，而为之守禁"，林衡"掌巡林麓之禁令，而平其守"，柞氏"掌攻草木及林麓"。秦汉时期设少府以管理山林川泽，具体分管林官、湖官、陂官、苑官、畴官等。隋唐时期，虞部"掌京城街巷种植、山泽苑囿、草木薪炭供顿、田猎之事"④。宋元以后，除元朝设置专门的虞衡司以外，其他各朝都由工部负责环境保护方面的工作。这些自然生态环境保护的思想与实践，不仅表现出了中国传统社会的自然生态环境保护的智慧，而且在一定程度上实现和保障了农民的生产、生活权益。

传统社会统治者还非常重视兴修农田水利设施。春秋战国时期，各诸侯国在富国强兵思想的指导下，奖励耕战，扶持个体经济，并积极兴建一些大型水利工程。引水灌溉、治理水患成为这一时期保障农业生产的重要措施。秦始皇统一六国后，修建了郑国渠、灵渠等，兴渠引水成为这一时期恶土变良田的重要举措。另外，治理黄河也是历代政府重视农业环境保护的重要举措。可以说，传统社会统治者们已经认识到了维持生态平衡对于保护与治理土地和发展多种经营的重要性。这些环保护措施都在一定程度上维护了农民的环境权益。

---

① 《宋史》卷一七三《食货志》。
② 《宋史》卷一九九《刑法一》。
③ 《明史》卷八二《食货志六》。
④ 《旧唐书》卷四三《职官二》。

三 传统农民发展权益保障的阶段性特征

在中国传统农业社会，王朝统治的前期，统治者多会采取经济、政治、文化、社会、环保等措施，来减轻农民负担，维护农民发展的相关权益，缓和阶级矛盾。但是，到了统治的后期，统治者则多采取巧取豪夺的手段，对农民进行沉重地剥削和压迫。所以，从严格意义上讲，统治者对农民发展的权益保障行为，主要是在封建王朝的早期或中期。

由于传统农民与封建皇权和地主阶级之间存在着强烈的依附关系，他们往往被限制在土地上，从事着繁重的农业劳动，养成了勤劳务实、保守封闭和较强忍耐力的性格。因此，对于自身发展的权益保障，亦有着独特的要求。具体从传统农民发展的经济、政治、文化、社会和环境等各项权益保障的情况看，存在如下一些阶段性特征。

在传统农民发展的经济权益保障方面，历代统治者多通过实施土地政策，轻徭薄赋、勿夺农时、重农抑商及在特殊时期扶持农民的措施，对农民发展的经济权益予以保障。传统农业社会里生存需要是农民的最主要需要。对土地的占有成为传统农民发展的关键。这一时期，农民非常重视对传统耕作技术经验的总结与传承。他们的经济发展需求也集中表现在对已有农业技术水平的改进与沿袭，和对旧有农业耕作工具的更新与应用上。但是由于他们自身素质有限与统治者的不关注，使其在耕作技术和生产工具改进上一直很缓慢，甚至到了近代，广大农村在耕作方式、生产工具方面，仍然保留了不少汉代农业技术的痕迹。王朝统治前期的统治者大都通过改革土地政策，轻徭薄赋、勿夺农时、重农抑商及在特殊时期扶持农民等措施，对农民发展的经济权益予以关注。但是这些政策都是短暂性的，到了王朝后期，统治者多横征暴敛，对百姓进行巧取豪夺，这加重了农民负担，造成"官逼民反"的结果。

在传统农民发展的政治权益保障方面，农民阶级在长达两千余年的封建社会里，为了获得平等的地权不断地进行着斗争，但最终都以失败而告终。以太平天国运动为例，在取得了阶段性胜利后，太平天国颁布了《天朝田亩制度》，并提出了"有田同耕，有饭同食，有衣同穿，有钱同使，无处不均匀，无人不饱暖"的口号，这反映出穷苦农民要求取得经济平等、政治民主的迫切愿望。义和团运动是近代中国发生的另一场重要的农民战争，它也反映出传统小农保守、封闭的心理和强烈的民族意识。

历朝统治者为了维护自身的统治地位，也很重视巡访使的设置，惩治贪官污吏，保障民众的利益。比如，具体到乡村治理上，传统社会的乡村是由乡官管理的。自秦汉至隋唐，乡官成为乡村治理的重要领导者，他们除了负责国家行政事务外，还有教化、治安、公益建设、互助救济等。到了唐宋时期，乡官地位急剧下降，乡约组织及村社等组织逐渐盛行起来，并成为承担和睦邻里关系，调解民事纠纷的重要方式。但是，实践表明，传统小农因为自身的局限性，不可能找到从根本上解救自身的出路，也无法实现自身的现代化发展。这一阶段农民进行的起义或抗争，只能看作他们在自然经济瓦解时作出的应急被动的反抗。他们对于土地资源与自由权利的需求，在中国传统农业文明与西方现代工业（商业）文明的对决中，在西方列强入侵与封建王朝的腐朽衰弱中是无法实现的。在近代史上，传统农民的主体性与近代中国的现代化转型交织在一起，在内忧外患的催化下，农民被动离村，甚至为了争取自身利益而走向斗争。

在传统农民发展的文化权益保障方面，传统农民文化权益需求根源于他们各种习惯性思维方式和经验的积累，也是他们对自己所处共同体所蕴含各种关系的反映。每一个村庄都有属于其自身独特的地方性知识、特定的共同体及利益资源的分配结构。这使农民意识形态在建构过程中，具有了始源性或原典性特点。在中国传统农业社会，经济上的地主土地所有制和政治上的宗法制，加深了农民的封建文化意识。以宗族与血缘关系为基础构成的集体意识，成为个体农民无法避开的意识来源。在封建王朝中，农民的自我意识长期得不到启蒙或实现自我觉醒。统治者把他们束缚在"礼教"之中，竭力地压制他们的进步思想，使他们长期处于愚昧、麻木、因循守旧的状态。近代史上，处于封建主义社会阶级最底层的传统小农，经受了帝国主义、封建主义和官僚资本主义的三重压迫，处境更加艰难，甚至生存问题也受到威胁。面对着近代一系列的社会变革，他们基本上处于漠视、滞后状态。直到民主主义革命时期，农民的主体意识和现代化意识才开始觉醒。他们也越来越关注自身的社会处境与文化利益需求。

在传统农民发展的社会权益保障方面，虽然特权官吏制度在中国古代占有重要位置，但是随着儒家"学而优则仕"主张的深入，私学、乡学等的盛行及科举制度的实施，农民有了受教育和学优而仕的机会，这在一定程度上为他们参与文化产品提供了条件。传统农民长期处于封闭的社环境中，他们以土地为生产中心，以家庭为生活中心，以村庄为交往空间，以同村落的村民和家族亲属为主要交往对象。传统小农在交往时往往受到封建皇权和宗法血亲关系的制约。他们在社会交往上表现为"差序格局"，即以宗法群体为本位，以亲属关系为主轴形成的人与人之间的关系。阶级森严的社会形态和自给自足经济体制下形成的农民共同体，成为农民社会发展的主要需求。传统农民长年累月地在土地上劳动，养家糊口、生儿育女，形成了较为稳定的生活习惯和保守心理。他们大多不愿意了解和接受外界的新事物，不愿意离乡背井。所以，农民发展的社会权益集中体现在应对自然灾害带来的小家庭损害和处理邻里关系上。为了保障个体小农的社会权益，古代中国很重视社会保障机构的设立，这类机构在自然灾害时期有效地保障了传统农民的社会利益。

在传统农民发展的环境权益保障方面，中国传统社会的很多统治者都认识到保护生态环境的重要性。保护山林法令的实施、专门管理环境官员的设置及农田水利设施的兴修等，都是保障传统农民发展环境权益的重要内容。

总体看来，在传统农民发展阶段，生存安全需要是这一时期传统农民发展的首要需要，对土地的占有或持续争取是传统农民发展的经济权益需求的一个重要表现，但实际上，这种需求是很难实现的。传统农民往往将自己的希望交付于上层掌权者或社会运动的倡导者，被动地等待或接受着社会变革带来的祸福，形成了不甘落后但又寄希望于上层社会的矛盾心理。这使他们在政治和社会文化等方面都处于无追求状态。特别是到了封建王朝统治的后期，统治者多采取巧取豪夺的手段，对农民进行沉重地剥削和压迫。在内忧外患的情况下，传统农民被动离村，甚至为了争取自身权益而进行斗争，这使传统农民无法走出小农经济发展的困境，也无法获得真正意义上的权益保障。

第二节 集体农民发展的权益保障

新中国成立前，传统农民深受封建土地所有制影响。土地所有权也基本上处于稳定状态。农民虽在一定程度上打破了传统农业社会固有的制度沿袭，但总的看，在自给自足封建社会完全瓦解之前，农民生产和生活方式并没有出现大的变革。新民主主义革命打破了农民对封建剥削制度的人身依附，土地革命则成功地使农民获得土地所有权，实现了"耕者有其田"。伴随着农业合作化和农村人民公社化运动的开展，中国农民逐渐由传统个体小农转向集体农民。

自1949年新中国成立到1978年改革开放以前，随着土地改革的进行，小农的私有经济成功地实现了向集体公有制经济的过渡。从社会性质上看，这一时期又可以细分为两个阶段，即1949年到1956年的新民主主义社会（这是由新民主主义向社会主义社会的过渡时期）和1956年到1978年的单一公有制时期。在第一个阶段，土地所有制既有集中的公有制，又有宗法式的小生产私有制，是土地由私有向公有的过渡时期。在这个历史阶段，党和政府提出了"城乡互助"、建立新型城乡关系的思想，"城乡互助"思想后来进一步发展为"公私兼顾、劳资两利、城乡互助、内外交流"的新民主主义基本经济政策，对农民发展的权益保障具有积极的现实意义。在第二个阶段，农民土地归集体所有，打破了农民作为小私有者对土地的占有，个体小农转为集体农民。在国家工业化战略背景下，国家对农业和农村作出了一系列强制性二元制度安排，加剧了农民在城乡权益分配和保护方面的不公，农民发展的各项权益受到了损害。

一 集体农民发展的阶段

集体农民伴随着农民互助组、合作社的形成与发展而出现。第二次国内革命战争时期，中央苏区为解决劳动力、牲畜和农具的严重缺乏而组织了耕田队、犁牛站和劳动互助组等，这是我国农村集体经济的发端。新中国成立后，互助组进一步发展。1953年底比较成熟的地区出现了初级社。它以土地入股，统一经营为特点，实行集体劳动，产品分配采取按劳分配和土地分红相结合。从其对生产资料占有和使用方面看，它已基本具备了集体经济内在质的规定。从1955年夏季开始，在农业社会主义改造影响下，初级社逐渐转化为高级社。高级社将社员私有的土地、耕畜等生产资料转化成集体所有，取消土地分红，实行各尽其能。它"是劳动农民在共产党和人民政府的领导和帮助下，在自愿和互利的基础上组织起来的社会主义集体经济组织"。[①]"大跃进"和批判"右倾"的政治气氛，又把农村生产关系推向了更高台阶，人民公社化运动也拉开了帷幕。人民公社

[①]《建国以来重要文献选编》第8册，中央文献出版社1994年版，第403页。

不是单纯的集体经济组织,而是一种集经济、政治、社会为一体"政社合一"的组织。这一组织形式一直延续到"文化大革命"结束。按照这一时期农民的集体化组织形式,本书将这一时期的农民称为集体农民。我们如果从这一时期社会政治结构的变革和集体农民的变迁进行考察,集体农民发展的阶段又可细分成新中国成立初期、人民公社时期与"文化大革命"时期三个阶段。

(一) 新中国成立初期农民发展(1949—1956年)

新民主主义革命的胜利,标志着压在农民身上的三座大山被推翻了。但是,在生产方式上,传统小农经济依然是农民无法摆脱的经济方式,并成为农民现代化发展的障碍。

新中国成立后,党和政府非常关心农民发展的经济权益。自1950年6月到1952年实施的土地改革,使封建土地所有制被彻底废除,农民分得了土地、房屋、耕畜和农具等,"总共才4亿多人口的中国,就有3亿多农民无偿获得了土地和生产资料,人民成了土地的主人"[1]。农民个体所有制的建立,使农民完全摆脱了封建地主阶级的剥削和压迫,在经济上获得解放,并具有了生产经营的自主权。这大大提高了他们生产生活的积极性,也为保障农民发展其他权益的获得创造了条件。但是,在一定程度上,这种建立在个体私有制基础上的小农经济是极其分散和落后的,它使相当多的农户处于贫困状态。

为了改变我国农业落后的面貌和推动农民发展,党和国家认识到"只有实行集体化才能实现为工业化提供资金所必需的农业增产。所以,土地改革完成后,在接下来的社会主义革命和社会主义建设探索过程中,国家积极地以农业合作社的形式,引导农民走集体合作化致富道路。这项工作通过宣传、实践以及逐步增加的压力,来引导私有观念根深蒂固的农民不知不觉地成为'一个社会主义者'"[2]。农村合作社的实行,推进了农村集体经济与农民发展。

从1950年开始,党在农村大力发展和整顿合作社。1952年8月到9月,第二次互助合作会议后,全国出现了农村互助合作运动热潮。1953年10—11月,第三次互助合作会议后,互助组发展成初级农业生产合作

---

[1] 龚青:《土地改革农民翻身》,《新京报》2011年5月31日。
[2] [美]费正清:《美国与中国》,张理京译,世界知识出版社2002年版,第357页。

社。这是个体农民自愿组织起来的半社会主义性质的集体经济组织,以生产资料私有制为基础,实行土地入股,耕地、农具等作价入社,由社统一经营。1955年10月,中共扩大的七届六中全会通过决议,提出有重点地试办高级社。到1956年全国基本上实现了土地等生产资料全部归集体所有,农民走上了社会主义合作化、集体化的道路。但是到了农业合作化运动后期,政府实行的政策越来越"左",并机械地运用马克思、恩格斯关于改造农民与城乡一体化观点,照搬了苏联农业集体化的做法。

为加快推进农民发展,党和政府还积极践行"使全体农村人民共同富裕起来"的思想,实施了使农民达到共同富裕的战略。1955年,毛泽东在省、直辖市委、自治区党委书记会议上明确指出,要把农民组织起来,通过互助合作,发展集体经济,"使全体农村人民共同富裕起来"。为了达到这一目的,他提出了一系列的国家、集体和农民之间的分配原则,共实施了三项措施:首先,通过正确处理积累和消费的关系,切实增加农民收入。他具体指出,必须在增加农业生产基础上,争取90%的社员每年收入比前一年有所增加。其次,通过调整基本核算单位,保护农民。他纠正了平均主义错误,提出"三级所有,队为基础",并最终以生产队为基本核算单位的思想。最后,通过平衡工农产品比价,保障农民权益。

总体看来,这一阶段在相关政策实施下,农民发展的各项权益得到较大改善。在经济上,农民个体所有制的确立,在一定程度上激发了农民生产生活的积极性;在政治上,乡村主人翁地位和政治优势的确立,大大增强了农民当家做主的政治意识;在思想上,卓有成效的宣传教育活动和国家通过强制手段进行的革新,使农民的传统观念(宗法礼俗、封建迷信等)受到很大冲击,促使了他们现代思想观念的形成。可见,党和政府选择走社会主义合作化道路,把对农民的改造和小农经济制度的变革结合在一起,并试图以国家制度性、体制性和政策性改革的方式来推动农民发展的思路和对策,一定程度上实现和保障了农民发展的各项权益。但是,在农业合作社实施的后期,却出现了挫伤农民生产生活积极性的情况,这又在一定程度上制约了农民发展。

(二) 人民公社时期农民发展(1957—1965年)

社会主义改造完成后,集体经济随之确立起来,这标志着农民发展进入到了人民公社化阶段。受到政治运动、城乡二元户籍制度和集体生产体制的影响，农民的生产积极性下降了，农民的社会流动和发展空间也受到了严格限制。

为了稳定农村集体经济和调动农民生产积极性，1958年8月，中共中央通过了《关于在农村建立人民公社问题的决议》，并在全国范围内掀起了人民公社化运动。到10月底，全国农村实现了公社化，实行起所谓的"四化"（组织军事化、生活集体化、行动战斗化和管理民主化）。原有的74万多个农业生产合作社改组成2.6万多个人民公社，参加公社的农户达到1.2亿户，占全国的99%以上。人民公社是政社合一的组织，是我国社会主义社会在农村中的基层政权机构和基层生产机构，构成了经济、政治、军事、文化的统一体，并形成了"一大二公"（规模大，集体化、公有化程度高）的特点。"公社化以后，行政和生产责任都结合到大约2.5万个公社委员会手中。"[1] 人民公社最初实行单一的公社所有制，土地和生产资料由公社统一支配，劳动力按照军事编制归公社统一调配，其工作重心是完成国家和上级政府规定的各项生产指标。伴随着人民公社的全面建立，农民土地最终完全集中到人民公社手中，农民在身份上转变成了"社员"，这标志着国家权力以整体形象全面地介入到农民的日常生活中。

为了推进小农经济的社会主义改造和实现农业现代化，在党的八大上，党中央把"现代化农业"写入党章的总纲，并提出在农村普遍运用现代生产方式，提高农业的劳动生产率，实现农业现代化。在1957年3月召开的全国宣传工作会议上，毛泽东第一次明确提出"建设一个具有现代工业、现代农业和现代科学文化的社会主义"[2]的战略思想。在1964年的三届人大一次会议上，党又把农业现代化摆在了四个现代化的首位。到了人民公社化后期，全国刮起"一平（分配上的平均主义）、二调（无偿上调劳力、无偿调拨财务）"的共产风。在此期间，全民性的"大炼钢铁"运动，每天出动大批人上山滥砍乱伐，烧炭炼钢铁。实施过程中还出现了违背社会主义经济发展规律的现象，其弊端不断暴露出来。"共产风""浮夸风"浪费了大量粮食，致使1959年出现了粮食紧张，给农民群众生活带来困难，甚至1960年出现了饿死人的现象。1961年，人民

---

[1] ［美］詹姆斯·R.汤森、布莱特利·沃马克：《中国政治》，顾速、董方译，江苏人民出版社2005年版，第84页。

[2]《毛泽东文集》第7卷，人民出版社1999年版，第268页。

公社实行了公社、大队、生产队三级所有，队为基础，生产队为基本核算单位的体制，逐步纠正了"共产风""浮夸风"等生产瞎指挥的错误，取消了公共食堂，实行按劳分配，恢复了社员自留地和家庭副业生产等，这在一定程度上调动了农民群众的生产积极性，为恢复农民发展创造了条件。

从1964年起，国家开展的"阶级斗争"和"农业学大寨"运动，在一定程度上又打击了农民获取生产和消费自主权的积极性，限制了农民发展家庭副业和集市贸易的自由，导致了农业生产和农村经济发展缓慢，致使农民生产生活又陷入了困境，甚至连温饱都难以解决。另外，人民公社体制和城乡二元户籍管理制度，也严格地束缚了农民自由流动，严重阻碍了农民的发展。

（三）"文化大革命"时期农民发展（1966—1977年）

1966年5月16日，中共中央政治局扩大会议通过了康生、陈伯达起草，毛泽东修改的《中国共产党中央委员会通知》（即《五一六通知》），这标志着"文化大革命"的开始。在"文化大革命"初期（1966年5月至1968年12月），政府发动群众，开展大鸣、大放、大字报、大揭发，横扫一切"牛鬼蛇神"和"反党反社会主义的黑帮分子"，并积极在农村开展"破四旧"（旧思想、旧文化、旧风俗、旧习惯），"立四新"（新思想、新文化、新风俗、新习惯）。中期（1969年1月至1973年8月），地方积极贯彻教育改革，中学由公社管理，小学下放给生产大队管理。公社大队选派贫下中农骨干进驻中小学校，实行贫下中农管理学校。后期（1973年9月至1976年10月），在各生产大队和企事业重点单位积极开展路线教育。教育内容是批判资本主义、修正主义，大干社会主义，批判农村资本主义倾向和"割资本主义尾巴"。这期间，农业种植以水稻为主，饲养为副，不准搞承包等。在"文化大革命"开始不久，毛泽东又发出"工业学大庆，农业学大寨，全国学人民解放军"的号召。在此号召下，全国各公社、大队、生产小队分级制订了大寨规划。1970—1977年，全国农民合作社掀起了开山造梯田、向海要田、兴修水利、大办养猪场和植树造林等热潮。这在一定程度上提高了农业生产率，促进了农民生产生活积极性。

但是，总体看来，"文化大革命"的实行，使刚刚恢复的农业生产又受到了严重破坏，农村经济出现了停滞，农民个人意识无足轻重，完全被湮没在了"集体无理性"①之中。在"左"倾思想的影响下,农民从事着集体统一的生产经营活动,他们的自留地被收归集体,家庭副业被消灭。农村的集市贸易被扣上了"资本主义自由市场"的罪名,各地的农贸市场也几乎被全部关闭。与农民对生产无积极性、在经济上积贫积弱、尚未解决温饱状况不同的是,对政治有着相当高的热情,处于一种非理性的政治运动的狂热和亢奋之中。在严格的户籍制度管理和人民公社组织下,农民的社会关系、沟通网络、交换渠道、生活来源等都受到了很大的限制。

二 集体农民发展的权益保障

在没有解决农民土地问题的传统农业社会,根本谈不上农民的发展。新中国成立以后,土地改革把农民从封建、半封建的土地关系中解放出来,农民个人土地所有制逐渐取代了封建地主土地所有制,这为农民发展提供了保障。从依附于地主阶级的依附者到个体劳动者身份的转变,农民具有了一定的生产经营自主权。社会主义改造完成后,以公有制为主体的集体经济制度得以确立,农业普遍采用了合作社的经济形式。随着政治运动的广泛开展和人民公社集体生产体制的约束,农民生产积极性逐渐下降,农业生产效率逐渐降低。但不容忽视的是,在这一时期,以毛泽东为代表的党和政府十分重视农民发展的权益保障问题,具体体现在以下几方面。

(一) 集体农民发展的经济权益保障

毛泽东认为,给农民提供一定的物质利益,才能激发他们革命和建设的积极性。根据当时的社会情况,他主张把解决农民的土地问题和增加农民收入,作为解决农民发展权益保障问题的关键。

民主革命时期,党和政府通过积极开展土地革命,努力废除封建土地剥削制度。通过解决土地问题和根据地建设,使部分农民获得土地,保障了农民基本生产生活需要。新中国成立之初,又通过实行土地改革和一系列土地政策,保障了农民发展对土地的所有权。1952 年,土地改革的完

---

① "集体无理性"是指由于受到整体政治氛围的影响,人们很容易受到集体狂热氛围的感染,参与到集体行动中的人往往会产生某种情绪的波动,很容易受到身处的具体情境的影响,从而部分地或完全地丧失自己的理性思考能力。

成使农村发生了巨大变化。封建生产关系废除和农民土地所有制建立，大大激发了农民生产的积极性。1952年，全国粮食总产量达到3278亿斤，超过1936年历史最高产量近300亿斤，超出1950年634亿斤，农民户均实际收入比1949年增加30%以上。①"在国民党时代，土地是地主的，农民不愿意也不可能用自己的力量去改良土地，只有我们把土地分配给农民，对农民的生产加以提倡奖励以后，农民群众的劳动热情才爆发了起来，伟大的生产胜利才能得到。"②毛泽东多次告诫党政工作人员要通过减少农民赋税、兼顾国家、集体和农民个人利益。

自1950年始，全国范围内开展了减租减息运动。1950年5月颁发的《关于1950年新解放区夏征公粮的决定》中对1949年农业税进行了新的调整，按规定政府对农村副业和牲畜免税，只征农业正产物税；正税负担率从17%下降至13%；农业税的征收标准以常年应产量为主，对超过常年产量的部分不征收税额。同年9月政务院通过的《新解放区农业税暂行条例》中规定，在新解放区实行农业税累进税制，即将平均每人年度收入分为40级（后改为24级），收入越高，税率越高。在《关于1952年农业税工作的指示》中，规定"全国各地农业税的地方附加，一律取消。今后对农业只由中央统一征收一道农业税，不再附加"③。政府又把"查田定产、依率计征、依法减免"确定为"农业税收的总方针"。④这些政策的实施进一步减轻了农民负担，激发了农民生产、生活的积极性。

当时，党和政府大力提倡实行合作社和努力达到共同富裕，主张提高农民合作化程度，为维护农民发展的经济权益提供组织保障。毛泽东认为，小农经济具有分散性特点，而这种"分散的个体生产，就是封建统治的经济基础，而使农民自己陷于永远的穷苦"⑤。在民主革命时期，毛泽东亲自参与农会组织建设，号召农民依靠集体力量维护自己权益。他还结合中国革命的具体实践，通过设置农协会、合作社等方式将农民组织起来。他还认为，农民互助合作性古而有之，它和现代农民的社会主义是一脉相承的，其产生的根本前提是贫困。

---

① 何友良：《建国初期毛泽东的农民农村思想述论》，《当代中国史研究》1997年第3期。
② 《毛泽东选集》第1卷，人民出版社1969年版，第116页。
③ 李成瑞：《中华人民共和国农业税史稿》，中国财政经济出版社1962年版，第348页。
④ 同上。
⑤ 《毛泽东选集》第3卷，人民出版社1991年版，第931页。

毛泽东认为，如果不"开展多种经营"，"就是一个很大的偏差，甚至要犯严重错误"。① 他在《论十大关系》一文中强调，要避免采用苏联义务交售制等对农民进行强压的办法，减少对农民生产积极性的损害。要"兼顾国家和农民的利益"，缩减剪刀差，实行等价交换或者近乎等价的政策来平衡工农两大产业的发展。农业生产是农村中压倒一切的工作，其他工作为此服务，妨碍生产者均需避免；用价格政策以及必要可行的经济、政治工作指导生产，对农民不能过多干涉；要改善农民生活等。② 在社会主义建设时期，通过发展农村多种经营和增加农民收入等方式，来实现维护农民发展的物质利益。③

（二）集体农民发展的政治权益保障

党和政府在大革命和社会主义建设时期，始终把农民生存与发展问题放到重要位置。在对农民发展的政治权益保障问题的认识上，集中体现在对农民社会地位的定位和对农民政治参与权的争取上。

中国农民在革命运动与新中国建设中的作用，得到了党和政府的充分肯定。毛泽东在《中国社会各阶级分析》一文中指出，所谓半无产阶级，包含绝大部分半自耕农、贫农、小手工业者、店员、小贩五种。农村中数量较大的是半自耕农和贫农，农民问题主要指的是半自耕农和贫农的问题。④ 1950年6月通过的《土地改革法》中指出："中国的主要人口是农民，革命靠了农民的援助才取得了胜利，国家工业化又要靠农民的援助才能成功。"⑤ 面对着百废待兴，中央还把主要力量放在农村工作方面，直到1953年才转向工业。毛泽东在《关于正确处理人民内部矛盾的问题》中强调"我国有五亿多农业人口，农民的情况如何，对于我国经济的发展和政权的巩固，关系极大"。⑥

早在新民主主义革命时期，毛泽东就提到"我们的第一个方面的工作并不是向人民要东西，而是给人民以东西。……就是组织人民、领导人民、帮助人民发展生产，增加他们的物质福利，并在这个基础上一步一步

---

① 《建国以来毛泽东文稿》第6册，中央文献出版社1992年版，第123页。
② 蒋建农：《毛泽东全书》第6卷，河北人民出版社1998年版，第393页。
③ 高君、夏丽霞：《毛泽东社会保障思想的当代价值》，《学术论坛》2011年第2期。
④ 《毛泽东选集》第1卷，人民出版社1969年版，第6—7页。
⑤ 《毛泽东文集》第6卷，人民出版社1999年版，第79—80页。
⑥ 《毛泽东文集》第7卷，人民出版社1999年版，第219页。

地提高他们的政治觉悟与文化程度"。这一时期,在政治上加强法制建设,依法保障农民的合法权益。毛泽东关于农民发展政治权益观点,集中体现在《湖南农民运动考察报告》《怎样分析农村阶级》《关于土地斗争中的一些问题的决定》等报告中。

新中国成立后,农民发展的政治权益在制度层面上得到了切实的保障。1954 年颁布的《中华人民共和国宪法》中明确规定,我国实行人民民主专政和人民代表大会制度。这标志着以工人阶级为领导、工农联盟为基础的社会主义国家的建立。1956—1976 年,农民虽然在经济上处于积贫积弱的状态,但在政治上却抱有热情。通过开展阶级斗争,农民的革命意识逐渐取代了原有的中庸、保守的传统思想和"人不犯我,我不犯人"的心态。

毛泽东认为,只有直接的政治参与才是人民权利的保障。他努力将农民的政治参与纳入制度的轨道上来,并集中体现在乡村自治制度、人民监督制度、选举制度和信访制度等方面。新中国成立前,为了防止农民运动深入发展而造成地方陷入无政府状态,毛泽东主张积极实行乡村自治制度,建立农村联合阵线,并通过组织乡民议会,建立起代表广大劳苦农民利益的乡村自治机关,成立自治委员会;在 1945 年与黄炎培的一次谈话中,毛泽东从战略的高度提到,要跳出历史兴亡的周期律,只有走民主道路,让人民监督政府,政府才不会人亡政息。新中国成立后,人民代表大会制度和共产党领导的多党合作与协商制度的建立,为实现和保障农民发展的政治权益提供了制度基础。毛泽东在《新民主主义论》一文中指出:"现在可以采取全国人民代表大会、省人民代表大会、县人民代表大会、区人民代表大会直到乡人民代表大会的系统,并由各级代表大会选举政府。但必须实行无男女、信仰、财产、教育等差别的真正普遍平等的选举制。"[①] 他还在《关于目前党的政策中的几个重要问题》中指出,"现在时期,在乡村中可以而且应当依据农民的要求,召集乡村农民大会选举乡村政府,召集区农民代表大会选举区政府。……召集县的、市的、省的或边区的人民代表大会,选举各级政府",而"在将来,革命在全国胜利之后,中央和地方各级政府,都应当由各级人民代表大会选举"[②]。毛泽东

---

① 《毛泽东选集》第 2 卷,人民出版社 1991 年版,第 677 页。
② 中共中央文献研究室、中央档案馆编:《建党以来重要文献选编(1921—1949)》第 25 册,中央文献出版社 2011 年版,第 59 页。

还把信访制度看作党和政府与人民联系的纽带。1951年5月，针对部分领导干部对人民信访不重视的情况，他作出批示，提出要重视人民的通信，并给人民来信以恰当的处理。不久之后，中央人民政府政务院又作出了《关于正确处理人民来信和接见人民工作的决定》，这标志着新中国信访制度的确立。但是，由于1957年后期毛泽东对国际国内形势作出了错误的判断，通过群众运动的民主参与形式消除党内腐败的目的并未达到。

为增强农民政治认同感，保障农民发展的政治权益，党和政府一方面要求精兵简政，提高政府工作效率；另一方面，在全党范围内倡导廉洁奉公，树立党政工作人员的人民公仆意识。这些措施有效地改善了党和政府同农民群众的关系，一定程度上保障了农民发展的政治权益。但由于主张放手发动群众，强调阶级斗争，且这一方式曾在经济恢复、土地改革、抗美援朝和镇压反革命及"三反""五反"运动中得到了广泛运用，导致了直接民主的片面强化和大搞群众运动，政治动员逐步发展成为一种重要的国家治理方式。特别是在"文革"期间，错误地支持了农民通过"大民主"方式参与政治。即通过农民群众运动及大鸣、大放和大字报等方式来表达政治意愿，则造成了较大的负面效果。

（三）集体农民发展的文化权益保障

早在新文化运动发生不久，毛泽东就肯定了农民发展过程中文化的作用，他关于这方面的论述集中反映在《湘江评论》的《创刊宣言》[①]、《民众的大联合》[②] 和《湖南农民运动考察报告》[③] 等文献中。毛泽东对农民发展文化权益保障的关注，集中体现在对农民教育的重视上。新中国成立前夕，他在《论人民民主专政》一文中，第一次提出了"严重的问题是教育农民"的著名论断。在之后的著作中，他又进一步分析了教育农民对中国民主革命乃至整个社会主义建设的重要性。新中国成立后，毛泽东深化了"教育与生产相结合"的内涵，并多次指出，中国绝大多数

[①] 文学是由"贵族的文学，古典的文学，死形的文学，变为平民的文学，现代的文学，有生命的文学"。（毛泽东：《〈湘江评论〉创刊宣言》，见中共中央文献研究室、中共湖南省委《毛泽东早期文稿》编辑组编《毛泽东早期文稿》，湖南人民出版社2008年版，第270页）

[②] 毛泽东在文中具体解释了"'平民'，是指被剥削的'大多数人'，而且首先是'农夫'"。

[③] 毛泽东在文中指出，"中国历来只是地主有文化，农民没有文化"，"可是地主的文化是由农民造成的"。

的农民未受过教育,"有落后的思想,这些就是他们在斗争中的负担"。[①]因此"我们应该长期地耐心地教育他们"[②]。他还提倡,在社会主义社会中,要努力发挥先进文化在农民发展中的作用,取缔和改造农民的落后文化,为实现农民发展的文化权益提供切实保障。

毛泽东强调"用一切办法来提高工农的文化水平"。民主革命时期,他把扫除文盲作为苏维埃政权教育的中心任务。在1944年3月,针对边区的发展情况,他提出"我看如果不发展文化,我们的经济、政治、军事都要受到阻碍。现在我们是被拖住了脚,落后的东西拖住了好的东西,比如不识字,不会算账,妨碍了我们的经济、政治、军事的发展。假如我们都能识字,文化高一点,那我们就会更快地前进"[③]。新中国成立初期,党和政府在农村开展了识字运动,以求逐步减少文盲。提出争取在三年到五年内使村干部及青年知识分子学会1000字以上,具有初步读写算的能力。为了保证农民扫盲工作的实施,毛泽东还亲自制订了一系列对农民实施文化教育的计划。要求在全国广大农村凡是有条件的地方,都应建立农业技术夜校、农业技术学校,以成立农业科学技术站,试图把农民学习技术与扫盲结合起来。他还把"劳动人民知识化"作为教育的目标,强调农民教育要配合时事、政治教育、政策教育、卫生教育。就教育形式而言,他主张要采取灵活多样,而又符合农民生活实际的方式。针对一些农民子弟交不起学费、书费而导致的就学困难问题,在1953年5月召开的中央政治局会议中,他提出,整顿小学,不要过了头,不应强调正规化。农村小学可分为三类:中心小学、不正规小学和速成小学。农村小学应该是便于农民子女上学的。[④]

当时,党和政府还积极开展科技教育,提高农民的科技水平。如八届十中全会后,全国农村普遍开展了技术竞赛,以此促进农业技术的推广和运用,进一步提高农民的技术水平。这样,就有利于把农业和农村经济的增长转移到依靠提高农业科技水平和农业劳动者素质的轨道上来。政府还强制性地取缔了一些传统陋习和横亘中国数千年的宗法礼俗、封建迷信等,并力求通过宣传教育活动,达到移风易俗的目的。如面对着湖南农民

---

① 《毛泽东选集》第3卷,人民出版社1953年版,第806页。

② 同上。

③ 同上书,第110页。

④ 王连生:《毛泽东、邓小平、江泽民农民教育思想阐析》,《教育探索》2004年第1期。

运动中破除迷信的情况，毛泽东指出："菩萨是农民立起来的……菩萨要农民自己去丢，烈女祠、节孝坊要农民自己去摧毁，别人代庖是不对的。"① 在此过程中，农民现代意识逐渐增强。

总体而言，为实现和保障农民发展的文化权益，提高农民文化素质，满足农民发展的文化需求，党和政府主要采取了三项措施：一是要求大力兴办各类各级学校，为农民发展提供平等的受教育机会；二是通过创办爱民技术夜校、发展农村广播网和编辑出版适合农民文化水平的通俗读物等多种方式，用以提升农民的科学文化水平；三是积极开展多种形式的群众文艺活动，丰富农民的文化生活。

（四）集体农民发展的社会权益保障

新中国成立后，党和政府对农民发展的生产关系进行了一次重大调整。通过"把农民组织起来""一化三改"等政策，使个体农民逐渐转变成集体农民，农民发展的社会权益保障取得了积极成效，这集中体现在农村合作医疗和农村"五保"制度上。所谓农村"五保"制度，即对农村中缺乏或丧失劳动能力、无依无靠、没有生活来源的老、弱、孤、寡、残疾人员，由乡、村两级组织负责向其提供保吃、保穿、保住、保医、保葬和保教六个方面的援助。实际上，这实行的是一种社会救助制度。

早在民主革命时期，党和政府就在农村实行了一系列的社会保障工作。如在社会医疗保障上，党和政府提出必须改善农村的医疗卫生条件，把医疗卫生网点放到农村去，以保障农民的身体健康。在农业合作化时期，1956年6月30日第一届全国人民代表大会第三次会议通过《高级合作社示范章程》中，提出建立面向乡村孤老残弱的"五保"制度，在县、乡及村普遍建立三级医疗保健网，使农村合作医疗制度在全国得到普遍推广。在推进城乡统筹兼顾、加快农村社会发展和改善农村医疗卫生条件的思想指导下，到20世纪70年代，农村合作医疗在全国各行政村（生产大队）的覆盖率达到90%。② 但由于身份制（如阶级身份、户籍身份、就业身份和所有制身份）的束缚，农民的社会交往关系、自由流动和自主择业的权益保障，却长期陷入停滞状态。"以农补商"的发展模式，也使农民作为社会主体的需求被忽视，农民发展的社会权益保障受到影响。

---

① 《毛泽东选集》第1卷，人民出版社1969年版，第33页。
② 马广荣：《毛泽东的"三农"理论和实践》，见中共文献研究会毛泽东思想生平研究分会编《毛泽东与新中国研究文集》，中央文献出版社2010年版，第458页。

(五) 集体农民发展的环境权益保障

集体农民发展的环境权益保障主要体现在以下几方面：一是提倡通过植树造林，改善农民的生产、生活环境。强调"一切能够植树造林的地方都要努力植树造林，逐步绿化我们的国家，美化我国人民劳动、工作、学习和生活的环境"①。二是针对各地水灾，提出了一系列治理水灾的号召，并发动亿万群众兴建水利。水库的兴建，不仅成功地抵御了洪水的侵袭，还为农民的生产、生活提供了充足的水源。三是面对恶劣的卫生状况和传染病的蔓延，提出了"动员起来，讲究卫生，减少疾病，提高健康水平"的口号②。通过爱国卫生运动，使农民发展的人居环境得到了较大改善。大量含有病原菌的老鼠、麻雀、蚊蝇等的消灭，垃圾的清理和臭水沟、污水沟的有效治理，都使农村面貌焕然一新。另外，党中央和国务院还在1971年8月5日至20日召开的第一次全国环境保护会议上，确定了保护自然生态环境的32字工作方针，即全面规划、合理布局、综合利用、化害为利、依靠集体、大家动手、保护环境、造福人民。同时，讨论通过了《关于保护和改善环境的若干规定（试行草案）》，这在一定程度上为实现和保障农民发展的环境权益提供了政策性保障。

三 集体农民发展权益保障的阶段性特征

在集体农民发展的阶段，党和政府顺应时代的要求，在行动和实践上努力改善这一时期农民发展的生产和生活条件，实现和保障农民发展的各项权益，也使农民发展权益保障呈现出鲜明的阶段性特点。

在农民发展的经济权益保障方面，党和政府通过解决农民土地问题、农业合作化和平衡工农业产品价格的手段，在一定程度上满足了农民发展对经济权益的诉求。土地改革打破了旧有的封建地主土地所有制，农民获得了土地所有权。三大改造的完成，又使以公有制为主体的经济体制得以确立。这一时期，解决温饱和提高收入水平成为农民发展经济权益保障的主要方向。农业合作化和人民公社化运动的实施，试图通过打破小农经济的分散性，使农民在身份上实现平等和自由。但在农业合作化和人民公社

---

① 中共中央文献研究室、国家林业局：《毛泽东论林业》，中央文献出版社2003年版，第51页。

② 《建国以来毛泽东文稿》第3册，中央文献出版社1989年版，第614页。

化实施的后期，伴随着"阶级斗争"和"农业学大寨"运动的开展，农民生产生活的积极性又被大大挫伤了。由于这种方式严重脱离了当时的生产力发展水平，不仅挫伤了农民生产生活的积极性，进而还限制了农民的生产能力，使农民长期陷入贫困状态。

在农民发展的政治权益保障方面，党和政府充分认识到农民在中国革命运动与新中国建设中的作用，并通过乡村自治制度、人民监督制度、选举制度和信访制度等的建设，来保障农民发展的政治参与权。但是，由于对国内外形势作出了错误判断及错误地提出农民通过"大民主"的方式参与政治，使农民发展的政治权益保障在得到短暂改善后，又造成了较大的负面影响。在中国漫长的传统农业社会，建构在一元化家长制统治下的农民，长期存在着小共同体意识，这种意识使人们按照辈分、年龄、性别构成了一个等级森严的分层结构，并按照一定的伦理等级准则对人们的行为进行约束。新中国成立后，封建剥削土地制度和专制制度被颠覆，农民开始成为国家和社会的主人。而合作社组织的实施和"文化大革命"的开展，又使农民有限的主体意识被湮没在了集体意识中。在这种意识指导下，"阶级斗争"的盛行，政治运动的狂热成为农民社会生活主旋律，导致农民对自身发展的政治权益缺少更高的追求。

在农民发展的社会权益保障方面，党和政府重视城乡社会的协调发展，通过推进农村社会保障组织机构建设和提供相关服务，保障农民发展的社会权益。但是，由于长期的城乡二元经济社会结构把农民固化在土地上，土地成为农民生产、生活的基本保障，严格意义上的社会保障十分缺乏。农民在这样的生产、生活方式下，造成了农民社会交往基本上是处于"差序格局"状态，即农民社会交往被限制在了以自我为中心，以血缘、地缘为半径而形成的狭小范围内，基本上处于封闭、传统的状态，整个社会缺乏流动性，阶层结构也几乎是凝固不变的。虽然这一时期集体农民发展的教育权益保障、医疗权益保障和养老权益保障均得到了较大改善，但仍然存在着明显的城乡差别。

在农民发展的文化权益保障方面，党和政府充分肯定了文化权益保障在农民发展中的地位和作用，并通过开展文化教育活动，不断提高农民的文化素质，满足农民发展对文化权益保障的需求；在农民发展的环境权益保障方面，党和政府适时提出了植树造林、兴修水利工程及农田基本建设，切实有效地解决了农民发展过程中面临的环境问题。

第三节 自主农民发展的权益保障

农民发展是指传统农民向现代农民转变的过程,是农民利用各种条件,从经济到政治、从文化到思想等全面发展的过程。在这里面,农民主体意识的逐渐强化,是农民发展的一个重要表现。而从内容上看,农民主体意识包括农民的世界观、人生观、价值观、思维方式、行为习惯以及渗透在社会意识中的经济观念、政治观念和法律道德观念等。其中,农民自主意识是其主体意识的重要内容。而在计划经济体制下的人民公社式发展模式中,国家作为主要生产资料的供给者和私有者,成为农民发展的推动者和发展主体,为实现和保障农民发展的各项权益保障发挥了重要作用,而真正的发展主体——农民,反而成为国家发展的雇佣者而被纳入集体行动当中。这种由国家主导的发展共同体,最终因为缺乏农民个体的责任而导致人民公社体制的破除。集体农民也由此进入一个新的发展阶段,即自主农民发展阶段。

1978年,党的十一届三中全会把工作重心转移到经济建设上来,农民发展的各项权益保障得到了改善。改革开放后,国家在重视"小农经济"长期存在的前提下,通过经济体制改革的方式对农民发展进行政策性引导,引进市场竞争机制以推进农民自主发展,这些政策促进了农民市场化、社会化程度的提高。1992年党的十四大确立了社会主义市场经济体制改革目标,其最大优势是通过竞争实现资源优化配置。作为中国社会发展最大主体的农民,在计划经济体制向社会主义市场经济体制转变的过程中,无疑成了主体解放的最大受益者。农民发展历史变迁开始由计划经济体制下的受限制受约束,转向社会主义市场经济体制下的自主自由。从农民发展的权益保障历史变迁看,也开始由集体农民发展的权益保障阶段,过渡到自主农民发展的权益保障阶段。

一 自主农民发展的阶段

1978年以来的中国改革开放,开始于农村实行的家庭联产承包责任制改革,由此拉开了中国农村改革新的序幕,中国农民的自主权才得以重新确立，并逐渐成为自由和独立发展的自主农民①，也开始了真正由传统农民向现代农民的转型和发展。关于传统农民与现代农民的区别，学界有着不同的看法。秦晖指出，两者的区别在于是否拥有充分自由公民性；②徐勇提出了"社会化小农"的概念，认为现阶段的小农"已越来越广泛和深入地进入或者被卷入到一个高度开放、流动、分化的社会里，他们的生产方式、生活方式和交往方式日益社会化，不再局限于村落世界"。③曹阳、王春超认为当代中国的"小农"是"市场化或正在市场化的小农"，④他们从经济学的视角指出，传统农民的经济理性在自给自足经济发展中被封闭起来，他们将生产与消费以家庭内在完成的方式实现统一。随着市场经济的发展，农民天然具有的经济理性（这通常被视为"市井气"或"市侩气"）就会获得快速发展。由此看来，前人研究多把农民是否拥有充分的自由，是否社会化，是否市场化，作为自主农民现代化发展的标志。

作为农民现代化发展的集中表现——农民自由化，是指农民自由地享受经济、政治、文化、社会等各方面权益的过程。改革开放伊始，为了达到解放农民，促使农民脱贫致富的目的，国家实施了三项重要的措施：一是全面推行家庭联产承包责任制。政府把土地和农业生产的自主权还给农民，使其成为家庭生产和经营的主体。农民由此获得了一定的经济自由，并增强了他们依靠自己力量，基本解决温饱问题的能力；二是大力发展乡镇企业。农村工厂的兴办有效地解决了农村剩余劳动力的就业问题。原本被城乡二元户籍制度严格限制在农村的农民开始进入工厂、车间，走向全国和世界市场。他们中的一部分成为产业工人，一部分成了市场主体。农民在选择职业和社会交往方面也有了更多的自主权；三是小城镇建设也开始发展起来，这使农民变成了离乡离土的城镇居民，并逐渐获得了平等享受现代城市文明和文化产品的机会。

农民现代化发展在社会需求上的反映，一定意义上可以认为是农民的

---

① 所谓"自主农民"，本书是指改革开放后社会主义市场经济体制下的农民。
② 秦晖：《什么叫小农经济?》，《南方周末》2000年9月14日。
③ 徐勇：《"再识农户"与社会化小农的建构》，《华中师范大学学报》（人文社会科学版）2006年第3期。
④ 曹阳、王春超：《中国小农市场化：理论与计量研究》，《华中师范大学学报》（人文社会科学版）2009年第6期。

社会化。所谓农民社会化,是指农民在生活实践中学习文化知识,掌握相关技能和社会规范,适应和参加社会生活,并积极作用于社会的过程。社会性是人的主要特征,只有作为社会一分子的个体才能称得上真正意义的人。个体在生产生活中必然要与一定的社会群体、团体、组织、结构等发生联系,进行某种社会交往活动。家庭承包责任制的推行,使农民从人身被牢牢控制的结构化农民,逐渐转化为社会化农民。农民社会化集中体现在农民的分化和流动,即一个整体的、固定的、静态的集体社员,逐渐被分化、被解构、被激活,社会的自主性得以发育。[①]

农民现代化发展还体现在农民的市场化发展上面。所谓农民市场化,是指农民以市场为导向,进行生产活动,并在实践中不断提高自身驾驭市场、开拓市场及参与市场能力的过程,这是现代农民开放性、流动性的具体体现。改革开放前,按照职业的不同,社会成员被人为地划分为干部、工人和农民。在这一身份制下,城乡居民享受着不同的社会保障、社会福利等。城镇居民的生产、生活基本由国家来统筹管理。而农民的生产、生活则基本由农民自己解决。改革开放以来,随着市场机制的建立,资源配置得到重新分配,农村的剩余劳动力开始大批进入市场,集体农民开始向市场化农民转变。

(一) 市场化农民发展阶段

按照自主农民发展的阶段性特点,本文把改革开放以后至 2005 年《中共中央国务院关于推进社会主义新农村建设的若干意见》实施以前的农民发展阶段,界定为市场化农民发展阶段;而把 2005 年至今的农民发展阶段,界定为职业化农民发展阶段。

改革开放初期,农村发生了很大的变化,农民意识处于新旧思想交汇,依附意识与主体意识、传统意识与现代意识并存,科学民主意识与迷信宗法意识交汇的状态。为了实现传统农民向现代农民的转变,国家实施了一系列措施。如在经济上,1979 年 2 月,根据中共中央《关于地主、富农分子摘帽问题和地、富子女成分问题的决定》,一些被批斗的地主、富农翻身成为公社社员,他们的生产、生活积极性被重新调动了;在政治上,1986 年人民公社制度的废除与城市居民自治委员会和农村村民自治

---

① 张英洪:《农民权利研究:农民、公民权与国家》,中央编译出版社 2014 年版,第 249、250 页。

委员会的设立，使农民在政治上有了发言权，他们的政治热情也被大大激发了；在社会交往上，1985年以后，政府放松了对农村居民流入城市的限制，城市劳动用工制度的完善，非公有制经济的蓬勃发展，城乡二元户籍制度的松动，促使了大批农民自发地涌入城市。农民在城市的生存能力大大加强了，并出现了规模庞大的"民工潮"；在生活方式上，农民也发生了较大变化。伴随着社会主义市场经济的发展和农民经济活动程度的不断提高，农民的生活开始由自给自足向市场化转变。据统计，农民人均生活消费中商品性消费比重，由1978年的39.7%上升到1980年的51.7%，首次高于自给性消费，1985年上升到60.2%，1995年达到65.6%，1996年再增加到68.5%。除食品外，农民90%的生活消费品都是从市场上购买的①。

总体看来，在改革开放初期，伴随农村家庭联产承包责任制的改革、乡镇企业的异军突起以及改革由农村走向城市的发展变化，农民在经济生活、社会生活中表现出的最主要特点是市场化倾向。

（二）职业化农民发展阶段

中国农民历来是自在意义上的身份农民，它是社会群体等级化的产物。然而，随着中国现代化建设的推进和市场经济的逐步完善，出现了与农业市场化乃至现代化过程相适应的一种新的职业农民。农民由身份向职业的转变，这在中国社会发展历史上具有深远的意义，它改变了中国农民千百年来的传统特性，促进了农民的现代转型与发展。

2018年中央一号文件，提出"大力培育新型职业农民。全面建立职业农民制度，完善配套政策体系。实施新型职业农民培育工程。支持新型职业农民通过弹性学制参加中高等农业职业教育。创新培训机制，支持农民专业合作社、专业技术协会、龙头企业等主体承担培训。引导符合条件的新型职业农民参加城镇职工养老、医疗等社会保障制度。鼓励各地开展职业农民职称评定试点"。②

新型职业农民是一个与时俱进的概念。20世纪90年代，学术界认为新型职业农民应"有文化、懂技术、会管理"。1997年温家宝在开展"跨世纪青年农民科技培训工程"批示中，提出新型职业农民应"觉悟高、

---

① 《2010年我国农村居民生活主要消费支出情况浅析》，中国产业研究报告网，2011年3月24日。

② 《中共中央国务院关于实施乡村振兴战略的意见》，人民出版社2018年版，第6页。

懂科技、善经营"。党的十六届五中全会中也提到，要培养"有文化、懂技术、会经营"的新型职业农民。到了2005年12月31日，中共中央国务院正式发布、实施的《关于推进社会主义新农村建设的若干意见》（后简称《意见》）中提到，针对我国长期以来城乡二元化的发展模式，我国采取了"工业反哺农业，城市反哺农村"措施，对农民采取"多予、少取、放活"的方针，贯彻农民决策自主、农民发展自主的指导思想，充分尊重农民的意愿和权利，克服自身惰性、调动农民积极性，有效地进行公众教育和增强公众参与度。《意见》中还进一步强调："提高农民整体素质，培养造就有文化、懂技术、会经营的新型农民是建设社会主义新农村的迫切需要。"可见，《意见》的实施标志着加强对新型职业农民的教育、科技培训，成为促进农民发展的一项重要举措。

关于新型职业农民的特点，不少学者有过不同的概括。如赵京音、杨娟认为，新型职业农民是适应现代农业产业化发展要求，从事现代高效农业或者在农村区域为农业产业和农村服务的各类人员，是"有文化、懂技术、会经营、讲文明、守法纪、能创业"，具有身份的多重性、结构的层次性和意识的非农性，服务于新农村建设的农民。新型职业农民应具备的素质包括思想道德素质、经济行为素质、文化素质、政治素质、科技素质和身体与心理素质等。[①] 朱启臻认为，新型职业农民除了符合农民的一般条件外，还是市场主体、具有高度的稳定性和社会责任感及现代化观念。[②] 魏学文、刘文烈认为，以农业为固定职业，具有较高的文化素质、有技术、懂经营、会管理的新一代农民就是新型职业农民。[③] 徐俊蕾提出，新型职业农民除了"懂技术""会经营"外，还有"能表达""负责任"的特点。"能表达"是有一定的利益表达和利益维护能力，"负责任"是指对农业发展有较强的责任意识和责任能力。他进一步提到，从生产力要素上看，现代农业生产的基本特征是用农业科技提高农业生产效率；从经济形式上看，现代农业生产是面向市场的商品生产。伴随着投资决策、市场判断和风险承担，新型职业农民需要及时地获取并利用市场信息、准

---

① 赵京音、杨娟：《都市周边新农村建设关键技术研究与应用》，上海科学技术出版社2015年版，第196—197页。
② 朱启臻：《新型职业农民培养及其成长环境》，《农民科技培训》2013年第5期。
③ 魏学文、刘文烈：《新型职业农民：内涵、特征与培育机制》，《农业经济》2013年第7期。

确地进行风险评估、成本—收益核算和努力提高自身的农产品销售能力。新型职业农民还应具备一定的利益表达,参与公共事务能力和知法用法的素质,以提高他们处理集体事务、解决纠纷和维护合法权益的能力;鉴于民以食为天,农产品的数量和质量关乎公众的生存和健康的认识,农业从业人员还要具有高度的责任感以避免滥用农药、化肥,提高农产品的质量及避免环境污染造成的不良后果,严格地对消费者和农业资源环境负责。[①]

由上可知,要想培养合格的新型职业农民,首先要明确何为"有文化、懂技术、会经营"。本书认为,"有文化"是指要提高农民的文化素质,以确保农民有较好的政治觉悟和道德水平;"懂技术"是指农民应该具有专业化的技术素质以确保自身劳动技能的提高;"会经营"是指农民应该具有一定的市场经营和管理能力。可见,新型职业农民对农民的生产方式、生活方式、思想方式和组织形式等提出了更高的要求。在生产方式上,新型职业农民需要不断地学习科学文化知识,强化技术能力,以更为开放的视野面对市场经济,提高自身经营农业的能力;在生活方式上,新型职业农民要扩大自己的社会交往范围,以宽容、开放和较强的适应能力来应对国内外的机遇、挑战;在思想观念上,新型职业农民需要推进自身思想观念的更新,提高自身的法制观念、民主意识和创新意识,以增强他们积极参与市场的能力;在组织形态上,新型职业农民还需要自发地结成生产性、商业性和农工商、生产贸易相结合的多功能组织。

二 自主农民发展的权益保障

改革开放以来,党和国家更加关注农民发展的权益保障问题,并制定和实施了一系列行之有效的保障措施,在保障农民发展的各项权益上取得了明显成效,下面分别从经济、政治、文化、社会和环境等方面,对农民发展的权益保障取得的主要成就进行概括和总结。

(一) 自主农民发展的经济权益保障

改革开放以来,党和政府特别注重农民发展的经济权益保障问题。如邓小平指出,保障农民的物质利益,就要多劳多得,鼓励一部分农民先富起来,先富带动后富,实现共同富裕。为了实现这一目标,党和政府推进

---

① 徐俊蕾:《论新型职业农民的生成》,《农业经济》2015年第8期。

了一系列农村经济改革措施，摈弃了"以粮为纲"思路，提出在确保粮食生产的基础上，鼓励农民用多种方式发展农业，保障农民发展多种经营的权益。

十一届三中全会后，政府实行的家庭联产承包责任制、严格的耕地保护制度和节约用地制度，使农民获得了对土地的经营权和管理权，提高了农民生产、生活的积极性。为加强农民发展的土地权益保障，政府不断深化农村土地改革，并通过完善相关的法律法规，改进对农民土地承包经营权流转的管理，使农民发展的经济权益得到切实保障。随着社会主义市场经济的发展，原有国家对农产品的统购统派政策被废除，农产品的价格逐渐被放开，农村经济也被纳入有计划的商品经济轨道中来，农民的市场主体地位得以确立。

此外，党和政府积极鼓励和支持乡镇企业发展，也逐渐成为解决农村剩余劳动力的出路，提出了"多予、少取、放活"的方针。"多予"就是要加大财政支农力度，加强扶贫开发工作。"少取"就是要减少对农民的索取，改革农村税费制度，全面取消农业税。同时，鼓励农民通过进城务工方式增加工资收入，切实解决农民工就业歧视问题，切实保障农民工就业权益。在改革开放初期的1982—1986年和新世纪以来的2004—2018年，国家连续出台了解决"三农"问题的20个中央一号文件，这些文件对农业、农村和农民发展进行了全面的部署。

（二）自主农民发展的政治权益保障

党和政府始终把保障农民发展的政治权益放在重要位置。伴随家庭联产承包责任制的实施，农村政治生活也发生了重大变化。其中，最重要的是农村政治体制改革，实行村民自治使农民有权决定与其自身发展有关的重大事务。

改革开放以来，党和政府为保障农民发展的政治权益，彻底废除了"政社合一"的人民公社制度，采取措施把"文革"期间被批斗的"富农""地主""走资派"编为一般公社成员。1987年，第六届全国人大常委会第23次会议，通过的《中华人民共和国村民委员会组织法（试行）》中，提出要在全国农村实行村民自治，这在一定程度上维护了农民发展的政治权益。2010年3月15日，第十一届全国人民代表大会第三次会议通过的《选举法（修正案）》，正式删除了农民在选举权上的"四分之一"条款，使城乡居民具有了按相同人口比例选举人大代表的权利，城乡选举中的区别对待至此消失。《选举法（修正案）》的实施，为保障农民发展的政治权益提供了法律依据。

（三）自主农民发展的文化权益保障

改革开放以来，中国社会经历了巨大的社会转型，从封闭到开放、从体制僵化到全面改革、从以阶级斗争为纲到以经济建设为中心再到以人民为中心的转变。随着中国社会由传统农业社会向现代工业社会的过渡，农民发展的文化权益意识也随之增强。党和政府顺应时代和人民发展的需求，为保障农民发展的文化权益，相继出台了一系列措施。

如1998年11月26日，文化部发布的《关于进一步加强农村文化建设的意见》中指出："搞好农村文化建设，发展农村文化事业，对于丰富农民的文化生活，提高农民的思想道德素质和科学文化素质，对于促进农村经济发展和社会全面进步，具有重要的作用。"在"科教兴农"战略思想的指导下，广大农村地区开展了"扫盲"运动，九年义务教育在农村得到普遍实施。2008年第十七届三中全会上明确勾勒出社会主义新农村建设的蓝图，即到2020年努力建成城乡一体化、农民收入大幅提高、文化繁荣、生活安定的新农村。提高农民的文化素质水平也成为建设社会主义新农村的重要内容。

在党的十九大报告中，习近平总书记提出实施乡村振兴战略。"农业农村农民问题是关系国计民生的根本性问题，必须始终把解决好'三农'问题作为全党工作重中之重。要坚持农业农村优先发展，按照产业兴旺、生态宜居、乡风文明、治理有效、生活富裕的总要求，建立健全城乡融合发展体制机制和政策体系，加快推进农业农村现代化。"[1] 乡村振兴离不开乡村文化的振兴，文化兴则乡村兴，文化强则乡村强。文化振兴乃是乡村振兴之魂。"完善公共文化服务体系，深入实施文化惠民工程，丰富群众性文化活动"；"推动城乡义务教育一体化发展，高度重视农村义务教育，办好学前教育、特殊教育和网络教育，普及高中阶段教育，努力让每个孩子都能享有公平而有质量的教育"。[2] 总之，改革开放以来，农民发展的文化权益保障得到了有效改善。

---

[1] 习近平：《决胜全面建成小康社会夺取新时代中国特色社会主义伟大胜利——在中国共产党第十九次全国代表大会上的报告》，《人民日报》2017年10月28日。

[2] 同上。

(四) 自主农民发展的社会权益保障

改革开放以来,农民发展的社会权益保障也得到了较大改善。随着城乡二元户籍制度和异地流转政策的松弛,农民获得了自由流动的权益、进入城镇就业的权益、在城镇接受教育培训的权益和获得城镇社会保障的权益。

在改革开放以前的计划经济时期,按照职业性质的不同,社会成员被划分为干部、工人和农民,他们在教育、就业、社会保障和社会福利等方面享受着不同的待遇。当时的城乡二元户籍政策,使全国人口在性质上分为农业和非农业两种。按照户籍管理的规定,具有农业户籍的农民只能在农村从事农业生产劳动和生活,不允许随意流动转移。而非农户口的居民则较自由,并且在教育、就业、社会保障等多方面比农民优越,户籍制度的松弛和异地流转政策的实施,使农民在流动转移、教育培训、就业和社会保障等身份性特征方面都发生了明显的变化。

从时间来看,1985年以后,政府放松了对农村居民进入城市的限制,农民被允许进城务工经商办企业。随后大批农民自发地涌入城市,成为城镇化建设的主力军。城市劳动用工制度的改革和非公经济的蓬勃发展,使农民在城市的生存能力大大增强。城镇化和新农村建设政策的实施,激发了城市对农村的辐射带动作用,引导了农民有序进入小城镇集中居住,农民的生活方式和城乡面貌发生了变化。2007年党的十七大对建设有中国特色社会保障体系作出了全面部署,提出了以社会保险、社会救助、社会福利为基础,以基本养老、基本医疗、最低生活保障制度为重点,以慈善事业、商业保险为补充的覆盖城乡居民的社会保障体系。随后,城乡统筹一体化社会保障体系建设得到快速推进,农民发展的社会保障制度体系建设和服务体系建设全面展开。

总体看来,推进城乡户籍制度改革,放宽中小城市和小城镇的落户条件,解决进城农民就业、社会保障和教育培训等问题,逐步使农民在劳动就业、子女就学、住房租购和社会保障等方面享有与城镇居民同等的待遇,为农民创造了纵向流动和平等发展的机会。

(五) 自主农民发展的环境权益保障

改革开放以来,党和政府不断加强对环境的保护。1981年11月召开的五届人大四次会议通过的《关于开展全民义务植树运动的决议》,规定每年的3月12日为植树节。强调"植树造林,绿化祖国,是建设社会主义、造福子孙后代的伟大事业，要坚持二十年，坚持一百年，坚持一千年，要一代一代永远干下去"①。1983年第二次全国环境保护工作会议把环境保护确立为基本国策。为了达到人与自然和谐相处的目的，处理好人口与资源环境的关系，邓小平提出必须控制人口，实行计划生育。在他的这一思想指导下，党的十二大报告正式将计划生育确立为基本国策。1991年，邓小平还为《中国人口·资源与环境》期刊亲笔写了刊名，并特别指出要注意解决发展中面临的人口多、资源少、生态环境破坏等问题。

随后，党和政府还先后制定、颁布和实施了森林法、草原法、环境保护法、水法等有关环境保护和生态文明建设的法律法规。这些环境保护法律法规的制定和实施，为防治环境污染和保护自然资源，保障农民发展的环境权益提供了法律和政策依据。截至1991年，我国共制定并颁布了12部资源环境法，20多件行政法规，20多部部门规章，颁布的地方法规累计约127件，地方规章733件，另外还有大量的规范性文件。② 可以说，《中华人民共和国环境保护法（试行）》《水污染防治法》《固体废物污染环境防治法》及《环境影响评价法》等法律法规的相继颁布和实行，促使了农民发展的环境知情权、环境参与权和环境监督权的确立，为实现和维护农民发展的环境权益，提供了法律法规保障。

三 自主农民发展权益保障的阶段性特征

改革开放以前，农民只是单纯的农业劳动者，其职业呈现出单一化的特征。在计划经济和城乡二元结构的影响下，农民作为市场经济的主体一直未得到认同。改革开放以后，随着农村经济的变革、产业结构的调整、户籍制度的松绑和异地流转政策的实施，农民可以进入工业、商业、运输、服务等行业中，其择业呈现出多元化的特征，并在多个方面实现了自主和自由。计划经济体制下的集体农民开始向市场经济体制下的自主农民转变。这一时期，农民要摆脱贫困，要求致富的意识更加强烈，这也使他们在政治、经济、文化、社会、环境等多方面有了更多的追求。党和政府

---

① 国家环境保护总局、中共中央文献研究室编：《新时期环境保护重要文献选编》，中央文献出版社、中国环境科学出版社2001年版，第39页。

② 张坤民：《关于中国可持续发展的政策与行动》，中国环境科学出版社2005年版，第15页。

在这一时期也不断地完善农民发展的各项权益保障制度和政策，对涉及农民发展的经济、政治、文化、社会和环境等方面权益保障的力度进一步加大。

在农民发展的经济权益保障方面，家庭联产承包责任制的实行，改变了农民与土地的结合方式，农民在生产和经营上获得了自主权。农民有了根据市场的变化和社会的需要来安排生产的自由，这大大激发了农民的劳动能力。农民的劳动潜力在以家庭为劳动主体的小农劳动方式下，释放出巨大的力量。农民也成了当时最具活力和创造性的群体。改革开放后复杂的社会环境也提高了农民的社会适应能力，使他们在学习新的生产技能过程中，逐步培养出与现代产业相匹配的劳动就业能力。这种能力的提高集中体现在农民收入的构成上，且呈现出三个特点：农民的家庭经营纯收入已成为农民收入的主体；农民收入的来源中，非农生产性收入明显上升；农民收入由以实物为主转向以货币为主。农民对市场的依赖性也有了较大提高。在商品消费上，农民消费结构开始由单纯的生存型消费转变为享受型消费。1978 年，农民人均生活消费中，用货币购买的商品额仅 47.64元，占全部生活品支出的 38.6%，而到 1997 年则达到 1126.28 元，[①] 达到63% 以上；农民人均住房面积，由 1978 年的 8.1 平方米，上升到 1995 年的 21 平方米。

在农民发展的政治权益保障方面，党和政府始终把保障农民发展的政治权益放在重要位置。改革开放以来，农民发展的民主权利、公民权利等不断得到满足，农民发展的政治参与权益也不断得到扩大。努力提高农民的政治参与意识，成为发展和完善社会主义市场经济体制，实行土地、林地等资源优化配置的必然要求，也是保障农民发展政治权益的重要举措。

在农民发展的文化权益保障方面，农民对精神产品的需求呈现出多样化和高层次化的特点，用于文化生活消费的支出日益增多。比如农村每天每百人中有报纸的人数从 1978 年的 3.66 人上升到 1995 年的 4.07 人；农村每人每年有图书、杂志从 1978 年的 4.74 本上升到 1995 年的 7.19 本。[②]高速的信息化使封闭的农民与外部世界紧密地连接在一起，农民传统价值观、行为方式等都在现代文明的冲击下发生着巨大变化，这使他们对文化

---

① 《中国统计年鉴》，中国统计出版社 1998 年版，第 348 页。
② 《中国经济年鉴》，中国经济年鉴社 1996 年版，第 876 页。

产品的要求也越来越高。经济体制改革和对外开放的实施，还使农民的现代意识逐渐增强，其主要表现在商品意识的增强、乡土观念的逐渐淡薄、宗族观念的开始淡化、主体意识的不断凸显等。改革开放以前，农民依靠土地求温饱，轻视经商。改革开放以后，农民纷纷投身到商品经济中，他们的农本意识逐渐被市场意识和自主自立、平等竞争的观念代替。

在农民发展的社会权益保障方面，农民的交往不断突破传统地理空间的限制，进入网络交往中。农民阶层的分工、分业、分化加速了农民自由流动的进程，使农民在流动过程中呈现出普遍化、社会化以及多样化的特征。从农民阶层结构的改变看，农民内部分化经历了三个阶段：第一个阶段是 20 世纪 80 年代到 90 年代初，受家庭联产承包责任制和市场经济体制的影响，原有的农民阶层结构开始松动。农民逐渐分化出乡镇企业的生产经营者和"离土不离乡"的农民工；第二个阶段是 20 世纪 90 年代初至 2002 年。随着工业化、城镇化进程的加快和户籍制度的改革，农民在收入水平、生产经营状况、价值观念和社会心理等多方面呈现出多元化的特点，这使农民逐渐分化成了不同的利益阶层；第三个阶段是 2003 年至今，由于地区发展的不平衡，农民在阶层结构中表现出了很强的地区性差异，即东部地区的农民阶层分化程度更高，并呈现出"两头小、中间大"的橄榄形结构，中部和西部地区仍是明显的金字塔结构，且西部比中部地区的塔基更大。这种分工、分业、分化促使了农民对自身发展的社会权益保障有了更多的追求。比如，农民在社会交往上有了更高的要求，对教育、就业、医疗、养老等保障有了更为全方位的要求。

在农民发展的环境权益保障方面，对于因城乡二元化社会经济发展现实与发展模式，且随着城市化进程不断推进、农村环境污染和破坏状况日益严重、农民发展环境权益受到严重损害的事实，党和政府充分认识到保护农村自然生态环境是促进农民发展的基础，是建设社会主义新农村、实现乡村振兴和可持续发展的需要，并通过加强农村环境立法，建立农村环境管理体制，提高农民环境意识，发挥农村集体组织的职能，实现和保障农民发展的环境权益。

第三章

农民发展的经济权益保障

我国是一个农业大国、农村大国和农民大国，农民占我国人口的绝大多数。长期以来，我国农业、农村和农民发展缓慢，成为制约现代化发展的一块短板，成为党和国家重中之重的一大问题。一直以来，党和政府高度重视农业、农村和农民问题，但农业、农村和农民问题的核心是农民问题，农民问题的本质是农民由生存、转型到了发展层面的问题，而解决农民发展问题的实质在于平等地赋予农民发展的各项权益。经济基础决定上层建筑，保障农民发展的经济权益是农民实现其他权益的基础，是解决农民问题进而促进农民发展的关键所在。

第一节 农民发展经济权益保障的重要作用

农民作为自我发展的主体，在农民发展的过程中都有其相应的经济、政治、文化、社会、生态等权益要求。但是，这些权益对农民发展的影响不是等量齐观的。事实上，在农民由生存、转型到发展的过程中，目前所要解决的关键问题是农民发展问题，它体现在经济权益上就是农民收入能否可持续增长；而农民收入能否可持续增长，又决定于农民对各种资源是否具有有效利用的能力和机会以及社会能否提供相应的较为完善的制度设计。因此，作为自我发展主体的农民在其发展过程中经济权益保障的实现，对其发展具有重要的意义。

一 农民经济权益保障与农民发展的内在一致性

马克思认为，人的全面发展是与社会经济文化发展相统一的，一方面生产力的发展为人的全面发展提供前提和物质基础；另一方面，人是先进生产力的创造主体，是推动生产力发展的力量源泉。农民的经济权益与农民发展相互依存、相互促进。农民发展应该是经济、政治、文化、社会和环境的全面发展，农民的经济发展本身就是农民发展中的一部分，农民物质财富的增长是农民发展的表现，促进农民增收也是促进农民发展的目标。此外，很多学者还认为，农民发展就是农民权利的发展，也就是农民发展权的获得和保护，包括农民的经济权利、农民的政治权利、农民的文化权利和农民的社会权利等，农民发展的本质也就是农民各种权益的实现过程。[1] 所以说，保障农民发展的经济权益、落实农民发展的经济权益，本质上就是在推进农民发展，蕴含着促进农民发展的重要内容，是农民发展的题中应有之义，而且还有利于形成农民发展的激励机制和促进因素。

同时，农民作为创造的主体，农民发展的状况对农民经济权益的维护也有着重要的影响。保障农民发展的经济权益不仅仅是靠外界因素就能实现的，离不开农民自身的努力与发展程度，与农民的自身素质与综合能力息息相关。由于农民是维护自身经济权益的主体，农民的本质力量和本质关系的发展，是保障其自身经济权益的强大后盾，所以只有思想观念进步、个性解放，掌握先进的科学文化知识，具有较高文化修养的农民，才有能力去繁荣农村经济、增加自身收入、改善生活条件，也只有具有民主意识和法治观念的农民，才会懂得维护自身的合法权益。也就是说农民全面发展的同时，又会推动农民经济权益不断得到保障。很明显，在我国农村经济发展好的地区，农民的思想和观念就更加进步，农民的发展程度就越高，而农民发展程度越高的地区，农民越现代化，农村经济也越发达。由此可见，农民经济权益的保障与农民发展共存共荣，具有内在一致性，两者相互依存、相互促进。

二 农民经济权益保障对农民发展的促进作用

（一）农民经济权益保障为农民发展提供物质保障

生产力决定生产关系，马克思主义的物质利益观讲到物质利益作为"人民生活中最敏感的神经"，不仅是人们进行物质生产的直接动力，而

---

[1] 蒋永甫、应优优：《试论农民发展的理论、实践与对策——以农民组织的分析为维度》，《云南大学学报》2014年第6期。

且驱动着人类社会和科技的创新。[1]

保障农民发展的经济权益的过程，就是最大可能地保障农民物质利益的过程，是增加农民收入的关键，为农民的发展提供了物质保证。农民的主要财产是土地，而且仍有一部分农民以出售农产品为主要收入来源，因此只有保障农民的市场主体权益和土地财产权益，确保农民拥有独立的土地财产，形成可以预期的农产品长期均衡价格，才能保证农民的基础收入，为农民的全面发展奠定基础；随着城乡一体化的发展，工资收入已经是很多农民的主要生活来源，保障农民的劳动权益，确保进城务工农民享有与市民平等的就业权益、工资报酬权益等，是农民物质财富增加的主要途径，有利于缩小城乡差距，促进农民的全面发展；此外，较好的财政支农政策和金融环境可以给农业投资创造充分的条件，扩展农民的致富渠道，活跃农村经济，使农民有足够的资金探索适合自己发展的道路，让农民各尽其能，促进农民收入增加，繁荣农村经济，为农民发展奠定经济基础。所以说，保障农民发展的各项经济权益是增加农民收入的关键，有利于农民获得全面发展的物质条件，是物质丰富与农民发展的统一。

（二）农民经济权益保障有利于农民其他各项权益的实现

农民发展的本质是农民各种发展权益的实现过程。因此，在现阶段我国农民发展的各项权益还不能得到全面保护、城乡发展差距还没有得到彻底解决的背景下，要实现农民发展，首要解决的问题就是如何保障农民发展的权益问题，只有农民的各项权益得到彻底落实和有效保护，农民能够平等地享有各种权益，公平地分享公共服务、平等地拥有发展机会，才有可能实现农民的自由而全面的发展。社会存在决定社会意识，经济是发展的物质基础，保障农民发展的经济权益是农民享有和实现其他权益的坚实基础，是农民其他权益得到有效维护的强大物质保障，并最终影响到农民发展的其他各项权益的实现，进而阻碍农民的发展。[2] 所以，保障农民发展的经济权益是农民发展的关键，对于促进农民发展的意义重大。

（三）农民经济权益保障有利于提升农民的本质力量

人的发展，就是人的本质力量和本质关系的发展，马克思认为，人的

---

[1] 杜伟、黄善明、黄敏：《农民经济权益保障研究——基于成渝城乡一体化改革的思考》，科学出版社 2011 年版，第 9 页。

[2] 丁德昌：《农民经济发展权法治保障机制研究》，《长白学刊》2014 年第 1 期。

本质只能从人的社会存在和社会关系中来规定,从人存在的各个方面及其行为和关系的本质要素进行分析,劳动是人本质的核心要素,需要、交往、意识是从属要素。人的发展的权利来自人的劳动,"社会生活在本质上是实践的",而实践的内容就是劳动,只有劳动才能客观地表现和确证人的本质力量和人的主体地位。在一定意义上,人的权利就是劳动的权利,人的自由就是劳动的自由,强调人的生存需要就必须要关注实现这些需要的手段和权利,最主要的就是劳动权和分配权。"生产者的权利是和他们提供的劳动成比例的;平等就在于以同一的尺度——劳动——来计算。"[1] 本来的共产主义社会正是由于把劳动作为人类生存的第一需要,才可能作到"按需分配",并最终解决生存需要、劳动需要和发展需要的辩证统一,也就是生存权、劳动权和发展权的辩证统一。因此,人的权利的发展最终取决于人们的劳动及其能力。[2]

保障农民发展的经济权益有利于农民劳动能力的提高、劳动范围的拓展。比如,保障进程务工农民在发展中享有与市民平等的劳动权益,有利于加速农民从农村走向城市、从农业走向工业的进程,促进农民发展。由于农民不仅只是从事农业劳动,农民也可以自由平等地参与到其他各行各业之中。农民的劳动范围扩展和劳动方式的多样化,有利于提高农民的本质力量。

保障农民发展的经济权益有利于农民主体意识的增强。主体意识就是人的主人意识或自主活动的意识,亦就是要做外物的主人,同时也要做自己的主人,自己掌握自己的命运的意识。[3] 在市场经济体制下,劳动者个人被推向市场,成为市场经济运行的主体,市场经济追求自由、平等意识,在激烈的市场经济竞争中,要谋求生存和发展,就必须具备独立自主性和个人的主体意识,农民在参加市场经济竞争的过程中,缺乏主体意识必然被淘汰。因此,保障农民发展的经济权益、使农民顺利地参与到市场经济中,是确保农民转变保守、落后思想观念的关键,有利于农民在发展中摆脱小农意识,突破传统观念的束缚,接受先进的价值观念和现代意识,逐步树立协商、竞争、创新和开放的意识,增强农民的主体性。

---

[1]《马克思恩格斯全集》第 19 卷,人民出版社 1961 年版,第 21 页。

[2] 姚德利:《论马克思主义人的发展的权利内涵》,《当代世界与社会主义》2009 年第 3 期。

[3] 杨金海:《论人的主体意识》,《求是学刊》1996 年第 2 期。

保障农民发展的经济权益有利于农民需要的提升。农民在不同的发展阶段对需要的侧重点也是不同的，即农民的需求是有层次的，从低到高分别为生存需求、安全需求、致富需求、精神需求、民主权利需求和个性发展需求。一般来说，只有农民较低需求得到满足后才会去追求较高的需求。农民在追求实现生理需要和安全需要、致富需要时，注重的是物质财富的增长，以追求物质最大化为基本动力，所以，只有保障农民的经济权益，确保在农民的物质财富增长的情况下，农民才有可能从生理需要和安全需要、致富需要上升到精神需要和民主权利需要，最终上升到个性的需要，形成自己独特的性格和优良的品质，最大限度地发挥个人潜力，使自己的个性、能力、创造性充分展示与发展，不断实现自己的个人理想和人生抱负，最终实现农民的自由而全面的发展。

保障农民发展的经济权益有利于农民交往范围的不断扩大。马克思曾经指出："人的本质不是单个人所固有的抽象物，在其现实性上，它是一切社会关系的总和。"① 人的生存和发展离不开与他人的交往，交往的发展是人的全面发展的必要条件。② 长期以来，我国农民的交往方式是以"己"为中心，以血缘和地缘为半径而形成的一种"差序格局"，传统农民自给自足的生活方式使农民交往范围狭小，社会属性单一。然而，随着工业文明的发展，农民由农耕社会进入现代社会，市场经济开始主宰着社会进程。只有保障农民发展的经济权益，农民才能更好地参与到市场经济之中去，适应现代化的经济生活，突破人与人狭隘的以血缘和地缘为半径的交往模式，扩大自己的交往范围，丰富自己的交往对象。

（四）农民经济权益保障有利于提高农民的综合素质

经济基础决定上层建筑，只有农民发展的经济基础得到了保障，农民才会有条件去接受更好的教育、掌握更先进的技术，才会拥有更好的医疗卫生条件，进而提高掌握和运用科学技术的能力，提高健康素质和文化素养。

保障农民发展的经济权益有利于农民顺利参与社会主义市场经济，融入现代文明之中，促使农民更好地适应现代的经济社会，也促使农民的生产和生活方式、价值观念、传统习惯和行为方式在市场经济中潜移默化地

---

① 《马克思恩格斯选集》第1卷，人民出版社1995年版，第60页。
② 翟新花、赵宇霞：《新型农村集体经济中的农民发展》，《理论探索》2012年第4期。

发生改变。

伴随着农民发展的物质基础的丰富，农民必然追求个人价值的实现，主动学习、充实和发展自我，对新事物、新信息、新科技具有敏锐感受力，对新知识、新技术的吸收运用能力不断提高，对社会的适应能力不断增强。同时，农民的民主意识和法治观念也必然得到增强，还将呈现出全新的精神风貌，这将有效地提高农民维护自身合法权益的能力。所以，保障农民发展的经济权益，有利于不断提高农民的综合素质和能力，促进农民的全面发展。

第二节 农民发展经济权益保障现状与问题

我国农民问题由来已久，长期以来，农民发展的经济权益保障问题没有得到很好的落实。改革开放以来，随着党和国家对"三农"问题的重视，农村各项改革取得了巨大成就，农民的经济水平有了很大的提高，农民发展的经济权益保障也较以前有了很大的改善。但是，我们仍清醒地认识到，随着我国经济的快速发展，在工业化、城镇化和现代化进程中，农民仍是我国社会中发展最慢的群体，农民边缘化及经济权益常常被侵犯，农民发展的经济权益保障仍面临一些问题。

一 农民发展经济权益保障的积极变化

（一）农民发展的经济权益得到不断落实

历史上，农民一直处于社会的底层，几乎没有什么权益可言。新中国成立后，尽管党和国家都非常重视农民问题，但是由于我国当时的特殊国情，片面的计划经济政策、"以农补工"的经济发展战略，一定程度上侵犯了农民的经济权益，农民合法的经济权益没有得到很好落实。1978年以来的改革开放，首先迎来了农村的改革，国家的注意力开始慢慢从城市工业化向"三农"转移，开始关注农民发展的经济权益，制定了一系列减轻农民负担的政策。从2006年开始，我国的农业税被取消，国家对"三农"的财政投入不断加大，实行了一系列的惠农政策，农民的经济生活水平显著提高。1982—1986年，国家连续五年出台关于"三农"问题的中央一号文件，2004—2018年，国家又连续15年出台了以"三农"问题为主题的中央一号文件，强调了"三农"问题的重要性，对农业现代化、农村改革、农民发展进行了全面的部署，致力于繁荣农村经济，提高农民收入，改善农民生活水平，农民发展的经济权益保障逐步得到落实。

我国实行的家庭联产承包责任制使亿万中国农民获得了集体土地的使用权，这极大地提高了农民的生产热情，随着经济的发展，针对农村土地流转和土地征用及宅基地置换过程中出现的损害农民土地权益问题，我国正在全国范围内开展农村集体产权制度改革试点工作，探索界定农村集体经济组织成员身份的具体办法，2017年中央一号文件提出要统筹协调推进农村土地征收、集体经营性建设用地入市、宅基地制度改革试点，加快"房地一体"的农村宅基地和集体建设用地确权登记颁证工作，对于农村承包土地实行农村土地集体所有权、农户承包权、土地经营权"三权分置"办法，为农民拥有更多的财产权创造了条件。目前，全国农村承包地确权登记颁证试点已达到28个省份。具体做法是：一是加快推进宅基地和集体建设用地使用权确权登记颁证，开展农村承包土地经营权抵押、担保工作试点。二是在"三权分置"的基础上，规范土地流转制度。三是改革土地征收制度，缩小土地征收范围，规范土地征收程序，完善被征地农民保障机制，做好国家、集体、个人的土地增值收益分配机制，提高个人收益。四是完善宅基地制度，在明确界定农民住房产权的前提下，探索农民住房产权抵押、担保、转让的机制。这些有效做法使农民的土地财产权益切实得到进一步落实，农民发展的经济权益切实得到维护。

社会主义计划经济体制时期，我国实行统购统销政策，农产品的生产、销售和价格几乎都由政府决定，农民根本没有什么市场主体地位可言。但是，随着改革开放的推进，我国加大了农产品的价格保护力度，提高粮食最低收购价格，减少了对农产品的价格干预，农民的市场主体地位不断地得到了保护。此外，随着消费者权益保护的法律法规的不断完善以及国家对"三农"财政投入的增多，农民的消费者权益和财政权益都不断得得到了落实。

（二）农民发展的经济权益得到不断扩展

随着国家对农民经济权益的重视及社会经济的快速发展，我国农民发展的经济权益内容，也得到了不断的丰富和扩展，农民享受的经济权益不断增多。例如，历史上，农民一直是以务农为生，然而，随着我国城镇化速度的加快，农村不但大力发展乡镇企业为农民提供工作岗位，进行非农生产，更为主要的是农村剩余劳动力大量涌入城市就业，国家也开始高度重视农民工的就业权利问题。2008年的《劳动合同法》开始明确界定农民工的法律地位，《就业促进法》也明确赋予了农民工平等就业的权利，对歧视农民工就业的行为进行了制约。农民工的社会保障问题在不断积极探索和实践当中，目前，工资性收入成为很多农民主要的经济来源，农民的收入变得多样化，农民的劳动就业权益得到丰富和发展。

此外，我国农民的财产权益也日益得到丰富和充实。我国农民在新中国成立前没有自己的土地，改革开放后农民获得了集体土地使用权。随着经济发展，我国农村土地开始流转，2015年11月国家发布《深化农村改革综合性实施方案》，2016年发布《中共中央国务院关于稳步推进农村集体产权制度改革的意见》，2017年和2018年公布的中央一号文件等，又进一步推进了农村集体产权制度改革，提出在坚持家庭联产承包责任制和尊重农民意愿的前提下，发展多种形式的股份合作，赋予农民对集体资产股份占有、收益、有偿退出及抵押、担保、继承权等，赋予了农民发展的更多财产权益，增加了农民发展的财产性收入。又如，虽然我国农村的金融服务体系还不太完善，但国家鼓励农民创业贷款，发展农村的金融信贷，农民也开始享受到了一定的金融权益，这都有利于促进农民的发展。

（三）农民发展的自身经济维权意识不断提高

多年市场化的改革已使我国农民的权利意识迅速觉醒、经济意识大大增强，农民正在摆脱封建腐朽的"臣民"思想，开始意识到自己作为国家的公民应该享有相应的权益。当农民的经济权益受到侵犯时，农民开始了抗争性的维权。当然，农民发展的经济权益保障问题解绝不是一蹴而就的事情，还需要走一段较长的道路。比如，还存在着有些农民维权方式极端问题，采取暴力或者非正常上访、聚众闹事等方式索要薪金，更出现有农民"用生命维权"，但应看到农民已开始觉醒。随着经济发展，国家加大了对法律知识的宣传和普及，加上大众媒体传播，当农民的经济权益被侵犯时，不少农民也已开始寻找法律途径来解决问题，懂得拿起法律武器来维护自己的合法权益，农民的法律维权意识越来越强。

随着农民受教育水平和文化知识水平的不断提高，农民也开始越来越重视对教育的投入，他们希望通过知识来改变命运，走出农村。很多青年农民通过接受高等教育成为国家的高素质人才，工作、生活在城市，甚至定居在城市，还有一些农民习得一技之长，就业状况得到很大改善。此外，随着城乡一体化的加速发展，日益发达的交通促使城乡居民的交流来往也越来越方便,尤其是东部沿海地区的农民,经济生活水平和市民几乎无异,各种权益也更好地得到了保障和落实。总之,教育的普及、农民科技文化素质的提高,使农民的主体意识和法律维权意识不断地提高,农民的思想也越来越开放,大量的农民进入城市,正慢慢地融入城市生活,农民的现代化和市民化步伐不断加快,农民的经济生活水平较以前有了很大的改善,农民发展的经济权益不断得到保障。

二 农民发展经济权益保障的主要问题

在农民发展的经济权益保障中,与农民发展密切相关的市场主体权益、土地财产权益、劳动就业权益等还面临着不少问题。

(一) 农民发展的市场主体权益缺失

市场主体是指参与市场交换活动的当事人,农民市场主体是指农民作为市场主体在市场经济活动中的生产、交换、分配和消费以及享有的权利和应承担的义务。农民发展的市场主体权益保障问题,指的是由于农民在发展过程中其市场主体地位缺失或削弱,如何得到保障的问题。

在市场经济中,农民要满足以下三个基本特征才能称得上完整意义上的市场主体:一是农民能自己根据市场价格和供求关系作出生产经营和销售计划,不存在人为限制和干预;二是农民能对资源投向和投量等问题自主作出决策,不受行政强制力量左右;三是农民能够抗拒政府部门和社会其他团体和组织提出的不平等的交易条件。[①] 在目前的市场经济中,农民还没有成为完全的市场主体,其市场主体具有相对性,存在着市场主体权益的缺失问题。

首先,农民作为市场主体的不完全性。因为农民所从事的生产并非完全意义上的商品生产,存在相当部分的自给性生产,我国农民的消费也不是完全面对市场的,农民对消费市场的依赖性较差。

其次,农民市场主体地位的不平等和受限制体现在经济活动的各个环节。一是农民自主生产权受限制,在农业生产中,农民的自主权还没有完全的保障,有的地方还存在政府的超经济性强制行为,有些农副产品的生产还会受到政府的限制。二是农民的自由交易权缺失。在市场交易中,农

---

① 张春来、张术环:《我国农民市场主体地位问题研究综述》,《农业经济》2010年第5期。

民享受不到与其他市场主体机会均等的待遇,其他市场主体通常与农民进行着不等价交换,主要表现为农民作为交易主体的不平等性和交易权益受限制性。由于农村的经济条件、地理环境和交通条件等难以和城市形成竞争,加上农民主体意识淡薄,农民的竞争条件和城市相差甚远;政府对市场调控政策也长期存在不平等性,对农产品价格管制使农民缺乏自主定价权,此外,农民在国内外竞争中的弱势地位,无法与效率较高的工业部门竞争,难以与在市场上占优势地位的贸易商竞争,这也使农民缺乏定价权,经常是价格和交易对象的被动接受者。加上工农业产品"剪刀差"现象和交易过程中的假冒伪劣和坑蒙拐骗等,使农民的交易权益得不到保障。三是分配主体的不平等。在初次分配和再分配中都存在着分配的不平等,农民在整个分配过程中没有主动权,只是一个被动的接受者。不公平的交易本身就意味着农民分配权益的缺失。比如,农民在耕地上投入的劳动量大,而从种植业上所获甚少。还有政府与农民的分配关系也不对称,政府对农民投入的要远比农民负担的少,历史上,在国家工业化和改革中,农民为工业和国家大局作出了巨大的牺牲,却没有得到相应的补偿。并且农民与其他市场主体的分配关系也不平等,农民承担了更多的负担、为国家作出了更多的牺牲,本应该享受更多公共产品和服务,现实情况却是,城市居民得到的分配量比农民要多得多。四是消费主体的不平等。这主要体现在:农民的消费能力不足;农民的消费成本要明显高于城市居民,农民能够享受到的公共服务远不及市民,在私人消费领域,市民也享受到很多免费和政府的补助,农民则没有。由于农民自身的知识结构和教育程度,农民的消费权益常常受到侵害,没有专门针对农民消费权益保护的措施。

随着市场化程度的不断提高,农民发展的市场主体权益往往受到以下三个方面的制约。一是由于生产准入的限制,农民只能在收益较低的农业中谋生,很难进入其他非农领域。二是农民在交换环节上,经常遭遇价格的歧视。工农产品价格剪刀差的长期存在,农业丰产不能得到合理的价格补贴等情况多有发生。三是农民在分配环节上的一些权益受损。如农民基本上享受不到城市居民享有的最低工资、最低消费、人身保险、医疗保险、失业救济、困难补助等保障再生产的福利待遇。

(二) **农民发展的财产权益缺失**

农村土地作为农民财产的主要来源,使农民发展的财产权益外化为土地承包经营权和宅基地使用权。农民通过土地承包的方式获得了土地的有限使用权，但却缺少土地转让的相关法律保障和必要的监督机制。地方政府往往不经农民同意就对农地进行强制征收，补偿标准也往往低于市场地价。不少地方政府和村委会还出现了干预农民土地承包权，以公家"征用"的名义任意缩短法定土地承包期的情况。随着工业化和城镇化的发展，需要更多的农村土地为城市发展作出贡献，同时，为了实现农业现代化，农村土地需要流转以达到适度规模经营。在农村土地流转、农业用地征用和农村宅基地退出中，往往出现了一些损害农民发展权益的问题。农村土地流转其实是一种简称，全称是农村土地承包经营权流转，是指在坚持农村土地所有权和承包权不变的前提下，农村集体组织成员把自己承包村集体的部分或全部土地，以一定的条件和方式流转给第三方经营。[①] 我国农地流转制度经过反复实践和探索，已取得一些成效，但仍存在土地流转不规范、法律体系不健全、流转机制缺乏、流转收益分配不合理等损害农民权益问题。

在征用农地时，也出现一系列损害农民权益的问题。一是土地征用制度标准不规范，征地范围过宽。地方政府征收土地范围模糊，对"公共利益"扩大解释，在土地征收过程中缺乏有效的监督，农民作为土地的共同所有者没有发言权，其基本权益受到侵占和瓜分。二是对失地农民的补偿太低，就业安置不周全。在对农民补偿方面，国家规定土地补偿费和土地安置补助费加起来不超过土地前三年平均产值的30倍，如果按照农业种粮的用途进行补偿，一亩地平均毛收入1000元的话，每亩30倍才3万元，然而，被征地建成楼房后，一平米要卖好几千元。对农民征地低价补偿和政府征地高价出让的反差明显，损害了农民的直接利益。三是农村的社会保障制度还不健全，对失地农民就业保障制度欠缺，再加上农民的文化程度不高，缺乏非农劳动技能，失地农民的再就业十分困难。

一般认为，农村宅基地是指农民依法批准获得的用于建造房屋及其附属物的土地。宅基地属于农村集体建设用地范畴，也就是说，宅基地所有权属于农民集体，农民对宅基地享有无限期使用权，对其上房屋建筑享有所有权。宅基地使用权的内容主要有占有、使用的合法

---

① 程敬佳：《我国农村土地流转中农民权益保障研究》，硕士学位论文，河北师范大学，2015年。

权益。宅基地作为一种用益物权,理应享有对宅基地收益、处置的权利,但是,由于我国宅基地使用权的特殊性,法律对宅基地使用权的处置权做了严格限制,宅基地使用权不能单独转让、出租、抵押和继承,但是建在宅基地上的建筑物及其附属物属于私人所有,可以自由处置。[1] 根据"房地一体"的原则,在实践操作中,农民实际享有很多宅基地的处分权,但是法律明文禁止宅基地抵押,造成房屋所有权的抵押权还不能实现。

一方面,随着我国经济的发展,城市化水平不断加快,农村劳动力大规模流入城市,造成农村宅基地出现大量闲置现象;另一方面,城市扩张需要大量城镇建设土地,土地资源面临着再分配。因此,政府通过给予农民一定的货币补偿或者集中安置等一系列手段,引导农民退出宅基地,放弃宅基地及其上的房屋建筑,以实现农村产业发展和城镇化建设。目前,宅基地退出的形式主要有三种:宅基地流转、宅基地置换以及地票交易形式。从事实上看,宅基地退出更多的是采取将农民集中居住的形式。但是,由于我国宅基地制度规定比较笼统,相关法律法规缺失,产权界定以及归属问题一直比较模糊,监管不力等原因,导致在宅基地退出中政府行为缺乏约束。一些地区和部门为了打造绩效工程、获取建设用地指标和土地的增值收益,在处理农村闲置宅基地和农村拆迁过程中,往往导致农民的权益受到损害。[2]

在农民宅基地退出中存在的问题主要有:一是违背农民意愿,部分政府强制农民退出宅基地的情形。二是宅基地置换补偿不合理,补偿标准偏低,增值收益分享不足。首先是大多数政府不是根据宅基地面积进行补偿,而是依据房屋面积来进行补偿,没有体现宅基地使用权的价值,置换后的房屋面积较原来的小很多。其次是房屋估价不合理。政府委托的房屋估价机构对农民房屋估价普遍较低。再次是农民获得的是一次性住房补偿,没有参与土地增值收益分享,土地发展权益受损。最后是存在补偿标准一刀切,不考虑农民房屋新旧程度、房屋建筑材质等具体状况造成农民财产权益受损。三是在宅基地置换中,出现各地农民对获得的新房产权性

---

[1] 黄贻芳:《农村宅基地退出中农民权益保护问题研究——以城乡建设用地增减挂钩政策为背景》,博士学位论文,华中农业大学,2014年。

[2] 汪凯翔:《宅基地退出中农民权益保障研究——以湖北省典型区域为例》,博士学位论文,华中农业大学,2015年。

质规定不一等不动产权属模糊状况。四是农民退出宅基地后生产生活存在很多问题。例如，置换后的房屋面积不能满足较多人口的家庭生活，农民可能距离耕作地变远，"上楼"后的农民劳作不方便，农民的生产资料和农机具没有地方储存等，各种新增物业费、燃气费等城镇生活费用增加，社会保障和就业帮扶缺失，农民还有面临各种生活习惯和方式的改变。①

近年来，虽然农村已经开展了土地改革试点工作和宅基地、集体建设用地使用权确权登记颁证工作，并在一定程度上保障了农民发展的土地财产权，但是，由于征地制度不规范，社会保障制度不健全等原因，农民发展中的土地权益在土地流转、征用及农业公司化经营中仍不同程度地受到多个方面的侵害，确保农民土地权益不受损害依然比较困难。

(三) 农民发展的劳动权益受损

劳动是人们生存和发展的必要。没有劳动，人们的生活需要无法保障，人们的发展也失去了基础，而且人们的社会经济关系的形成也受到重要影响，因为人们的社会经济关系的形成也是通过劳动而相互结成的。农民的劳动权益既是农民谋求生存的基本手段，也是农民追求自身发展、实现自身价值的主要途径。

在农民发展的经济权益保障中，劳动权益保障具有基础性作用和地位。劳动权益作为劳动者基于拥有劳动力的所有权及其使用自由而产生的权益，从本质上说，劳动力的拥有和使用属于劳动者私人的事情。但是，由于我国长期实行的城乡二元分割的经济社会结构，特别是严格的户籍制度曾经严重影响了农民平等地享受劳动权益。而且，随着城镇化的发展，农村出现了大量剩余劳动力，使大量农民涌入城市务工，农民工对于缩小城乡差距、加快我国城市化进程、实现全面建成小康社会以及增加农民收入、实现农民现代化发展有着举足轻重的作用。然而，由于经济和社会等各种原因，农民劳动权益存在很大漏洞，侵犯农民劳动权益现象不断发生。主要表现在以下几个方面。

1. 就业平等权受到侵害

农民工作为城市的外来人口，他们虽然对城市的经济发展有很大的促进作用，但同时也会对当地的就业率造成一定的冲击，农民工作为边缘人

---

① 熊盈淇：《宅基地置换中农民土地权益保护问题研究》，硕士学位论文，西南政法大学，2015年。

群，免不了遭到地方政府和用人单位的"另眼相看"，就业歧视问题常常出现，损害了农民的就业平等权。地方保护是农民工就业的一大壁垒。政府负有维护治安，发展当地经济的职责，为了实现地方利益最大化，地方政府会干预劳动力市场，出台一些违背宪法平等精神的政策。有些地方政府会出台相关政策，限制农民工所从事的行业，比如农民工只能就业在一些私营、三资企业等，这使农民工就业受到了限制，不能充分享受自由择业的权利。而且，农民进城务工的途径大多数是经人介绍，很少是通过城市的劳动力市场找工作的，他们从事的工作大多体力重、工资低、环境差，都是城市居民不愿意做的工作，平等就业权受到很大影响。此外，地方保护主义还体现在农民工就业还会面临各种烦琐的手续以及一些项目的收费，这增加了农民工就业的成本，影响了农民工的公平就业。

2. 用人单位对农民工存在着就业歧视

农民工一般在私营或者个体工商户等私营企业中就业，这些企业在选择劳动力过程中具有较大的自主权，因此，也容易出现就业歧视。比如，雇主可能习惯性地对城市工人作出高于农民工的生产预期，因而更偏向于选择城市工人；由于生活习惯、生活环境以及兴趣爱好等差异，城市工人也更愿意和城市工人一起工作，农民工往往受到孤立；甚至有的消费者对产品质量和服务的评价是基于身份判断的，用"有色眼镜"看待农民工。上述这些原因，造成用人单位对农民工的歧视，作出损害农民工合法权益的行为。首先，出现用人单位对农民工提出额外要求的情况。农民工是外来人口，流动性大，用人单位为了防止农民工随意离去，会出现扣押农民工证件，或者缴纳高额抵押金现象，否则就不雇佣外来农民工。其次，有些用人单位不与农民工签订劳动合同，觉得农民工低人一等，认为农民工就是出来卖力气的，不把农民工看成是合法的劳动者，农民工本身法律意识也淡薄，因此，根本就不重视农民工的合法权益。

3. 就业过程中农民工的合法权益得不到保障

首先，农民工的安全卫生权得不到保障。农民工大多在风险大、劳动强度大、环境差的私营企业工作，他们多是一线作业工人，这些工作经常要消耗大量的体力，还会使人患上各种职业病，尤其是化工业、制造业、开采业等。很多企业并不规范，技术落后，工艺简单，缺少必要的职业病防护措施和安全措施，也从不关心农民工的身体健康。其次，农民工的劳动强度过大。由于农民工的技术有限，从事的都是单纯的劳动力工作，大多数雇主为了提高生产效率，主要采取加大工人的劳动强度，延长劳动时间的途径来实现。虽然，加班可能会得到较高的劳动报酬，但它侵占了工人从事其他活动的时间，超负荷的体力劳动危害农民工的健康，从长远利益来看不利于人的发展，而且大部分加班都是强制的，工人没有选择自由和休息的权利。

4. 工资报酬权利得不到保障

获得劳动报酬是劳动的直接目的，也是农民工的底线。然而，农民工就业还存在工资水平低，用人单位拖欠、克扣农民工工资的现象。虽然我国实行了《最低工资标准》，但农民工整体工资水平低还需要长期改善。此外，农民工在外地打工，没有与用人单位抗衡的力量，用人单位按时、足额支付农民工工资的意识还没有完全树立起来，拖欠、克扣农民工工资的现象时有发生。

此外，农民进城务工还存在着缺乏社会保障问题，除了用人单位不按规定给农民缴纳社会保险费外，由于农民工流动性大，我国目前的社会保障制度也不很健全，法律还存在一些漏洞，而且有的社会保障政策也不适合农民工，导致农民工的参保积极性不高，社会保障权益受损的情况也经常发生。

第三节　农民发展经济权益保障问题的原因

我国农民发展的经济权益保障在取得积极成果的同时，依然面临一些困境和问题，造成农民发展经济权益保障问题的原因纷繁复杂，既有历史的原因，也有现实的原因；既有制度体制的原因，也有农民自身的原因。只有全方面地深入探寻农民发展经济权益保障问题的原因，才能对症下药，早日落实农民的经济权益，促进农民的发展。

一　制度不完善是农民发展经济权益缺失的根源

制度通过约定的权利和义务对各个利益集团的利益关系和行为进行调整和规范，是对利益分配的一种规定，也经常通过法律法规、政策等形式表现出来。由此可见，我国农民发展经济权益的缺失，根源也就在于制度设计上的不完善，不能公正、公平、有效地规范农民和其他各利益集团的权利与义务关系，导致权利和利益分配不合理，由此造成农民发展的经济权益从根本上得不到保障。

(一) 城乡二元体制约束

我国《宪法》明确规定了公民在法律面前一律平等的原则，然而，我国长期以来的城乡二元体制，使我国农民平等发展的权利一直处在被弱化的边缘。在发展中国家广泛会出现城乡经济发展差别的现象，城市以工业化、现代化为主，农村则以落后的农业等传统产业为主，这主要是由于城市和农村不同的资源特征而自然形成的，是传统的农业社会走向工业化和现代化社会必经的过渡形态，是发展中国家不发达的标志，是发展中的正常差别，有其不可避免性。随着经济与社会的发展，这种差别会逐渐消失。然而，我国的城乡二元现象除了发展中国家普遍会经历的城乡经济二元差别外，还表现为新中国成立后我国实施了一系列的城乡分割制度。除了城乡原本的经济差别外，以户籍制度为核心，我国人为地建立了一系列城乡二元制度，形成了独特的城乡二元体制。这种不平等的二元体制又进一步拉大了城乡的经济差距，阻碍了农村经济的发展，损害了农民发展的经济权益。

城乡二元制度中的一个带有基础性的制度因素，就是城乡二元分割的户籍制度。新中国成立初期，为促进我国工业化发展，为工业化发展提供原始积累，使大量资源从农村流向城市，城乡差距拉大。鉴于城乡发展差距，大量的农村人口向城市流动。1958年，为了防止大批农民流入城市，影响国家工业化和城市化建设，国家颁布了《中华人民共和国户口登记条例》，该条例规定了限制农村人口向城市流动的严格的户籍管理制度，人为地实施了城乡隔离政策，把全部人口分为农业户口和非农业户口，非农业户口一般居住在城市，从事二、三产业，农业户口一般居住在农村，从事农业生产，也就是农民，这标志着我国城乡二元户籍制度的确立。以农业户口和非农业户口为基础，我国逐渐建立起了适用于不同户口的其他二元制度政策体系。农民和市民实行着二元的住宅制度、二元的就业制度、二元的粮食供给制度、二元的社会保障制度和教育制度，等等。"一国两制、城乡分治"的二元体制在以后相当长的时期里盛行。拥有"非农业户口"的城市居民，享受着国家给予的劳动就业、粮食补贴、公费医疗、养老保险等各种福利政策，"农业户口"的农民只能在农村从事劳动生产，没有相应的福利待遇。我国的公共基础设施建设、财政补贴等公共产品和资源都向城市倾斜，市民较农民享受更多的优惠和权利。这也就是我国农民与市民相比,财产权益、就业权益等一系列经济权益受到损害的根本原因。户籍制度带有计划经济体制的烙印,曾对我国经济社会发展起到一定的作用。但是随着市场经济和城乡一体化的发展,户籍制度的弊端越来越明显,户籍制度将公民进行人为的划分,使农民客观上沦为"二等公民",成为农民与市民身份不平等的制度根源,使城市与农村之间划了一道身份的鸿沟,公民按照市民和农民的身份有差别地享受权利和承担义务,农民的平等权利受到损害。

我国长期实行这种不公平、不合理的城乡二元结构体制,损害了社会公正,严重压抑了广大农民的生产积极性。城市国有土地和农村集体土地、农耕土地和建设用地的严重分割损害了农民的财产权益;教育机会的不平等导致就业机会的不平等,进城务工农民的劳动就业权益得不到保障,影响农民的收入水平,给社会也造成了很多不稳定的因素;农民素质不高,农业生产率低下,农村经济发展缓慢,造成农村贫困人口的大量存在,束缚了农村生产力的发展,使农业生产长期徘徊不前;以户籍制度为核心的大量城乡二元制度也阻碍了农村剩余劳动力向城市的流动,农民发展的经济权益受到损害。

城乡二元经济结构体制的存在,是造成我国城乡发展差距持续拉大、农民发展经济权益长期得不到保障的制度根源。目前,我国也已经认识到这种城乡二元结构体制给我国经济发展带来的弊端,随着城乡一体化的发展,国家在户籍制度方面也作出了改革,并不断完善我国的就业制度、土地制度、社会保障和教育制度等,维护农民的经济权益。但是,长时期的城乡二元结构体制,短时期内不可能一下子彻底根除,人们还存在着城乡二元体制的心理阴影,还存在着一定的制度依赖,从根本上改变城乡二元制度还需要一个过程。比如,农民发展的市场主体权益受到侵害,并得不到足够保障的原因有很多,除了现有的制度、政策和法律法规的不健全外,还有社会认知不足、认识存在误区、计划经济原有弊端的遗留、农村法律环境落后等原因。

(二) 农民经济权益保障的法律制度不健全

"如果没有法,社会只能是由强者过度自私的侵犯来决定。"[①] 这一方面说明,法律将各个利益主体的利益以规范强制的形式规定下来,通过调

---

① 陈池波:《中国农村市场经济发展论》,中国财政经济出版社2003年版,第123页。

整各个利益主体以及人们之间的权利与义务关系,来保障各主体应享有的合法权益。另一方面,从政策的稳定性、权威性和执行性方面来说,也只有将保护农民发展的经济权益的相关政策上升到法律层面,才能避免政策的随意性,使农民发展的经济权益得到权威有力的保障。因此,要保障农民发展的经济权益,就必然要依靠法律,通过法律的调整以权利的方式来实现,形成一套包括农民权利确认、行使途径、利益诉求表达、权利受损维护等一系列的农民经济权益保障法律体系。

然而,由于农民缺乏合适的利益表达渠道,造成我国很多法律不能充分反映农民的利益。在现代的法治社会,任何集体的利益要想从理想变成现实,都必须要通过各种途径去影响法律的制定和执行,使其上升到法律的高度,将其纳入法律保护的轨道。但是,我国农民群体没有自己的组织,缺乏有效的利益表达机制,导致农民的利益表达不畅,农民的呼声、愿望、所处的困境以及农村的真实情况不能很好地得到反映,农民一直处于被动状态,国家制定的很多保护农民利益的法律都脱离了实际,不能体现农民真正的需要,解决不了农民的现实问题。此外,由于受城乡二元体制影响,我国的立法者在制定法律时往往忽视了农民的利益要求,基于城乡区别,设计出适用于不同主体的法律法规,将立法的重点放在了城市,立法的天平向市民倾斜,很多关于公民经济权益保障的法律都是只针对市民的,出现了城市和农村"分别立法"的现象。

出于一些历史的和现实的原因,最终导致我国农民发展的经济权益保障的法律体系还很不完善,存在很多问题。从总体上来看,我国关于农民权益保护的法律还不够系统,且原则性的规定较多,一些实质性的具体内容规定得不够具体、不太合理。例如,我国《土地管理法实施细则》规定:土地征收补偿费用归农村集体经济组织所有。可是,没有哪一个法律条文对"农村集体经济组织"作过具体的说明,实际上,经济意义上的农村集体并不存在,那么征地补偿费用如何补偿给失地农民呢?又如修改后的《农业法》增加了"农民权益保护"这一章,然而,内容却不全面;《劳动法》中对农民就业中的社会保险、人身安全方面规定得也不具体,这些不具体的法律条文必然给执法部门带来困难,使农民的权益很难落到实处。我国的法律对土地征收补偿的费用规定也不合理。《土地管理法》《物权法》规定了土地征收补偿费和安置补助费的总和不能超过土地被征收前三年平均年产值的 30 倍。这个规定只考虑了农民土地的直接损失,并没有考虑到随着经济的发展土地的增值收益以及农民再就业的费用和其他间接性损失。另外，关于农村和农民权益保护的法律体系还不健全，也没有针对性，农民的很多经济权益都没有相应的法律条文来保护，以至于农民在维护自己的经济权益时出现无法可依的现象，例如，我国关于宅基地的立法相对滞后，很多问题只单单由地方政府的政策、命令去解决，这就导致一些地方政府侵犯农民权益的现象；相关法律法规之间也没有形成一个完整、严谨、有层次的体系，一些法律法规还自相矛盾，这就难免导致执法、司法部门不能有效去解决农民权益被侵害的问题了。

（三）"以农补工"经济发展政策导致农民经济权益受损

我国片面的经济发展模式导致农村经济发展先天不足，发展滞后。新中国成立后，国际上，西方资本主义国家对我国采取封锁的政策，甚至以武力威胁；在国内，由于多年的战争，经济千疮百孔，农村经济水平落后，城市工业很不发达。

为摆脱新中国的落后局面，我国经济发展模仿苏联计划体制，制定优先发展工业，尤其是优先发展重工业的"以农补工"政策，通过一系列制度安排，控制农村资源，剥夺农民权益，从农村汲取大量资金，向城市和工业倾斜，为工业化积累原料和资金。据国务院农村发展研究中心推算："1953年至1978年，计划经济时期的25年间，中央政府通过压低农产品价格、抬高工业品价格从农村获取资金6000亿到8000亿元，而截至改革开放1978年，全国工业固定资产总额还不到9000亿元，这表明，我国工业化的原始积累大部分都是来自农村和农民。"

从1953年农产品统购统销到20世纪90年代初完全开放工业品价格和农产品价格，在这段时间里，国家是通过工农业剪刀差的方式从农民那里拿走农业剩余，是以牺牲农民的经济利益来发展了工业。在商品交换中，农民根本没法获得相对应的价格，公平交易权被剥夺，给农民的经济造成重大损失，农民几乎没有什么经济权益可言。而在1990—1998年，国家通过财政和金融渠道以及工农业产品剪刀差的方式，又从农村汲取资金19222.5亿元。在这种政策和发展战略的推动下，我国工业迅速发展起来，而农村经济发展却受到严重阻碍，可以说，我国农村、农业、农民曾经为我国工业化的发展和国民经济体系的建立，作出了巨大的牺牲。

如果说工业化初期为了国家工业原始资本积累而剥夺农民发展的经济权益是必经阶段的话，那么在基本的工业化体系建成以后，就应当着重给予农村扶持，落实农民发展的经济权益。然而，事实并非如此。虽然改革开放后，国家意识到农民对我国经济发展的重要性，开始进行农村改革，也慢慢开始重视农村经济发展和农民发展的权益保障，国家陆续实行一系列的支农惠农政策，农民发展的经济权益较之前有所改善。但是，国家对农民汲取得还是太多，而投入明显不足。取消农业税以前，农民承担的税费过多，负担过重。在很长一段时间里，国家的政策重心依然是工业化和城市化，而且在国家的经济建设中，由于长期受到计划经济思维的影响，往往容易忽视农民发展的经济权益。国家仍然存在非农政策偏好，以及一些不当的行为方式，漠视农民经济权益的现象经常发生，农民发展的经济权益保障也自然受到了较大影响。

二 组织化程度低导致农民缺乏市场谈判能力

市场经济是一个各利益集团为了自己的利益相互博弈的过程，面对各利益集团的利益冲突，任何个体如果没有自己的维权组织，单凭个体的抗争，那是微不足道的。正是由于农民缺乏组织化，没有有效的利益表达和维护机制，农民的利益常常会受到其他利益团体的侵犯。在市场经济中，由于我国对发展农民经济合作的重视程度还不够，支持力度也有限，有关农民合作经济组织的法律体系也不完善，造成农民经济合作组织发展缓慢、离散，规模小，组织运行不规范，成员素质较低，农民经济合作组织在为农民提供技术、信息、资金、物资和产品销售服务等方面发挥的作用很有限，市场竞争力缺乏，自然对农民发展的经济权益保障作用也很有限。

尽管其他农民组织对保障农民的经济权益起到了一定的帮助，比如，一些发达城市出现的"打工妹之家""农民工之家"等农民工组织对于维护农民工的经济权益、促进农民发展起到了帮助作用，但是，农民经济合作组织是最直接地为了农民的经济利益而服务的组织，在保护农民规避市场风险中是具有无可替代的作用的，所以本节重点关注的还是农民经济合作组织发展问题。

（一）农民经济合作组织的法律体系不完善

农民经济合作组织是在激烈的市场经济条件下，农民群体为了维护自己的经济利益而组建的互助性经济组织。农民经济合作组织健康快速的发展，必然需要强有力的法律系统作保障。然而，我国目前的农民经济合作组织法律体系还很不健全，农民经济合作组织的很多方面都没有法律依据。

我国加入世贸组织后，为了维护农民的经济权益，抵抗市场经济风险，在2004年，我国一些省份出台了一些法律法规来引导和规范农民专业合作社的成立和发展。2006—2007年，国家又相继出台了《农民专业合作社法》《农民专业合作社登记管理条例》《农民专业合作社示范章程》来保障农民经济组织的发展。然而，随着市场经济的发展，我国农民经济合作组织的法律制度建设却止步不前、立法滞后，促进和保障农民经济合作组织发展的作用已经很有限了，使农民经济合作组织发展缓慢，始终处在初级阶段。

由于我国农民经济合作组织不但包括农民专业合作社，还包括其他很多类型的经济组织，例如农村专业技术协会、农村社区合作社、股份合作社、供销合作社等，而我国《农民专业合作社法》的调整对象只是农民专业合作社，其他类型的经济合作组织得不到法律的明确认可，在实践中，只能参照一些政策文件或者参照《农民专业合作社法》的一些规定，针对性和专业性不强，经常出现无法可依的现象，自身的权益自然得不到很好的保障。更有甚者，很多落后地区的农村甚至都不知道国家出台有《农民专业合作社法》。与此同时，我国现行法律对农民经济合作组织的性质、发展方向等都没有作出规定，这导致我们农民经济组织合法地位受到质疑。我国《农业法》中规定了农民合作经济组织是一种农业经济组织形式，并对其宗旨、原则作了规定，但是没有说明农民经济合作组织的法人地位和登记办法。《农民专业合作社法》中虽然规定了依法成立的农民专业合作社的法人地位，却没有指出其法人地位的类型到底是什么。有些地方的农民经济合作组织以集体所有制法人地位在工商部门登记，还有的以社团法人地位在民政部门登记，甚至有一些农民经济组织因为不知道自己到底是什么性质的就没有登记。没有明确的法律地位使农民经济合作组织在参与市场经济活动时不具备独立的法人主体资格，导致农民经济合作组织的市场主体地位缺失，影响了农民经济合作组织的市场竞争力，各种合法权益难以得到保障。

例如，由于法律地位不明确，增加了农民经济合作组织获得银行信贷的难度，农民经济合作组织大多只能依靠农民自己筹集或者通过非正规渠道筹集资金，这使农民经济合作组织经常面临资金短缺问题，而且，由于其法律地位的不明确，缺乏法律依据，在征缴税收等方面也难以统一和明确，农民经济合作组织的权益常常难以保障。[①]《合作社法》本身的缺陷，加上其他法律制度的缺失，相关配套政策又得不到落实，普法程度低下，这些都导致我国农民经济组织发展形式单一，功能服务不健全，不能有效地起到保障农民经济权益的作用。

（二）政府对农民经济合作组织的支持力度不够

农民经济合作组织作为农村的一个经济组织，在其经营发展的过程中离不开政府的引导、规范和扶持。然而，我国政府对农民经济合作组织重视程度还不够，一些地方政府和相关部门没有充分认识到农民经济合作组织对于繁荣农村经济，促进农民发展的重要性，认为乡镇和村里有经济合作社、信用合作社和供销社等，没有必要再发展农民经济合作组织。有的地方政府认为，农民经济合作组织是农民自己的事，应该农民自己组建和管理，因此放任自流，不加引导和支持。

比较一些农业发达国家，由于农民所处的弱势地位，政府大都对农民经济合作组织给予政策上的优惠以及财政上的支持。例如，美国政府对其农民经济合作社一般都实行税收减免政策，美国政府出资组建了世界上最完善的农业合作金融体系，用来解决经济合作社的资金短缺问题。日本政府除了对其农协实行税收优惠政策以外，每年用于农协的财政支出占财政总支出的7%。此外，日本政府还对农协的基础设施建设给予大量补贴和投资，日本的支农资金大部分也是通过农协来运作的，这就使支农资金的使用效率得到大大的提高。我国政府虽然连续多年都出台了中央一号文件用于指导农村农业的发展，但对农民经济合作组织的发展和扶持政策还不够，也没有出台发展农民经济合作组织相关的配套政策措施。在实际工作中，国家的很多政策也没有很好地得到落实，对农民经济合作组织的经济扶持还不够到位。

与农业发达国家比较，我国农民经济合作组织还面临着资金紧缺问题。没有政府的鼓励和支持，很多农民经济合作组织没有相应的部门管理，技术和资金上都遇到很多困难。再加上农民固有的传统保守、分散的小农思想，对发展经济合作组织也不积极，也导致我国农民经济合作组织

[①] 胡良荣、侯溢萍：《我国农民合作经济组织发展的法律困境及其出路》，《江苏大学学报》（社会科学版）2014第3期。

发展缓慢，组织运行不规范，成员素质比较低，组织规模也比较小，没有像发达国家那样形成全国范围内系统化、规范化的合作组织。相比较而言，我国农民经济合作组织的功能服务也单一，大多数是生产和销售初级农产品，技术指导、业务服务、农产品的深加工等这些深层次、有技术含量的产业并没有发展起来，导致我国的农民经济合作组织没有市场竞争力。

此外，值得一提的是，政府对农民经济合作组织引导和帮扶政策不仅没有很好落实，还出现了一些对农民经济组织干预不当的问题。农民经济合作组织建立之初以及在其发展的过程中，需要政府的引导，宣传教育、资金和技术上的帮助，在农民经济合作组织的具体运作过程中应该把权力交给农民自己，而一些地方政府却不尊重农民的意愿，脱离实际情况，随便插手农民经济合作组织的管理、经营和决策等具体事务，甚至强制任命农民经济合作组织的负责人等。这些行为不仅阻碍了农民经济合作组织的发展，也损害了农民发展的经济权益。[①]

三 自身素质低下使得农民经济权益意识不强

农民发展的经济权益保障问题既有外部原因，也有内部原因。农民科学文化水平低，法律意识淡薄，保守思想严重，当农民发展的合法经济权益被侵犯时，农民不是不知道，就是不敢或不善于维权。农民维权意识弱、维权能力不强，都造成了农民长期处于弱势地位。

（一）农民法律维权意识淡薄

农民的权益意识是保障其经济利益的关键。遗憾的是我国农民的权益意识普遍薄弱。从农民自身角度而言，一方面，农民受教育水平普遍较低，农民对自身的地位和权益缺乏完整和准确的认识。而且农民缺少法律知识，法制观念淡薄，有部分农民不知法、不懂法、不用法，法律维权意识淡薄，在其经济权益受到侵害时，不能用法律手段维护自己的权益。比如，由于对权利认知的不足，在宅基地退出中，农民并不了解自身到底有哪些权益，也不了解宅基地退出中的相关具体规定，对于地方政府或者其他参与主体的违法违规行为也缺乏认知。大部分农民只知道拆迁还建，并不了解宅基地退出的意义，不懂得建设用地指标和增值收益是什么情况，

---

① 尹明理：《农民经济合作组织存在的问题与对策》，《河南农业科学》2010 年第 11 期。

即使有农民反映问题，也多是置换房屋质量的问题。农民自身的知识匮乏和经济能力低下，造成他们维权能力和维权程度较低，一些农民并不清楚自己到底有哪些权益受到了损害。再比如，由于农民法律知识匮乏，当自己的合法经济权益受到侵犯时，一些农民不是寻求法律的正规途径来解决，而是采取极端手段维权，给社会和自身带来危害。

另一方面，由于受几千年封建思想的影响，农民形成了对国家"臣属文化"的心理，他们习惯了为国家大局作出"牺牲"，义务观念浓厚，但是权利观念和公民意识却淡薄，习惯将自己定位为义务主体，在不影响其生存的状况下不会轻言抗争。而且，由于农民长期处于社会的低等人群中，逆来顺受思想根深蒂固，缺乏主体意识，再加上农民的权益受到来自社会各方面的侵犯，长期没有很好的保障，久而久之，农民自己也习以为常。虽然知道自己处在社会底层，却根本没有认知自己的权益，没有去探求和改变的想法。

此外，农民对法律所赋予的权利也缺乏积极参与的动力，当发现自己的经济权益被侵犯时，很多农民不是考虑运用法律武器来维护自己的合法权益，而是选择默认自己的状态并退出市场。由于我国农民维权意识淡薄，也造成其他利益集团在侵犯农民经济权益时胆大妄为，很少顾及。例如，资方不给农民工签订劳动合同，不按规定发放劳动报酬，随意加班加点等。

（二）农民科技文化素质偏低

农民科技文化水平偏低，使农民维权能力不足，这也是其经济权益得不到保障的一个重要原因。一是农民受教育程度低。国家的教育经费更多地向城市倾斜，农民的办学条件、办学设施、办学质量等都与城市差别很大。一些师范毕业生也不愿意到条件差的农村学校教学，农村师资水平与城市也没法比，农村学校的学科结构不合理、不完善，几乎没有正规的体、音、美课程和教师。农村教育的种种落后导致农民的教育年限和教育水平较城市来说比较低，文化知识匮乏。农民的文化素质与农业的生产效率、农民进城就业、投资创业等其经济利益有紧密的关系。例如，国外经济学家统计，从事农业生产的小学、中学、大学毕业生可分别提高劳动生产率的43%、108%、300%，而我国农民的文化水平与市民相比明显偏低，大专及以上学历人数比重较少，大部分农民只接受了初中教育，而文盲却大多数是农民。大部分农民缺少市场经济，不了解市场经济发展的一般规律，不懂得价值规律、供求关系、竞争规律等，不明白价格形成机制，这导致农民在市场经济中面临更多的挑战与风险，农民的市场权益常常受到侵害，市场主体地位不能得到有效保障。

二是农民受到的职业技能培训相对于城市市民来说也较少，科技素质低。农村中针对农民的职业技能教育还比较少，这导致农民对现代农业科技的掌握和运用能力比较差，农业技术推广受到阻碍；国家针对农民工的职业技能教育还没有普及，进城务工的农民很少接受专门的职业技能培训，没有掌握多方面职业技能，没有拥有现代科学技术知识和先进的思想理念，文化水平低、没有学历和一技之长的农民找工作非常困难，进城务工的农民也只能从事一些没有技术含量，各方面没有保证的体力劳动，农民的就业权益难以得到全面的保障。①

第四节　农民发展经济权益保障的对策建议

我国建成全面小康社会、实现现代化强国的目标和任务，如果缺少农民的小康和农民的现代化，那是不完整的和不全面的小康和现代化。目前，农民依然是我国经济社会发展中的一块最大的短板，是最需要加快扶持发展的弱势群体。所以，在建成全面小康社会、走向现代化强国的征程中，必须解除阻碍农民发展的各种阻力和障碍，保障农民发展的各种权益。根据上文对农民发展的经济权益保障问题及其原因的分析，下面从制度上、组织上和农民自身的角度，就如何保障农民发展的经济权益进行讨论。

一　完善农民发展经济权益保障的相关制度

（一）破除城乡二元体制

党的十八大报告指出，解决好农业、农村、农民问题是全党工作的重中之重，城乡发展一体化是解决"三农"问题的根本途径。农民问题长期得不到解决，农民权益受到侵犯的重要原因，是城乡二元体制的存在。

要切实保障农民发展的经济权益，必须消除阻碍农民发展的城乡二元体制，从制度上赋予农民平等参与现代化进程、共享现代化发展成果的国

---

① 高君：《中国农民发展理论研究》，人民出版社2016年版，第269—270页。

民待遇。根据国际经验,一个国家进入工业化中期阶段的指标是:人均GDP 在 1000 美元以上,城镇人口比重大于 35%,农业 GDP 比重低于 15%,农业劳动力比重低于 55%。以这些指标作为参照物,我国现在已经处于工业化中期阶段,已经完全具备工业反哺农业、破除城乡二元体制的物质基础了。所以,我国应着力全面开始破除城乡二元体制,开启城乡发展一体化新格局,为我国农民经济权益保障提供良好的制度基础。[①] 我们党也已充分认识到破除城乡二元体制的必要性和迫切性,中国共产党十八届三中全会通过的《中共中央关于全面深化改革若干重大问题的决定》指出:"城乡二元结构是制约城乡发展一体化的主要障碍。必须健全体制机制,形成以工促农、以城带乡、工农互惠、城乡一体的新型工农城乡关系,让广大农民平等参与现代化进程、共同分享现代化成果。"[②] 这体现了党中央破除城乡二元体制的决心。

近年来,北京、广东等地已允许农民工当选为当地人大代表,安徽等地允许农民工报考公务员,各地户籍制度改革创新实践层出不穷。破除城乡二元体制的关键在于改革户籍制度,消除农民的歧视性身份,如此,农民可以享受和市民平等的权益。《中共中央关于全面深化改革若干重大问题的决定》提出,创新人口管理,加快户籍制度改革,并对大中小城市的落户条件给予说明,提出应全面放开建制镇和小城市的落户限制,有序放开中等城市的落户限制,合理确定大城市落户条件,严格控制特大城市人口规模。2014 年,国务院发布的《关于进一步推进户籍制度改革的意见》中指出,取消农业户口和非农业户口的性质区分和由此衍生出的蓝印户口等户口类型,统一登记为居民户口,体现户籍管理制度人口登记管理的功能。截至 2016 年 9 月,中国大陆 31 个省份全部出台了户籍制度改革意见,改革意见中各地普遍取消了农业户口和非农业户口的区别,部分地区放宽了落户条件,这标志着我国存在半个多世纪的户籍制度将要退出历史舞台,过去那种以牺牲农民权益和权利为代价的城乡二元发展体制将要逐步被瓦解。

但是,目前,我国各省份只是出台了户籍制度的改革意见,全国大部分地区还没有完全落实,农村户口和城市户口在大部分地区依然存在,而

---

① 李淼:《和谐社会视野下中国社会城乡二元结构问题的探讨》,《求实》2010 年第 10 期。
② 《中共中央关于全面深化改革若干重大问题的决定》,《人民日报》2013 年 11 月 16 日。

且，人们长期形成的农民和市民身份的观念很难短时间消除，户籍制度改革只是迈出了一小步，依然任重道远；而且统一身份仅仅只是个标志，户籍制度改革能否成功还取决于依附于户籍制度之上的教育、就业、社会保障、财政等一系列的制度改革。因此，我国应继续加大破除城乡二元体制的力度，彻底进行制度变迁。下阶段要更加注重改革方案的落实，运用政府行政力量、充分发挥市场的利益导向作用，中央统一指导、全面协调，使户籍制度改革在全国范围内推进；并尽快进行土地、住房、就业、医疗、社会保障、金融等其他二元制度的改革，如取消对农民进城就业的限制性规定、建立城乡统一的就业制度，继续推进土地制度创新，建立统一的教育制度，健全统一的社会保障制度等；另外，在改革中要注意保护农民既有权益，不能影响农民土地承包权益、农村宅基地使用权和集体经济分配权等。

（二）健全农民经济权益保障的法律制度

农民发展权益保障立法的缺失，是造成农民发展经济权益得不到保障的重要原因之一，没有相应的法律支撑，保障农民发展的经济权益只能是一个空的口号，因此，健全的法律体系是保障农民发展经济权益的前提。

首先，关于农民发展经济权益的立法必须坚持平等原则。《宪法》是我国的根本大法，我国《宪法》规定"公民在法律面前一律平等"，因此，我国的涉农立法必须遵照公平、公正的原则，制定城乡统一平等的法律，废除关于农民经济权益的歧视性法律，例如，城乡不统一的就业、教育、社会保障、公共产品供给等相关法律法规，只有废除原先歧视农民的有关法律，才能为保障农民的权益提供平等的制度基础，为保障农民经济权益提供正确的价值导向。

其次，以农民的土地权益法律为中心，建立农民发展经济权益法律体系，避免实际操作中由于无法可依而带来困难。目前，我国农民权益的立法有了一定的发展，但是还没有一套全面而系统的保障农民合法权益的法律文本，关于农民发展经济权益的保护只是散见于一些涉农法律中，农民的很多经济权益在立法上还是空白，农民发展经济权益保护的法律不健全，加上我国执法和司法保护的欠缺，我国农民的经济权益很难得到真正地保护。因此，对于我国农民这个弱势群体，国家需要运用特别法来保护，制定一部完整的《农民权益保护法》为保障农民各方面的经济权益提供法律基础是极为重要的。

再次，要以农民的土地财产权为核心，加快建立健全有关农民发展经济权益保障的各项立法。加快建立农民土地权益的立法工作，抓紧修改相关法律法规，完善《土地管理法》《物权法》等与农民土地权益息息相关的法律法规，应该专门制定一部《土地权益保护法》来系统地规定农民的土地权益，从法律上明确界定农民的各项土地权益，使农民的土地权益有法可依，使土地征收在法律范围内，当农民的土地权益受到侵犯时，能明确找到法律依据来保护自己的权益。同时，加强宅基地法律体系建设，完善规定宅基地使用权的立法体系，明确宅基地产权、登记发证、流转、收益分配等规定，避免由于产权不清晰以及没有法律法规的依据而侵犯农民的财产权益。

目前，我国《劳动法》也没有明确具体地规定农民工的合法权益，很多农民工无法遵照《劳动法》所规定的权益享受与市民同等的待遇，农民工权益保护的法律漏洞成为一些企业侵犯农民工合法权益的借口，《农民工劳动权益保护法》应该成为我国立法者们的紧急任务，为保障我国农民的劳动就业权提供法律依据。此外，我国应尽快建立并完善关于农民公平交易的法律法规，推进农副产品领域以及农业投资领域等各项立法工作，给农民提供一个良好的市场交易环境，确保农民独立、平等的市场主体权益。总之，要尽快填补农民发展权益保障的各项法律空白，建立农民发展经济权益保障的法律体系，使我国农民发展中的经济权益保障，做到有法可依。

在建立健全农民发展经济权益保障法律的同时，还要加强执法和司法改革，确保各项保护农民权益的法律法规得以很好的贯彻实施，对侵犯农民权益的行为给予严厉的惩罚；农民是我国特殊的弱势群体，针对农民诉讼成本高的问题，要对农民进行司法照顾，注意降低农民的诉讼成本，完善《法律援助条例》，加强对农民的法律援助，使农民有能力依法来保护自己的合法权益，要为农民走法律维权途径创造便利。

(三) 加强对农民经济权益的倾斜性政策保护

由于农民的合法权益被长期剥夺，再加上农民自身文化素质偏低，农民没有能力依靠自身来改变经济生活处境。农民这个弱势群体的发展离不开政府的支持和帮助，政府的强有力的支持对于保护农民这个弱势群体的经济权益有着举足轻重的地位。而且，我国农民的弱势处境与计划时期国家实行的"以农补工"的牺牲农民利益发展工业的政策有很大关联。也就是说，造成我国农民如今的现状，政府有着不可推卸的责任。政府又主要是依靠政策来协调各利益群体的利益的，因此，政府更应当加大对农民、农村的保护力度，通过对农民施以倾斜性的特殊保护政策来促进农民的发展，改变农民处于社会底层的状况。

首先，加强国家对农业的支持，建立健全农业补贴制度，帮助农民发展。农民是以农业收入为主要经济来源的，农业又是我国经济发展的基础，然而，在市场经济条件下，与第二、第三产业相比，农业属于弱质产业，这导致它在市场竞争中处于劣势低位，也影响了农民市场主体地位的保障。因此，国家要在政策上给予农业帮助，保护和支持农业的发展，提高其市场竞争力，完善我国的农业补贴制度，保障农民的基础经济收益，保障农民土地产权的稳定收益。我国已初步建立了农业补贴制度，但是我国农业补贴还存在总量较低、力度不足、补贴重点不突出、补贴结构不清晰等问题。学者赵聚军等人在其发表的文章中也指出，增加农村的财政投入，尤其是增加农业的补贴是提高农民经济收入，保障农民生活水平，促进农民发展的重要途径。我国应加大农业补贴的范围，建立和完善主要农产品收购价格制度；同时鼓励农民发展绿色农业，实施"绿色补贴"政策，对不施或少施对人体有害的农药化肥的农作物给予补贴，这样可以弥补农民因种植绿色无污染产品而导致产量下降带来的损失，从而保障我国食品安全；此外，应加大对出口农产品的补贴，提高我国农产品在国际市场的竞争力。

其次，增加农村公共产品供给，实施公共财政向"三农"倾斜政策。农村公共产品的有效供给是农民经济权利和经济利益实现的有力支撑，因此，政府要加大公共财政支农力度，公共财政更多地向"三农"倾斜，让公共服务更多地进入农村、惠及农民。一是要加大对农民基础设施和公共设施的财政投入力度。农村基础设施和公共设施是农村经济发展的"硬件"，为农民经济权益的实现提供良好的平台。我国要继续加大对农村道路、农田水利水电等财政投入，着力解决好与农民生活生产相关设施的修建，拓展多渠道的财政供给制度，加快农村基础设施的完善，为农民发展生产，繁荣经济提供物质基础。二是公共财政应增加农村服务性公共产品的供给。农村服务性公共产品是农民经济权益实现的"软件"，主要指农村的教育、金融贷款政策、社会保障等，这是促进农村经济发展和保障农民经济权益的内在驱动力。国家要加大对农村九年义务教育的投入，有条件的地区逐渐普及高中教育，大力发展农村职业技术教育，加强农业科技的培养和技术顾问等；同时要完善农村的金融贷款制度，改变我国长期以来金融和财政支持偏向城市的政策，改善农村金融服务供给不足和缺失的现状，根据我国农村经济对金融需求的情况，建立多元化的农村金融服务体系，为农民创业提供良好的贷款环境等；还要完善农民的社会保障制度，使农民老有所养、病有所医，加大对农村贫困户的补助标准，扩大农村社会保障的覆盖面。[①]

二 提高农民发展经济权益保障的组织化程度

农民经济合作组织能够代表农民的利益参与市场经济活动，进行市场交易和谈判，规避农民个人在市场经济中势单力薄的风险，可以有效维护农民发展的经济利益。在农民发展的经济权益保障过程中，需要发挥各种类型农民组织作用的，需要法律体系的完善和政府的扶持。针对我国农民经济合作组织发展中所面临的困境，下面主要从完善法律体系和加大政府扶持力度两个方面来分析。

（一）完善农民经济合作组织的法律体系

纵观西方农业发达国家，农民经济组织的发展都离不开健全的法律制度做保障。例如，美国设立的《卡珀-沃尔斯泰德法》在法律层面上规定了农业合作社的具体形态，全面系统地明确了农业合作社的各项权利，这部法律被称为"美国合作社宪章"，它促进了美国农业合作社快速地发展成熟起来。由于我国的《农民专业合作社法》的适用对象只有农民专业合作社，而农民经济组织却不单单只有农民专业合作社这一种类型，因此，要尽快完善我国农民经济组织的法律体系。在制定一部全面的、综合性的农民经济组织法律的同时，再出台适用于其他各种经济组织类型的法律，明确界定他们的法人地位、发展方向、原则、权利和义务、监督管理机制等，为所有类型的农民经济组织的发展提供一个良好的法律环境，提高农民经济组织解决问题的效率。

此外，对于如何确认农民经济组织法人地位，人们在认识上还存在不一致的问题。在经济生活中，大多数人把农民经济组织当作企业法人，但是农民经济组织的成立是为了提高农民的经济收入，繁荣农村经济的，其

---

① 丁德昌：《农民经济发展权法治保障机制研究》，《长白学刊》2014年第1期。

具有"公益性"的特点，这又表明农民经济合作组织不同于一般的企业法人。国外也一般都把农民经济合作组织列为第五类法人，享受国家的经济扶持和优惠待遇。笔者认为，可以将我国的农民经济组织定义为合作法人，既区别于一般的以营利性为目的的企业法人，也区别于普通的社团法人，是一种农民在自愿基础上成立的，自主经营、共享收益，以服务其成员为目的的互助性经济组织。赋予农民经济合作组织独立的全新的法人地位，有利于确保农民经济合作组织的市场主体地位。

（二）加大政府对农民经济合作组织的扶持力度

农业发达国家农民经济合作组织的成功经验表明，政府在发展农民经济合作组织中都起着非常重要的作用，因此，我国政府也应该借鉴发达农业国家的经验，结合我国的具体情况，加大对农民经济组织的扶持力度，为农民经济合作组织的发展壮大提供一个良好的外部环境。首先，政府应该充分认识到农民经济合作组织的重要性，出台相关发展和扶持农民经济组织的政策文件及其配套措施，并对地方政府工作人员进行培训和指导，使其认识到发展农民经济组织的必要性并将政策落实到位。其次，要加强对我国农民经济合作组织的经济支持，实施税收优惠政策、财政补贴、信贷金融服务等，投资农民经济合作组织的基础设施建设，鼓励企业与农民经济合作组织合作，为农民经济合作组织多方筹集发展资金，扩大农民经济合作组织的市场，促进农民经济合作组织的壮大和繁荣。再次，要监督和规范农民经济组织的发展，对农民经济组织的发展给予指导，并建立农产品市场的信息搜集和发布网络平台，帮助农民经济组织获取充足的市场信息。复次，政府一方面可以专门对农民经济组织的管理者进行培训，提高他们的管理水平和技术知识，提高他们领导组织抵抗市场风险的能力，另一方面要对农民经济组织的作用和相关知识进行宣传活动，增加农民参加组织的积极性，提高农民成员的认同感和合作意识，并定期组织对农民的教育和技术培训，提高农民经济组织成员的素质。最后，政府在为农民经济组织创造良好的外部发展环境的同时，一定要避免强制性的行政干预，要本着农民自愿参加、自主管理的原则促进农民经济合作组织的健康发展。

三　提高农民自身发展的经济权益意识

保障农民发展的经济权益，除了国家制度、政策、立法以及组织上的完善之外，农民自身内在的素质、能力高低，直接影响着农民发展经济权益的实现程度。维护农民发展经济权益的重要前提，就要不断增强农民发展的权利意识和维权能力，就要促使农民发展的权利脱贫。这就必须增强农民发展的主体意识、权利意识和法律意识，其核心是提高农民的素质和能力。

（一）提高农民法律维权意识

提高农民的维权意识，主要是指提高农民的法律维权意识。国家仅仅建立健全农民经济权益保障的法律制度，还不能完全保障农民发展的经济权益。这正如列宁所说，如果"写上100个法令就可以改变农民的全部生活，那我们就是十足的傻瓜"①。因此，要解决农民发展经济权益受损的状况，不但要依靠法律法规的完善，更要培养农民发展的法律意识。

分析农民缺乏法律维权意识的一个重要原因，很大程度上是由于农民的文化素质偏低，对权利缺乏有效认知，当自己的权利被侵犯的时候，自己还不知道。因此，要塑造农民发展的主体意识、权利意识和国家主人翁意识，首先就要加强农民的文化素质教育，进一步加强对农村地区基础教育条件和基础设施改善的投入。例如，在农村提供公共图书馆、互联网建设等能使农民进行良好信息交流、获取知识、接收新事物的平台，不断提升农民的文化素质水平和获取知识的能力，使其价值观念和思维方式不断更新，让农民充分了解到国家现有的政策法规，了解土地征收、宅基地置换和农民工进城就业中国家的有关规定，知道自己应该享有的权利等。

对于当前农民法律意识淡薄的问题，还应加强在农村的普法教育。例如，多开展"法律进乡村"之类的活动，在农村进行法制宣传、法制信息、法制文艺、法制服务、讲解国家政策等工作，加强法制教育基础设施建设，增加农民教育和法律宣传经费，把农民的法制宣传教育纳入农村公共服务。同时，发动和鼓励社会各团体到农村进行普法宣传教育活动和为农民提供法律援助，让农民知法、懂法、依法、用法，树立农民的法律意识，通过法律来维护自己的权益。例如，国家在土地征收和宅基地置换中，地方政府应从保护农民的财产权益角度出发，做好土地征收和宅基地置换相关政策法规的宣传工作，就农民享有的权益以及利益得失问题多和农民沟通，使农民在提高维权意识并能依法理性维权的同时，理解或者支

---

① 《列宁选集》第3卷，人民出版社1995年版，第783页。

持国家和政府的决策工作。

此外,还要强化农民的维权意识,让农民克服长期形成的"畏官怕官"心理阴影。政府和司法部门可以在全国范围内树立农民通过自身努力运用法律武器成功维护自己的合法经济权益的典范并加以宣传,促使农民权利意识的萌发与觉醒,改变农民逆来顺受的思想,使农民越来越重视个人利益,让广大农民认识到并敢于尝试拿起法律武器去维护自己的合法权利,争取自己的经济利益。[①]

(二) 提高农民的科技文化水平

劳动者的科学文化素质和技术水平的高低,影响着其谋生方式和生活富裕程度,农民科技水平程度与农民享有经济权益程度也有很大的关系。但目前我国农民和市民的科技文化水平差距还比较大,要保障农民发展的经济权益,党和政府必须重视农民的文化教育和技能培训,增强农民自我保护的能力。

对于我国农民长期科技文化水平低下的现状,短时间内提高农民的素质,增长农民的才能也是不现实的。这需要我们在认识到农村正规教育和职业教育落后于城市、农民工技能培训不健全的问题的基础上,根据国情,结合我国经济社会各方面发展的实际,统筹协调国家各发展战略目标,把提高农民的素质和技能规划成一个长期的、动态的过程,对农民进行大规模、多层次、多种类、高质量的素质教育和技能培训,这应该是一项长期而艰巨的系统工程。[②]

首先,要将提高农民的教育水平当作一个重要的发展战略来对待,加大对农民教育经费的投入,规范农村九年义务教育的学科机构,提高农村的办学水平和办学质量,加强农村的师资队伍建设,培养全面发展的农民。

其次,应提高农民的农业技术水平,发展农业技术教育。针对那些初高中毕业未上大学的留家青年或在家务农的中年农民,国家应发展农业职业技术学校或者在农村举办农业技能教育培训班,开展新型农民培训工程,加大对科技农业的经费投入,规范管理程序,不断完善农业科技培训的服务体系,让农民成为农业技术人才,提高农业的科技贡献率,提高农

---

① 张等文、陈佳:《城乡二元结构下农民的权利贫困及其救济》,《东北师大学报》(哲学社会科学版) 2014 年第 3 期。

② 高君:《中国农民发展理论研究》,人民出版社 2016 年版,第 272 页。

产品的市场竞争力。

　　此外，我国大量农民工因为没有文化、没有一技之长而致使就业权益遭侵害的问题已成为社会焦点，构建多层次、全方位的农民工职业技能培训体系是解决农民工就业问题的关键。而且据调查显示，我国有17%的农民工有技术，有75%的农民工有要求进行技能培训的强烈愿望，希望学得一技之长可以做有技术含量的工作，只有8%的农民工没有考虑过。因此，我们要把做好对农民工的职业技能培训提上国家日程。要以各级政府为主导，调动全社会各个方面的力量，制定农民工培训政策，鼓励和组织企业和培训机构有计划地开展对农民的技术培训。提高培养一批批有素养、懂技术农民工，既能有效促进农村剩余劳动力顺利转移，也能促使农民工就业权益受损问题逐渐得到改善。

第四章

农民发展的政治权益保障

我国作为一个农村人口占总人口较大比例的农业大国，这一基本国情决定了农业农村农民问题始终是党和国家在不同历史发展阶段，都需要解决好的一个带有全局性、根本性、战略性的重中之重的问题。对于如何看待农民问题，可以有很多理解。在笔者看来，农民问题是我国由传统农业社会向现代工业社会转型过程中，所遇到的诸多问题在农民身上的反映。农民问题也是具有历史性的，随着我国经济社会的快速发展，在农民生存问题基本得到解决的基础上，农民发展问题显得越来越突出，如何保障农民发展的各项权益也就显得越来越重要，而在各项权益的保障中，农民发展的政治权益保障又具有重要的地位。

第一节 农民发展政治权益保障的重要作用

农民发展的权益主要包括农民发展的经济权益、农民发展的政治权益、农民发展的文化权益、农民发展的社会权益及农民发展的环境权益等方面的权益，农民发展的政治权益是农民发展过程中依照宪法规定的政治权利而享有的利益。政治是经济、文化以及社会等各个方面发展的前提和基础，政治权益保障作为其他各项权益保障的前提和基础，在推进农民发展过程中具有重要作用。

一 农民政治权益保障是农民发展的题中之义

促进农民自由全面发展，是实现我国现代化的重要内容，也是我国现阶段解决"三农"问题的关键。农民政治权益保障与农民发展之间相互依存，相互促进。农民权益保障包含着丰富的内容，围绕农民这一群体，涉及农民的方方面面。表现在参与经济活动方面的经济权益保障，在社会生活中包含社保、教育等需求在内的社会权益保障以及寻求自身精神层面发展和自身生活环境方面改善的文化权益保障和环境权益保障，等等。保障农民发展的政治权益，有利于提高农民本质力量、增强农民主体意识、提升农民需求意识，对农民发展具有推动作用，同时也是农民发展的重要内容。

农民发展是农民的本质力量和本质关系的发展。农民是农民发展的主体，也是维护自身权益的主体。所以，从主体上看，农民发展的主体与农民政治权益的主体是一致的，都是农民自己。农民发展状况对农民政治权益维护有着重要影响，同样，农民政治权益保障程度也直接影响着农民发展的水平。保障农民发展的政治权益，有助于为农民发展提供一个良好的外部环境与制度保障，只有农民实现了对自身政治权益的维护，政治主体地位得以保障，农民才有底气以一个真正公民的身份去进行政治活动和政治参与，才能实现其自身的全面发展。由此可见，农民政治权益保障与农民发展彼此相互作用、相互促进，具有内在的一致性。

二 农民政治权益保障是农民发展的前提条件

从农民发展的内在本质上看，农民发展是指农民劳动能力的发展、农民需要的发展、农民主体意识的发展以及农民社会交往的发展等。从农民发展的外在表现上看，农民发展体现在农民经济的发展、农民政治的发展、农民文化的发展以及农民社会的发展等各个方面的全面发展。所以，只有从内在本质上到外在表现上共同推进农民发展，才能切实实现农民自由全面高质量的发展。

确保农民发展的政治权益，是推进农民自由全面发展的基础和前提。就一般意义而言，农民作为公民所应享有的政治权益并不因其职业特殊性而带有特殊性。但由于历史原因和特殊国情，新中国成立初期，国家选择了一条特殊的工业化道路，工业化的积累基本上源于农业，因此形成了较长时期的"城乡二元结构"。而随着城乡统筹发展，农村城镇化与工业化的深入推进，原有的地缘关系与区域界限被彻底打破，各种利益关系的错综复杂使农民发展的政治权益呈现出自身的特殊性。而城乡一体化的加速发展又加剧了多元利益博弈的复杂性，农民对权益的需求显得更加突出。事实上，农民发展的经济权益、文化权益、社会权益和环境权益的保障有赖于政治权益的实现。因此，农民发展的政治权益呈现出前提性与基础性的特征。如果没有农民发展的政治权益保障这一前提和基础，离开了政治权益的保障和政策的支持，农民就没有参与国家经济社会发展的资格和机会，当然就很难发展。同时，保障农民发展的政治权益，不仅是我国在改革攻坚时期要完成的目标，也是实现社会主义新农村建设和当前实施乡村振兴战略的一项重要内容。

确保农民发展的政治权益，不仅需要政府制定政策和法规来进行制度上的保障，还需要加大对农民的教育力度来提高农民的综合素质。只有农民自身发展的能力和素质得以提升，农民才能更广泛地参与政治、经济、文化等方面的建设，维护自身权益。可见，提高农民自身内在的能力和素质，加强外在的制度政策保障，是保障农民发展政治权益的重要途径。

三　农民政治权益保障是农民发展的核心内容

人的发展就是人的本质力量和本质关系的发展。所谓本质力量就是主体的能力，是人所特有的认识、控制和改造自己、改造社会的能力，是实践发展在人的生理和心理上的积淀，是人的智力和体力的总和；人的本质关系是指人所具有的现实的社会关系，包括人们在实践中所形成的对象性关系，主体和客体的关系以及主体能力得以实现的社会形式和交往形式。[①]

对于农民发展本质内涵的理解，从农民作为人所具有的一般本质来讲，主要包含农民需要的发展、农民劳动能力的发展、农民现代意识的发展以及农民社会交往的发展。由于农民在不同的发展阶段对需要的侧重点不同，即农民的需要是有层次的，从低级到高级分别为生存需要、安全需要、致富需要、精神需要、民主权利需要和个性发展需要。

保障农民发展的政治权益，有利于实现农民的民主权利的需要，最终上升到个性发展的需要，是农民发展的重要环节和重要内容，它为农民真正自由全面高质量发展，提供了可能性。比如，选举权作为农民可以参与政治事务的一个项重要权利，农民通过利用这一项权利实现自己国家主人翁的地位，而且维护好这一项权利，也是实现其他政治权益的前提和基

---

① 李克强：《农民收入、农民发展与公共产品供给研究》，中国社会科学出版社2010年版，第75页。

础。保障农民享有平等的选举权，就是在维护农民发展。保障农民发展的政治权益，有利于扩大农民的社会交往、提高农民的自身素质、增强农民的主体意识，使之真正成为具有政治民主意识的现代人，融入社会，扩大自身社会交往的范围、实现自身的现代化发展。

保障农民发展的政治权益，还有利于农民其他的各项权益保障的实现。因为农民发展的本质，就是农民发展中的各项权益得以实现的过程。保障农民发展政治权益实现的过程，就是保障农民发展的各项政治制度的制定和落实的过程。农民要实现自由全面发展，必须要有制度政策上的保障，这是实现其他权益保障的基础和前提。从实践上看，在城乡一体化发展过程中，频频出现农民发展的权益受损且无法及时有效得到解决的事实，归根结底还是农民发展的政治权益没有得到切实保障。因为农民发展的经济权益、社会权益、文化权益、环境权益保障和实现，从根本上看，还是取决于与农民发展相关的政治权益的保障和实现。所以，保障农民发展的政治权益在保障农民发展的各项权益中具有核心地位和作用。只有真正保障农民发展的政治权益，才能更好地促进农民发展。这"对于我国政治平等的建构和公民基本权利的落实都有重要意义"[1]。

第二节 农民发展政治权益保障现状与问题

实现和保护农民发展的政治权益，是解决农业、农村、农民发展问题的关键。在农民发展的各项权益保障体系中，农民发展的政治权益保障居于主导地位。虽然在城乡一体化进程中，随着我国政治体制的深化，我国农民发展的政治权益保障得到了一定的发展，取得了一定的成效。但是，相对比其他的社会群体和阶层，不论是从组织程度还是从发展现状来看，农民更多地处于被动地位，在维护自身政治权益中处于劣势。而且较长时期以来，农民发展的政治权益没有得到很好的保障，甚至还常常出现被侵犯的情况。因此，研究农民发展政治权益保障现状，并揭示存在的问题就显得异常重要，以利于提出相应的保障对策和建议。

---

[1] 张尤佳、王太金：《"同票同权"：农民平等选举权的有效实现》，《社会科学辑刊》2010年第2期。

一 农民发展政治权益保障的积极变化

在城乡一体化发展的宏观背景下,我国农村社会的政治制度正在发生深刻的结构性变化,以农民选举和自治为核心内容的农村基层民主改革与实践,已经取得了明显的积极成果。

(一) 农民的选举权与被选举权得到了保障

从农民选举权与被选举权保障情况看,目前,选举权和被选举权已经成为农民最为熟悉和认同的政治权益。据调查资料显示,认为选举权与被选举权是农民当家做主形式重要体现的比例高达76.42%,远远高于其他选项。这一方面充分说明了该项权利在当家做主的形式中居于首要地位,是农民当家做主形式的集中反映,另一方面也反映出当下基层选举的普及程度较高,农民对选举权与被选举权的了解与熟悉程度较高。[①] 而且农民选举意识也普遍较高,选举威胁现象日趋减少,指定候选人已经成为农民最不满意的选举方式。

从现有的法律制度方面看,我国现阶段虽然没有通过严格的立法来保护农民的权利和利益。但是,在2003年进行修订和实施的《农业法》的第九章,通过整章的大篇幅对农民权益保护的内涵作了界定,开启了保护农民权益的第一步。这为今后建立与保护农民权益的相关法律政策,开了一个好的先例,在一定程度上有利于促进农民的发展和推进农民的政治权益的保障和实现。

从政府制定政策制度方面看,政府通过制定有利于农民发展的相关政策和制度,特别是对《村民自治条例》的完善,在一定程度上保障了农民的选举权与被选举权的实现,促进了农民政治权益的保障和实现。村民委员会作为当前村民自治的权力机关与农村政权的基层组织,在农村社会生活和经济活动中都占有重要的地位。通过相关调查了解到大部分行政村,特别是东部沿海地区的行政村,近几年的选举基本上做到了依照村民委员会组织法所规定的程序来召开选举大会。在乡镇政府和村干部对选举工作的大力宣传下,村民大都积极地参加了选举工作,并且基本上能按照自己的意志选举自己心目中的理想人选。特别是对于以前农民工选举权空

[①] 高林远、祁晓玲、黄善明、杜伟、郑涛等:《新时期中国农民权益保障问题研究》,科学出版社2017年版,第176页。

悬的问题，根据农民工的实际情况，通过实行户籍地选举与居住地选举互补的政策，确保了在外务工农民的选举权。据村民反映，近年来在选举过程中的拉票及暗箱操作等现象，相比以前已大大减少。过去由上级党委、政府包办的村级领导班子产生方式正在被逐渐淘汰，农民群众选举自己当家人的基本权利得到了初步地保障。

（二）农民基本上拥有了知情权与监督权

从农民的知情权益保障情况看，农民了解国家、政府大政方针的途径主要是广播和电视。根据调查资料显示，广播、电视等仍然是最主要的途径，报纸杂志是另一个重要领域，乡里乡亲之间的"闲聊"这一传统途径也仍然占据着比较重要的位置，仅有12.71%的被调查者选择了网络途径。而农民了解村务公开的正规途径主要是宣传栏、广播站、监督箱和通过召开村委会、村民会议或村民代表会议公开说明，通过"左邻右舍了解"仍然占有较大比例。有关农民切身利益的重大事项基本都得到了公开。其中，"农村低保、合作医疗、救灾救济、国家补贴等惠农政策的落实情况"的公开情况是最好的。农村村务公开事项大都做到了一定时间内予以更新，较好地实现了村务公开的及时性。对于农民工而言，其户籍所在村的村委会决议的知悉情况也比较好，他们的知情权主要是通过村委会告知得以实现的。[①]

对于国家大政方针，乡镇领导和新干部大体上能够根据所管辖地区的农村实际状况，利用合适的宣传媒体以及政治学习材料进行政治宣传，确保党和国家的相关政策和法规能被农民所知晓、理解和接受。特别是利用电视这个主要阵地。在实际调查中了解到，在大部分行政村，接近80%的村民都有长期收看中央电视台《新闻联播》《今日说法》以及《焦点访谈》栏目的习惯。由此可见，大部分村民对国家大事十分关注。特别是在"两会"期间，村民的积极性更加高涨。村民聚集在一起讨论每日两会代表发言，对与农民生活息息相关的教育、医疗保险、农业补贴以及政治体制改革等问题的讨论更加激烈，在乡村随处可见。加之，村委村干部积极组织农民进行政治学习和政治常识的了解，加大了基层民主政治的透明度。有的地方也通过广播、手机等方式宣传相关的"三农"政策，加

[①] 高林远、祁晓玲、黄善明、杜伟、郑涛等：《新时期中国农民权益保障问题研究》，科学出版社2017年版，第181页。

强农民政治学习、提高农民政治素养。

从农民的监督权益保障情况看,在城乡一体化进程中,农民政治监督意识普遍有所提高,多数农民基本了解作为一名国家公民享有的监督权利内容。因为,农村村务信息、公共信息的公开及公开程度是农村村民民主监督的关键性前提。[①] 所以,在监督内容上,农村普遍建立了村务信息公开制度。农村村民委员会作为农民选举产生的农民自治与村级权力机关,大体上能遵循为村民服务、对村民负责、受村民监督的原则。很大一部分行政村的村民委员坚持执行每季度向全体村民公布一次村务,公布内容包括与农民息息相关的一些工作进展状况,诸如计划生育落实情况、乡村教育发展现状、村级财务状况、乡村发展规划以及乡村治安环保工作状况等全村的大小事务,而且村民委员会的干部还必须在年终时向全村群众代表大会作述职报告。通过以上措施,这些行政村的农民基本上实现了对村级行政组织的监督,拥有了村务管理的知情权和监督权,在一定程度上参与到了农村政治生活。

(三) 农民行使政治参与及决定权的积极性较高

从农民政治参与及决定权保障情况看,农民参与及决定公共事务的积极性得到了明显加强,在城乡一体化发展进程中,农民政治参与的主观积极性较高,特别是在涉及农民切身利益的重大事项上。调查表明,有接近1/2的被调查者表明曾经参与决策过与本村村民利益直接相关的重大事项,应该说,农民参与及决定权益的实现已经得到了较大改善。而且,大多数农民主要希望通过主动参与的方式来行使政治参与及决定权。调查显示,有55.13%的被调查者希望通过主动的方式来行使政治参与和决定权,高达29.02%的被调查者希望村委会能主动认真听取自己的意见。调查还发现,多数农民工表达出了很强烈的权益意识,希望

---

① 根据《村民委员会组织法》第30条规定:"村民委员会实行村务公开制度。村民委员会应当及时公布下列事项,接受村民监督: (一) 本法第二十三条、第二十四条规定的由村民会议、村民代表会议讨论决定的事项及其实施情况; (二) 国家计划生育政策的落实方案; (三) 政府拨付和接受社会捐赠的救灾救助、补贴补助等资金、物资的管理情况; (四) 村民委员会协助人民政府开展工作情况; (五) 涉及本村村民利益,村民普遍关心的其他事项。前款规定事项中,一般事项至少每季度公布一次;集体财务往来较多的,财务收支情况应当每月公布一次;涉及村民利益的重大事项应当随时公布。村民委员会应当保证所公布事项的真实性,并接受村民监督。"

参与决定社区公共事务，可见农民工政治参与及决定权行使的积极性也较高。①

二 农民发展政治权益保障的主要问题

（一）农民平等选举权实现得不够充分

在《选举法》修改前，我国城乡居民选举权存在着不平等的情况。人民代表大会制度是我国的根本政治制度，保证城市居民和乡村农民具有平等的选举权是民主政治体制的要求。在法律面前一律平等的中华人民共和国任何公民，都有行使他们权利的自由，这一点在当前我国宪法中一直都有非常明确的规定。但作为农民行使其权利的主要途径——参与各级人民代表大会的活动，却受到了《选举法》的限制。在旧的《选举法》中规定：在选举全国人大代表和地方各级人大代表时，农村每一个代表所代表的人口数与城市每一个代表所代表的人口数比例为4∶1，可见，农民的选举权还没有得到充分保障。

新《选举法》正式删除了农民在选举权上的"四分之一"条款，实现了城乡按相同人口比例选举人大代表，即实现了城乡居民选举人大代表"同权同票"。同时，"它贯彻了这样三个原则——人人平等、地区平等和民族平等；'三个平等'中城乡同比例选举最受公众瞩目，民族平等是再次重申，而地区平等可以说是首次明确"②。由此表明，农民选举权的平等将会成为法定权利，标志着我国民主法治的重大进步。然而，如何使这种法定的权利转化为实然的权利，使这种平等选举权有效实现却是现实中亟待解决的问题。③ 毕竟这还涉及农民的素质、意识以及选举法的程序等各个因素，所以，这种长期以来的政治权利不充分仍是现阶段分析农民发展政治权益保障问题必须考虑的一个问题。

随着新《选举法》的颁布实施，在有些方面也不同程度地出现了些问题，主要表现在以下方面：第一，农村选民参选率不够高。由于外出务

---

① 高林远、祁晓玲、黄善明、杜伟、郑涛等：《新时期中国农民权益保障问题研究》，科学出版社2017年版，第186页。

② 赵红艳：《论中原经济区建设中农民政治权益的保护——以选举法的修改和实施为视角》，《新乡学院学报》（社会科学版）2012年第6期。

③ 邵欢：《论"同票同权"背景下农民平等选举权的有效实现》，《湖南警察学院学报》2011年第6期。

工或经商,越来越多的农民不再长期定居在农村地区,使选民登记和组织选举更加困难。目前,农村选民接受政府管理的意识淡薄。有些人认为选举代表和他们的关系不大,因此热情不高、不太愿意参与、积极性较低。许多农村地区的农民工随意性、流动性大,居住地点不固定,导致人户分离现象突出,容易产生重登、错登、漏登等现象,导致选民最后错过选举。一些外出选民,即使与他们已经取得联系,告知选举的消息,但是出于各种经济成本方面的考虑,往往选择放弃行使选举权。

第二,农村选举委托投票问题突出。农村地区,大多数外出打工者采取委托投票。为了确保选民达到一半以上的法律要求,一些地方放宽了对委托投票的限制,导致了很多问题。一是只有小部分选民依法向家人或朋友提供了书面委托书;而大部分的选民,由于自身文化水平和其他原因,更多的是通过打电话、发短信、微信等手段委托在农村的亲朋好友来行使投票权。对于参加选举的候选人,不了解、不关心,甚至连姓名和人都对不上号,就盲目让别人代自己行使了选举的权利。这表明,农民的选举意识还有待提高,个别制约农民选举的因素在局部领域仍然较为突出。二是一人代投多票的现象还较普遍。据相关研究表明,通过对所在居住地相邻的几个村庄在选举期间进行了访问。发现有一些家庭,尤其是那些外出务工人数较多的家庭和家族,这种现象就更加的普遍。甚至有些在没有提供任何正规书面委托书的情况下,一个人代替整个家庭的人以及亲朋好友进行了投票选举。

由此可见,选举权"同票同权"的公平改革只是起点,并没有终结这一问题。农民能否选择出心仪的代表以及所选择的代表能否有效履行宪法赋予的代表职责,真正代表农民的利益才是问题的根本。因此想要真正落实农民的平等选举权,仍有许多问题亟待解决。

(二) 农民政治表达权依然受到约束

权益表达是指一定的阶层或集团为实现和保护自身权益,向社会及有关部门作出的反映、宣示与行动。其目的是通过国家、政府及社会达到保护和增进自身的权益。在我国农村大部分地区,由于仍然受到人情礼法至上这一传统思想的影响,加之农村教育的发展相对滞后,大部分农民的公民意识薄弱、参政能力低下、民主法治观念淡漠,社会责任意识并未真正树立起来,使农民政治权益表达权的实现,仍然受到各种因素的制约。制约因素有多个方面。在我国,这种约束突出地表现在农民政治权益表达渠

道的不通畅上。具体表现为:

第一,农民无法有效地进行权益表达。在我国的农村地区,这种现象非常普遍。一些地区部分基层干部、乡镇领导的"官"派十足,为民服务意识淡薄,使干群关系紧张、严重脱离群众;有些领导干部办事不讲求民主,财务、政务均不公开,公然违法行政;有的干部则习惯发号政令,不考虑实际情况、忽视群众意见,导致群众不理解、抵触情绪大,等等,必然导致政府工作难以推行。大多数领导干部自我意识比较重,对于来自农民的那些批评建议厌恶,不愿与农民有直接的交流。大多数情况下对农民反映的问题也毫不关心,特别是对农民反映上来的一些针对其工作、态度的意见、批评,都被视为损害领导和政府部门形象、破坏社会安定和谐。在这种情况下,根本不可能很好地解决农民的问题,对农民的各种权益诉求一般采取漠视的态度,对农民反映的问题总是推诿、不予理睬,最后通过拖延时间、不了了之。所以,农民权益表达在基层往往都是表达多,回应少,许多正当的权益表达得不到有效的反馈。同样每当有群众被迫选择上访的时候,基层干部又开始了千方百计围追堵截。通过利用地方检察公安势力,对正常上访的农民施加压力。甚至将这种上访视为破坏社会和谐和稳定的行为,进行严厉的打击和报复。这就直接堵塞了农民权益表达的渠道。

第二,农民不愿到政府相关部门进行自身的权益表达。这一点更多地表现在相对贫困、落后的农村地区。在这些地区的农民文化素质相对农民的普遍水平更加低。再加之经济不发达、文化教育跟不上,使情况更加严重。特别是我国部分地区的农村学校管理相对松弛,师资水平整体较低,乡村教育基础设施覆盖面不足等问题的存在,加剧了城乡教育两极分化的发展趋势,这就导致了农民思想保守愚昧。由于这些客观原因,农民几乎接触不到与自己生活息息相关的法律知识。使之对法律知识相当生疏,无法通过自己来进行法律诉求。同样由于经济困乏的原因,使农民通过成本过高的司法程序来维护自身权利的希望变得更加渺小。至此,农民也就经常被拒之在法律以及利益维护的门外。所以,每当出现农民权益受损的时候,农民考虑到实际的情况,不愿到有关部门表达和反映自己的意见。只能选择忍气吞声、继续徘徊在生存发展都得不到保护的法律和政策边缘。这也就是近年来农民个体上访、集体上访,甚至以集体行动抗议等非制度化表达频频出现的原因。

（三）农民政治监督权依然受制约

在村民自治制度写入1982年宪法后，1987年颁布的《中华人民共和国村民委员会组织法（试行）》和1998年正式颁布的《中华人民共和国村民委员会组织法》将民主监督作为村民的一项重要权利正式确定下来。可是，我们在调查中发现，有52%的被调查农民认为农民政治权益不包括政治监督权。可见，农民的民主监督与政治监督权意识不强。大多数农民受到现实利益的驱动，他们认为行使政治权利、政治监督是别人的事，"事不关己，高高挂起"的思想和行为，助长了乡村治理中公共权力的滥用，导致了乡村腐败。还有大部分农民认为，"个人财力，精力所限"，阻碍了自己参与政治意愿权的表达。这表明，经济因素对农民政治监督权益的实现有着主要的制约作用。

从监督的内容上看，法律的规定与现实的执行情况，差距还是比较大的。农村村务信息获取的渠道不畅通、不真实、不及时，导致农民无法知道所要监督的村务信息，或者知道了也只是过了时的信息，农民因此很难有效、及时地行使民主监督权，进而影响村民自治中民主监督权利的发挥。

从监督的对象上看，村"两委"职权不明晰，阻碍着村民行使监督权。村民委员会与村支部委员会的关系一直是农村基层民主建设中的一个焦点问题。调查显示，村两委会实际控制村里大大小小事物的决策权，村民的民主监督环节被弱化。相当多的村民委员会被异化为基层人民民主的下属机构与执行工具，缺少独立与自主性。村委会主任听村支书的，村支书听乡党委乡政府的现象普遍存在，使村委会已经演变为国家行使权力链条的一环。[1]

（四）农民政治参与权实现程度依然不高

现阶段农民政治参与权还存在一定程度的缺失，这是农民政治权益缺失的主要方面和核心问题之一。政治参与是农民表达自身利益诉求、实现政治权利的重要途径。政治参与权是保障农民政治权利得以真正有效实施和维护的制度保证。只有真正确保农民的政治参与得以实现，农民的选举权和被选举权才有可能真正实现。政治参与"是普通公民（非职业政治

---

[1] 高林远、祁晓玲、黄善明、杜伟、郑涛等：《新时期中国农民权益保障问题研究》，科学出版社2017年版，第190页。

人士）参与制定、通过或贯彻公众的权利"①。即农民通过各种合法方式参加政治生活，并影响政治体系的构成、运行方式、运行规则和政策过程的行为，是农民试图影响政府决策的活动。它主要表现为被选举权，担任国家的相关公职。但是，"享有被选举权的权利主体资格往往要比享有选举权的权利主体资格更加严格，这是因为选举权通常仅仅涉及公民个人的政治表达，而被选举权不仅需要享有权利的主体能够自由地表达自己的政治主张，而且还要能够依据宪法和法律行使一定管理职权，具备必要的管理素质"②。

由于农民的素质问题，农民的被选举权基本缺失，这就意味着占全国人口 3/4 的农民不能直接参与国家和社会的管理活动，不能有效表达自己的意愿。由此可见，他们只是现实政治的被动接受者，而不是现实政治的积极参与者，这就造成了很多不利于农民发展和明显损害农民利益的政策制度得以通过并执行。这也是农民问题长期得不到重视，出现问题不能及时、很好解决的一个重要原因。

农民的政治参与受损主要体现在：一是参与范围狭窄。农民在政治参与中经常参与政治的人数不多、范围不广。二是参与度不高。只限于社区参与，涉及的公共资源分配层次较低，超过这个层次，政治参与便会被局限于很小的范围。而且参与的角色主要是个体参与，而非组织参与和团体参与，甚至还没有进入现代政治参与的层次。美国著名政治学家亨廷顿指出："政治现代化最基本的方面是整个社会的各种社会集团在村镇以上层次参政，以及发展为诸政党那样的新的政治体制以组织参政。"③ 三是参与的内容单一。基本上是问题性参与和手段性参与。只有当农民与他人或与政府工作人员发生利益纠纷，出现矛盾和问题，一时又得不到解决的时候，农民的政治参与才得以重视。加之"城镇化的进程使大量农民进入了社区，不仅生产方式和生活方式有了很大变化，而且原有组织结构和治理模式都要发生巨大变化，必须推进新型农村社区建设中配套进行相关的

---

① 杨光斌：《政治学导论》，中国人民大学出版社 2000 年版，第 311 页。
② 宫敏燕、门忠民：《论新农村建设背景下农民权益的保障》，《西北农林科技大学学报》（社会科学版）2011 年第 5 期。
③ 转引自李培文《农民身份转化对中国政治发展的影响分析》，《西北农林科技大学学报》（社会科学版）2001 年第 2 期。

制度改革"①。所以，必须要重视农民的政治参与权，否则将会导致农民在国家政治资源、利益分配和制度安排上处于不利的位置。

总体看来，农民发展的政治权益还面临着基层民主不完善、政治利益表达滞后以及政治参与意识较低等问题。农民在国家权力机关中所占的分量较轻，农民的意志、愿望也很难得到充分的表达。在基层政治生活中，农民主要通过村民大会、村民代表大会来表达自己的意志和利益，然而，他们向上表达的常规渠道却大都由于体制性的缺陷被堵塞了。解决这些问题需要进一步加大对农民的扶持力度，加快政府职能的转变，加大政府监管力度，改善农村治理环境，促使农村治理有效。同时，促进农民不断地学习、开阔眼界，改变自身狭隘的意识，实现现代意识和民主法治意识的觉醒，进而提高农民的政治参与意识。

第三节 农民发展政治权益保障问题的原因

保障农民发展的政治权益，是我国现代化进程中不容忽视的内容，健全公平的保障机制，能够维护和激发农民的政治积极性，从而为国家的长治久安奠定良好的社会基础。众所周知，新中国成立以来，党和国家非常重视农村基层民主政治建设，采取了许多措施来提高农民政治地位，扩大农民政治权利，农民发展的政治权益保障取得了积极成效，但目前仍存在一些不容忽视的问题。分析农民发展政治权益保障问题的原因，既有客观的历史原因，也有农民自身的政治权益意识缺乏、利益诉求不足等主观原因。只有全面深入分析问题的原因，才能做到对症下药，真正保障好农民发展的政治权益，实现农民自由全面发展。

一 农民发展政治权益保障的制度性因素

由过去的集权体制向民主自治体制转轨过程中，基层民主政治制度受到了来自内部、外部等各个方面条件的制约，这导致了基层民主制度发展还不够完善，进而影响了农民发展的政治权益保障。

（一）村民自治制度区域发展不平衡的影响

随着村民自治在全国各地农村的普遍实践，村民自治精神日益深入民

---

① 郭委：《刍议"三化"协调发展背景下农民权益保护》，《农业经济》2014年第2期。

心，民主选举、村务公开、民主监督等制度开始成为村民治理农村的根本制度。然而，由于各地的经济发展水平不同，历史文化传统各异，农村村民自治制度建设发展呈现出地域发展程度不平衡的态势。还有的基层领导干部高度集中意识和官僚主义作风依然严重，对农民政治活动强制干预。利用村委会这个平台，直接指示村干部执行命令，甚至与村干部勾结起来操纵乡村民主选举。这些行为的存在，暴露了现阶段所实行的基层民主制度还不够完善，抑制了农民政治参与的积极性。

有的村务公开在内容上要么过于笼统、含糊其辞，要么不够全面、淡化重点，缺少村民关心的实质性内容；在形式上过于单一，只注重在墙上公布，而不注重定期召开村民会议等有效途径的使用。有的农村制定了较为详细的村规民约和村民自治章程；而有的农村不但根本没有，也不进行村务公开；还有的农村存在重制定、轻执行的现象等等。这些基层民主制度的不完善及操作上的不规范，影响了农民发展权益保障的有效实现。

（二）农民政治权益保障法律制度体系缺乏的影响

在支撑现阶段我国的法律体系中，缺乏系统、专门的保障农民政治权益的法律法规。在很多情况下，当农民发展的政治权益被侵害时，由于缺乏相应的法律条文来保护，以至于农民在维护自身政治权益的时候，常常面临无法可依的窘境。很多问题都只是单纯地依靠地方政府的政策命令去解决，这就出现了一些地方政府侵犯农民权益的现象。同时，现行的一些相关法律还存在有自相矛盾，彼此之间也没有形成一个相对完整、严谨、有层次的体系，这就难免导致执法和司法部门不能及时有效地解决农民权益被侵害的问题。[1]

在2003年修订实施的《农业法》，对"农民权益保护"作了界定，开启了保护农民权益的第一步。但是，现阶段农业、农村和农民问题都出现了很多新的变化与新的情况。有些法规政策在农民的权利与义务的规定上还比较模糊，对基层政府约束力不强，这就使基层政府工作人员随意性空间扩大，地方政府权力可以轻易地侵犯农民权利。特别是在城乡一体化加快发展、农民现代化发展的重要阶段，伴随着农民居住地域的变迁和农民身份的变化以及在民主观念、权利意识等方面的觉醒，党和政府要立足

---

[1] 刘利平、任珊：《新型城镇化建设中农民权益保障问题初探》，《盐城师范学院学报》（人文社会科学版）2014年第6期。

于新情况新发展，通过政治权益的切实维护来回应农民日益高涨的政治权益诉求。

现行法律的规定有的过于陈旧，对于新的具有典型性侵害农民权益的问题不再具有针对性和普适性。特别是与农民自身发展密切相关的一些法规条例，如《农村土地承包法》《村委会组织法》等现有法律法规已不适应新型城镇化背景下对农民权益的保护，随着时代的变化亟须作出相应的修改。这就要求政策制定者对现行政策实施的过程中出现的问题进行反思，重新修订相关的法律法规。值得注意的是，在城乡一体化不断推进的情况下，国家应该制定一部专门保护农民权益的《农民法》或者《农民政治权益保护法》，可以更好地为保护农民发展的政治权益提供法律和制度保障。

二　农民发展政治权益保障的规范性因素

（一）基层民主内容不真实的影响

由集权体制转向民主自治体制，是我国农村基层政治制度的重大变革，然而在各方因素的作用下，农民发展的政治权益保障受到一定程度的影响。比如，在一些农村所谓的"民主选举"中，为了保证当选，一些人不惜采取不正当的手段来操纵选举，干预民主选举来保住既得利益，这样就会严重打压农民参政的积极性。再比如，在农村的政务公开上，农民真正关心的问题并没有具体、细致地传达出来，村民会议的召开也不够及时。信息的不对称和信息的不全面不真实，必然影响农民发展政治权益的实现。

在农民发展过程中，其政治权益还不时遭受到基层政治权力的侵害。比如，对不停上访、想要反映问题的农民群众态度冷淡、恶言威胁，更严重的还会出现使用暴力来逼迫农民放弃自己政治权益的现象。这些行为都损害了农民政治权益的正当行使，基层政权与农民也渐行渐远。

在基层民主管理方面，有的村还没有制定适合本村村民的规章制度和村民自治的章程；有的即使是有，往往存在内容宽泛、单一等问题，很难按章办事，这也给了一些村干部不进行民主管理的理由，导致很少有村干部和村民按照章程进行民主管理。

（二）基层民主程序不规范的影响

无规矩不成方圆。在乡村选举的过程中，严格遵循选举法的法定程序是实现农民平等选举权的重要步骤。选举程序的法定性及规范性让选举工作有章可循，将有助于广大农民行使选举权利选出自己满意的代表。有学者认为从候选人的产生、候选人和选民的沟通，到选区的划分和代表名额分配、选民投票、选票的计算以及选举争议的处理，哪怕是最草根的选举也涉及诸多环节，而任何一个环节出错，都可能使选举成为摆设。同比例选举只是解决了代表名额分配的城乡比重问题，还不足以保证整个选举的实际质量。

由此可见，选举程序的规范性非常重要。但是，纵观城乡一体化的进程中，在乡村选举程序上也确实暴露出了许多问题。比如在广大的乡村地区，对于选区的划分上存在着不平等、不符合实际；对于候选人的提名、确定正式代表候选人以及如何对候选人进行平等、真实地宣传介绍都存在着一些棘手的问题。甚至在部分的选举过程中，不严格执行选举法的程序，存在着不实行秘密写票；没有严格遵循当众开启票箱、验票、唱票、计票的流程，而是采取事后公开的形式来公布选举结果的一些不符合选举程序的规范性的现象，等等。这些程序的不公正和不规范，就很难让人相信选举是公正、公平的，降低了选举这一神圣权力的可信度，使农民认为即使参加选举也没有意义，制约了农民参加选举的积极性。同时，正是由于选举程序的以及前期工作实际操作的原因，导致农村流动人口的选举权问题成为农民实现平等选举的一大难题、一个短板。随着城乡一体化进程的推进以及社会经济的迅速发展，城乡之间的人口流动，特别是数量庞大的农民人口向城市的流动非常普遍。我国《选举法》规定了选区划分和选民登记可以按居住状况划分，居住状况是以户籍为标准的，而流动农民大多把户口留在原籍，常年在外地居住和工作，无法在户籍所在地参加选举；尽管有新闻媒体报道有农民包车、包机回乡参加选举，但现实是由于选举成本太高，大多数在外务工的农民不愿意回乡参加选举，其选举权处于空白状态。①

农村基层民主制度的不完善、民主制度实施过程中的不到位让农民很难进行民主自治、民主监督，这就在无形当中将村民排斥在民主自治的过程之外，村民自治被严重虚化。我国农村基层民主制度不能发挥良好的作用，农民政治权益的享有也就无从谈起。因此，要改进农村民主管理制度。逐步实

---

① 熊光清：《中国流动人口选举权保障问题探析》，《江苏行政学院学报》2008年第4期。

施城乡同龄人口比例,扩大乡镇人大代表中农民的比重。按照直选原则,公平有序地加强民主选举,加强农村法律制度建设,完善农村的法律法规,加强村干部依法行政的能力,加强农业监督管理和司法保护。继续抓好农民负担的监督管理,提高村民融资方式,完善农村公益性建设机制。

三 农民发展政治权益保障的自身因素

(一) 农民政治权益意识较低的影响

农民的政治权利意识与法制理念,对农民发展的政治权益保障实现具有重要影响。比如,农民主动地、积极地参与村民选举及其他政治民主活动,使之自身利益得以表达和实现。如果农民在农村选举过程中,缺乏对选举权的热情,对非法行使选举权的行为采取漠视的态度,有着强烈的从众心态。这就在一定程度上导致了贿赂、欺诈、家族势力和其他非法行为破坏选举的现象层出不穷。在一些村庄,村民对非法剥夺自己的选举权、知情权的农村基层干部畏惧,不敢向上级乡镇政府反映,从心里默许了这一行为的存在。对有关自己和村里发展的重大事情,没有自己的判断,采取漠不关心的态度。这就是所谓的决策能力缺失的现状。有些农民即使参与进去了,也只是把目光停留在经济层面上;对与自身利益相关的政治事务不太上心,缺乏应有的主体意识。这也就导致了在我国广大的农村地区,农民的政治参与意识呈现出了发展不平衡的特征。在总体参与水平不高的情况下,处于不利地位的农民相对社会的其他阶层占有更少的国家政治资源,必然导致其政治权益保障困难重重。

一个社会阶层对国家政策的影响程度,关键取决于这个社会阶层利益表达的力度和有效性。利益表达即指一定的阶层或集团为实现自身利益和保护自身利益而向社会及有关部门作出的反应、宣示与行动,其目的是通过国家、政府及社会达到保护和增进自身的权益。改革开放以来,农民的利益要求和利益表达得到了不断的满足和实现;但是,由于多种条件的限制,特别是农民自身政治权益意识比较低的影响,使农民利益表达仍然存在明显的滞后性,进而制约了农民发展的政治权益保障。

比如,农民政治利益表达渠道单一影响农民政治权益意识。很长一段时间,农民缺乏自己的利益代表组织。农村村民的自治性组织——村民委员会和党支部,虽然是农民的治理机构,但这二者之间的矛盾和紧张关系束缚了其表达农民利益的作用。而其他的表达渠道,如妇联、共青团等群众性组织表达农民利益的作用也十分有限。加之,村干部在我国属于一个特殊群体,他们难以受到纪委和监察部门的监管;同时,村民自治的民主监督除了对村委会成员进行直接批评、建议及召开村民代表会议外,别无其他渠道。而且,当农民对村干部的一些行为不满,想通过一定方式进行表达时,很容易使农民的利益表达堵塞或表达失真。

(二) 农民经济文化水平较低的影响

从农民发展的经济水平看,我们知道,一个社会的经济基础发展的程度如何至关重要,因为经济基础直接决定这个社会上层建筑的发展状况。这也是为什么中国共产党一直强调"以经济建设为中心"的道理所在。可见,经济发展制约着政权建设的稳定性和长久性。对此,"美国政治学家亨廷顿也有论述,他认为高水平的政治参与总是与更高水平的发展相伴随。而且社会和经济更发达的社会,也趋向于赋予政治参与更高的价值"[①]。农村地区的经济发展一直受到许多限制,农民的生活水平得不到较大的提高,农民一直在温饱线上徘徊,迫于生计,农民更倾向于关注自身的收入,不愿谈及政治,也没有更多的时间和精力进行政治参与。但是,农民缺乏政治权益,不能更好地维护自身的经济发展,也不利于农村经济的增长,从而形成一个恶性循环。

从农民发展的文化水平看,由于广大农村地区受封建传统束缚,长期以来始终处于自给自足的状态,小农思想盛行,加之民主意识缺乏,民主政治参与的主动性和政治民主意识被压制,在意识形态层面也缺乏相应的自我保护。新中国成立以来,特别是改革开放40年来,我国农村教育得到了一定的发展,农民民主政治意识在提高。但是由于政策、环境、师资、人力等各种因素的综合作用,相对城市居民的教育水平,农村教育质量相对落后,农民文化素质普遍不高。一般来说,一个人的政治参与程度和水平,取决于其自身文化知识水平,这是一个正相关的关系。参与的程度越高,说明自身文化素养越高,反之亦然。据统计,我国89%的文盲、半文盲在农村,我国农民的平均受教育年限只有8.4年,比城市少了3年。拥有高中、中专文化程度的占12.4%,大专及以上文化程度仅占1.3%。农民如此低的文化水平直接影响着其民主法治观念和政治权益意识,使农民政治参与的层次和水平在一定程度上受到了影响和限制。

---

① 陈晓莉:《农民政治参与与民主政治建设》,《民政论坛》2001年第6期。

(三) 农民自组织化程度低的影响

我国农民的自组织化程度不高，没有一个将农民凝聚在一起代表其利益的共同组织，就很难利用农民群体的力量来参加利益博弈，进而影响政府的决策。当农民自己的利益被侵犯，他们通常选择忍耐或逃避。此外，由于农民的文化水平较低，法律意识和权利意识也很薄弱，这阻碍了农民更好地表达自身的权益。这在一定程度上，很容易导致农民的利益表达堵塞或者表达失真。

农民自组织化程度低，维护自身发展的政治权益能力就低。宪法赋予每个公民结社的自由民主权利。在中国超过2000多个全国性社团中，除了人数最多的农民之外其他各个社会群体、阶层都有自己的组织。虽然在我国实行基层民主制度，实行民主监督、民主执政，为农民的经济、政治活动保驾护航。但是侵害农民利益、损坏农民权利的情况仍时有发生。这时候就需要一个专门的、以农民为主体的农民组织，为农民发言、更好地维护农民的利益。然而我国没有真正代表和维护农民权益的组织。尽管农民专业合作社在农民发展的经济权益保障中发挥着一定的作用，但在保障农民发展的政治权益上发挥的作用还很有限。

正因为我国农民的组织化程度低，没有类似一个全国性组织。在实际生活和政治生活中难以形成群体力量。当他们与其他有组织的社会集团发生社会关系时，不能有效地维护自身的利益诉求，其人数众多的优势反被其组织化程度低所抵消。因此，每当农民与其他阶层、集团发生利益冲突的时候，农民经常处于不利的地位。农民不仅自组织化程度低，农民可依托的其他社会组织也较少，这是导致农民发展的政治权益受到侵害的一个重要原因。

第四节　农民发展政治权益保障的对策建议

农民政治权益保障是农民权益保障的重要组成部分，是农民其他权益得到实现的政治保障和制度支持。在农民发展的进程中，农民的政治权益保障逐渐得到落实，但由于受到外在因素和内在因素的影响，农民发展政治权益保障问题还没有从根本上得到解决。因为，从农民发展的本质上看，农民发展是以农民为本，以农民发展为本，以提高农民的能力、素质为本的。所以，这就要围绕提高农民的能力素质进行一系列的制度安排，需要构建满足农民发展的外在机制与内在机制。所谓农民发展的外在机制，主要表现为国家、社会为农民发展的能力、素质提高提供必备的环境与条件；所谓农民发展的内在机制，主要表现为农民发展的自主意识。在农民发展的政治权益保障上，主要是指农民发展政治权益保障意识。

一 健全法律制度保障体系，落实农民发展的平等选举权

（一）完善法律制度，做到有法可依

新时代新要求，要有新作为，为实现我国国民经济持续快速健康的发展，就要协调好城乡发展，构建新型的工农、城乡关系，要让农民平等参与现代化进程、共同享有现代化发展成果。在农民现代化发展过程中，需要全面保障农民发展的各项权益。农民发展的政治权益保障是农民发展的各项权益保障中的一项重要内容，而且农民发展的政治权益实现程度，也已成为农民发展程度的一个重要指标。但是，农民发展的政治权益保障立法的缺失，是导致农民发展短板与落后的重要原因之一。因为，没有相应的法律制度保障，农民发展的政治权益维护就无从谈起。因此，要保障农民发展的政治权益，就必须完善现有的法律制度，提高农民参政议政能力，实现平等的选举权利。

第一，完善农民政治权益保障法律法规。针对当前村民自治在我国不同地区农村的发展状况以及法制不健全的问题。政府要坚持在执行村民自治的有关政策法规的基础上，尽快修订完善《村民自治法》和《村民委员会组织法》等法律法规，确保农民群众真正享有选举权与被选举权。

第二，建立农民政治权益保障法律机制。一是在立法层面进一步赋予农民应有的各项合法权益。对于农民这个弱势群体，国家需要运用特别法来保护，制定一部完整的《农民权益保护法》为保障农民各方面的权益提供法律基础是极为重要的。当然可以更加明确化，制定与农民政治权益直接相关的《中华人民共和国农民政治权益保障法》，明确农民政治生活方面的法定权利，为农民政治权益的保障提供法律基础。二是加强对农民权益的司法保障。司法部门要保障农民能够及时通过民事、行政诉讼等司法路径解决侵害农民权益的非法行为。三是通过相应的法律运行机制让农民政治权益保障法律法规真正运转起来。"乡镇基层司法部门可以在基层农村进行法律宣传的同时，对典型的新农村建设中出现纠纷进行调解，建立专门为农民服务的基层法律服务网络，让农民能够享受到免费的法律服

务和优质的调解服务。"①

第三,健全农民政治权益保障上诉机制。如何构建一个高效的农民政治权益上诉机制,这是一个基本问题。由于农民组织化程度相对较低,导致了农民群体缺乏表达自身权益的渠道。农民发展政治权益保障上诉机制的制定,为农民向上反映自身权益问题提供了一个制度保障。在完善农民发展政治权益法制的同时,还必须提高农民自治组织发展程度,建立一个良好、有效的监督系统。

(二) 规范选举程序,维护选举公正

规范选举程序,保障选举公正,有助于维护农民发展的政治权益。"就选举本身的实践后果来说,在选举不真实的前提下,城乡同权的确无太大意义,或者说像某些学者所说,只具象征意义,不论它是承认的象征,还是侮辱的象征。"②

针对新选举法实施过程中出现的新情况新问题,要充分利用网络、电视、报纸等媒体,对选举的各种信息及时公布。发动广大群众的作用,监督选举程序,保证选举程序的合法。建立选举信息公开制度,将选举的每一步都公开透明无疑及保障了农民的知情权又促使选举程序合法,进而保障选举的公正,促使农民积极地行使选举权。③

第一,对于农村选民登记问题,要坚决依据法定程序进行登记。首先对于选民登记要做好宣传动员工作,在选区加大宣传力度。务必要着眼于宣传新选举法的内容和大选对政府工作的指导意义,使选民清楚自己的权利和义务,这将有助于充分调动选民参与选民登记工作的政治积极性。前提是要通过人口普查的工作,掌握选民底数,特别是要摸清人户分离数、外出务工人员数等情况。同时还要加强换届选举工作人员的业务培训,提高工作人员的业务能力和工作水平。确保选举人员得到良好、真实的登记。选举工作人员在登记过程中,必须严格进行把关,特别是对参加选举投票选民年龄大小进行核实,检查是否符合选举法对于选民年龄的要求;严格核实所负责选区选民的户籍所在地情况。特别要注意那些户籍在本

---

① 郭委:《刍议"三化"协调发展背景下农民权益保护》,《农业经济》2014年第2期。

② 翟小波:《把平等贯彻到底——写在纸面上的城乡同权行将确立之际》,《中国法律》2010年第1期。

③ 邵欢:《论"同票同权"背景下农民平等选举权的有效实现》,《湖南警察学院学报》2011年第6期。

地，人在外地务工的选民，以"实际居住地"来划分选区，防止外出务工选民的选举权空悬。同时，在登记的过程中，要坚持做到登记准确，不遗漏任何一个适龄选民，也绝不错登一个选民信息，认真严肃地进行选民的信息登记，确保准备工作环节中不出错，保障农民顺利参加选举，行使自己选举权。

第二，针对候选人问题，要完善代表候选人制度。完善选举程序和代表候选人制度，是保障选举公正的有效措施。在选举工作开展期间，加大宣传力度，让农民更好地了解选举的意义和流程。特别是对于候选人确定这一流程，是决定后续选举大会是否可以顺利召开，农民能否选出自己心仪代表的关键环节，因此要对代表候选人的入选条件作一定的限制。只有代表候选人具备了一些基本素质，才能确保在当选之后有能力去代表农民的利益，为农民的需求积极呼吁、表达好民意，真正实现权利为民服务。而不是仅仅形式上保障了农民的选举权，但在实际操作中无法保障农民的政治权益。在此基础上，还要建立健全代表候选人与选民见面的制度。

第三，针对投票困难问题，政府和负责选举的部门以及工作人员，要依据不同选区的实际情况，实施有针对性的措施。一是要在正式选举之前，要充分利用农村以及农民相对熟悉的媒体设施来进行宣传，特别是要利用好新媒体，比如村广播、村口海报、地方电视频道等进行照片展示和宣传。相对发达的地方，要充分利用好农民乡村QQ群、微信群以及手机短信，有条件的可以使用宣传车、电子屏幕等形式，加强对新选举法的宣传和普及。二是要注意选举大会和选举地点。在大力宣传营造的参选氛围下，要注意选好选举大会的地点，要遵循方便、合适的原则。同时，通过向选民通报投票方式，方便、快捷地让选民能够充分感受到选举权与自身的关系密切。对于选址的问题，尽可能在毗邻乡镇政府的方位上。当然针对不同的行政村的现状，要优先考虑选民的分布情况，可以选择在选民多集中地作为选区。这样有助于使工作人员组织选民投票，不用担心交通和时间问题。对于分散投票的选民和工作不能离职的选民，可以设置投票站和移动选票箱来完成投票。

二 提高农民政治权益保障意识，落实农民发展的政治参与权

（一）提高农民综合素质，转变政治参与观念

"从上面说了算"到"我的地盘我做主"的观念转变，从整体上着

力提高农民的思想道德素质、民主法治素质和科学文化素质,为农民政治参与及决定权的行使提供观念支持;从因循守旧到变革创新的观念转变,农民要基于勇于创新、敢于变革的心态积极投身到各项经济社会事务中,积极建言献策、主动关心集体公共事务;从"利我"向"利他"的观念转变,增强要求进步、追求发展的进取意识,将眼光投向集体公共利益维护和实现上来,从长远考虑政治参与的意义和价值;从"胆小守旧"到"敢于担责"的观念转变,必须让农民认识到权利和责任共存的统一性、成功与失败并存的两面性,引导他们勇于发表意见、提出建议,敢于承担责任、直面风险。①

一般认为,农民政治权益实现的程度,很重要的一点是取决于农民自身综合素质的高低。新中国成立以来我国历代领导集体对于农民教育的问题都非常重视,农民教育问题始终是毛泽东同志关注的一个根本问题,他在《论人民民主专政》中提出"严重的问题是教育农民"②。为教育农民,促进农民发展,必须坚持在农村推行移风易俗活动,建立健全农村基层教育设施,注重对农民个人素养的培养,特别是政治素养、法律素养和科技素养等方面的培养,真正实现农民的主体地位的确立和主体意识的觉醒,进而促进农民自由全面发展。提升农民政治素养的一个重要途径是开展对农民文化教育。通过发展农村文化教育,完善农村教育体系,加大农村教育经费投入,确保农村义务教育的稳步实施。

一是要加强党的基本路线教育。积极宣传、普及新时期党在农村农业工作的制度政策,让群众真正了解党的路线方针,进而使群众自觉地执行党的路线方针。通过适当的教育和引导,不断激发农民的权利要求,使农民能自觉地、主动地关心国家和自身的利益,逐渐培养起农民的权利主体意识、参与意识和合作意识,增强政治责任感和使命感。

二是要加强社会主义法制教育。要通过大力发展农村文化教育,向农民宣传和灌输村民自治精神和依法治国理念,普及民主法制观念,提高农民的政治素质和民主参与意识、程序意识,加强对农民的法制教育和培训,普及法律知识,锻炼协调能力,为农民参政议政奠定足够的法律知识基础。在生产生活中,通过组织各种有益的社会法制活动、法律专题宣讲

---

① 高林远、祁晓玲、黄善明、杜伟、郑涛等:《新时期中国农民权益保障问题研究》,科学出版社 2017 年版,第 190 页。

② 《毛泽东选集》第 4 卷,人民出版社 1991 年版,第 1477 页。

等方式来培养农民群众的法律意识和守法意识。特别要注意方式方法的实用性和趣味性，可以通过生动的插图宣传报及贴近生活的案例事件来进行宣传教育，使广大农民群众能够真正树立遵法守法的观念，力争人人都成为知法、懂法、用法、信法、守法的社会主义建设者。

三是要加强思想道德教育。要注重对农民爱党爱国爱集体意识的教育，树立社会主义集体观。不断提高农民的科学文化和思想道德素质。针对当前农村社会仍然存在封建迷信活动的状况，要积极开展移风易俗活动，用先进的马克思主义思想来武装群众头脑，运用先进的多媒体技术来进行思想政治教育，力争打破封建迷信的束缚，告别愚昧，真正实现乡村文明建设。

四要加强科学文化教育。针对农民群体科技素养普遍较低的情况，要加强农民职业教育，大力开展适用技术的培训课程，特别是现阶段与农业发展紧密相关的核心技术，要开展有重点、有目标的培训，针对有一定文化基础的二代、三代青年农民要开展相应的技术教育课程，使农民群众尽快掌握农业新技术、新知识，增强市场观念，提高经营能力，最终实现农民科学文化水平质的提高，确保农民现代化经营"后继有人"。

(二) 完善民主决策，落实农民政治参与权

为落实农民发展的政治参与及决策权，需要不断完善民主决策。这里，一方面，要严格划分内部组织机构职权，严禁村民委员会虚化和代替村民会议、村民代表会议、村民小组的职权。村民会议职权包括：选举权、重大事项决定权、规章制定权、监督权。村民委员会职权包括：管理权、代表权、召集权。属于村民小组的集体所有的土地、企业和其他财产的经营管理以及公益事项的办理，由村民小组会议依照有关法律的规定讨论决定。

另一方面，要科学制订民主决策方案。农村基层组织应广泛采取入户征询、召开座谈会、发放《意见征询表》等办法，征求群众意见和建议，变被动接受意见为主动听取建议，根据群众意愿制订决策方案。同时建立重大事项决策前咨询制度：凡重大事项的决策方案，在提交村民会议讨论决定前，还应该邀请有关专家、学者进行可行性论证，确保决策方案在体现民意的同时，也符合本地区经济社会发展实际。

此外，还要进一步完善农民参政议政机制。为确保农民发展政治权益的实现，还必须进一步完善农民的参政议政机制，真正实现平等的城乡比

例选举制,增加农民在各级国家机关和政府部门代表的比例数,让农民真正享受国民待遇。

三 健全农民政治权益表达机制,落实农民发展的政治表达权

(一) 提高农民组织化程度

提高农民组织化程度,其实质是提高农民组织对资源的控制能力、社会行动能力和利益表达能力。新中国成立以来,特别是改革开放40年来,农民的民主权利和主体意识有了很大提高。但由于长期受城乡二元制度的影响及农民自身因素的影响,农民发展的民主意识和权利意识还比较弱。面对自己权益被侵犯,不能有意识地去使用相关法律来保护自己的权益,甚至盲目地让步。导致在相关政府部门和政策执行的过程中"失去声音",缺乏话语权;加之对自己主体地位的认知还存在一定的偏差,农民不仅自身的政治民主权益意识弱,农民组织化程度也比较低,这也是导致其权益经常受到侵犯的一个重要理由。

为了提高农民组织化程度,首先,农民自身要自觉增强维护各项权益的意识,对于农民自身的意愿和要求,要作出积极的反映,坚持依法有效地保护正当权益。其次,农民要通过组织各级各类的合作组织,比如经济组织、行业协会组织等优化整合农村的各种经济社会资源。利用合作组织来协调农民的个体行为,转变农户与市场的畸形结合,真正实现双赢对接。当然,最重要的是针对目前各级人大代表以及政协委员中农民比重较低这一状况予以改善。再次,结合实际情况以及存在的问题,组织真正代表农民政治权益的政治组织,通过组织来传达自己的意志,表达和保护自己的权益,监督行政官员的行为,保障农民发展的政治权益。农民随着组织化程度提高,增强了自己保护自己的能力。最后,可以通过组织帮助搜集信息、相互交流经验、提高自身素质,共同促进农业的发展和农村的建设。同时要充分发挥政府的引导作用,加强在农业生产经营过程中的农民组织建设。加强对农民自治组织的赋权,确保农民权益的实现。

(二) 建立健全农民政治权益表达机制

建立一个有效真实的农民政治权益表达和诉求机制,有助于保障农民发展的政治权益,为此,必须做好以下两方面的工作:

第一,建立和完善多元化的利益表达机制。"在完善现有基层选举、

协商式民主的同时，创立农民诉求表达、利益协商调整的机制和平台，注重在现有的法制制度下积极拓展新的农民利益表达渠道。"① 信访制度作为农民最基本的一条利益表达渠道。近年来，我国各地区、各部门坚持以人民为中心的宗旨，增强服务意识，全方位做好信访工作，普遍公布了信访机构的通信办法、接待时间，开通了网上信访、专线电话、信访绿色邮政等渠道，实行了领导干部阅批群众来信、接待群众来访、处理信访问题等制度，开展了开门接访、联合接访、下基层巡访等活动，拓宽了民意表达渠道。除此之外，在这个新媒体迅速发展的时代，要充分有效地运用媒体工具。对一些媒体监督专家、学者进行答疑求助。也要充分利用身边的人大代表以及政协代表，向他们反映问题，以求问题得以解决。这些都可以作为表达的绿色通道，来实现农民的利益表达权。

第二，建立及时的处理机制。为促进农民发展，真正为农民发展解忧排难，对于农民反映的问题采取及时处理就显得非常重要。在农民发展中遇到的问题或者需求，通过各种渠道反映上来时，政府有关部门应该对其反映的问题，及时进行研究找出解决的方案和方法，快速准确地反馈给农民。不拖延、不延时，及时准确地予以答复问题、解决难题，这既是农民的期望，也是政府部门应该行使的基本职能。

建立健全农民政治权益表达与诉求机制，实现农民政治权益表达与诉求保障的制度化。只有这样，农民发展的政治权益表达才能真实有效，政府部门才能更有效地及时处理农民发展中遇到各类政治权益保障问题，避免非制度性政治参与活动的频频出现。

四 完善农民政治监督机制，落实农民发展的政治监督权

（一）提高农民政治监督维权意识

培养和提高农民政治监督意识是实现农民政治监督权的前提。首先，要继续通过乡镇文化站、社区学校、法律服务站等多种场所，推进农民民主法制教育，提高政治监督意识。其次，国家要努力推进民主政治建设与实践，通过民主的实践来培育农民的政治监督意识。基层政权要在民主监督的实践中发现问题，积极鼓励、引导农民行使政治监督权。再次，要通

---

① 袁金辉：《和谐社会视阈下农民利益表达机制研究》，《理论探讨》2010年第1期。

过建立适当的程序保障机制、责任追究机制和必要的激励机制，以保证农民政党有效地行使监督权利，从而推动农民由被动守法向主动维权转变，促使农民发展的政治监督权意识的萌发与觉醒。

同时，要进一步推进政治监督内容的透明与监督结果的公开。因为监督的内容透明与结果公开，是使农民发展的政治监督权益得到切实保障的基础，也有利于增强农民政治监督意识的提高。一是进一步强化村务公开，建立村务公开答疑纠错的监督制度。在村务管理中，必须对村务公开的内容、时间、地点、形式加以确定，并在村务公开后，由专人对村务公开的内容加以解释，并且接受村民的质询。二是建立村务档案制度。村委会作为负责村民理财、监督村务公开的村务监督机构，应在工作中收集整理相关档案资料并妥善保管。村务档案管理应由专人负责，有适当的保管场所，并确定相应的保管年限。

（二）强化农民政治监督运行机制

确保农民政治监督运行机制的畅通与有效，是实现农民发展政治权益保障的核心。为此，一是要完善民主评议制度。民主评议过程，尤其是村民委员会成员的述职报告、参评讨论情况、民主结果应当完整及时地向全村公布，接受村民监督。对连续两次为不称职的村民委员会成员必须立即终止其职务，而无须经历辞职或罢免程序。对于一次评议不称职且村民不满意的干部，可以启动罢免程序，罢免其职务。

二是要完善村民委员会成员罢免制度。《村委会组织法》第 31 条规定对罢免主体作了明确规定，未对罢免向谁提出、由谁确认以及罢免理由与程序作出明确规定。就罢免理由而言，只要村民对村民委员会成员不满意，有正当合法的理由，就可以提出罢免要求。

三是要完善村民委员会成员任期和离任经济责任审计制度。《村民委员会组织法》第 35 条就审计的主体、对象、内容与结果公布作了规定，但是却未对审计结果的处理作出明确规定。相关部门必须在完善公布审计结果的基础上，对查出侵占集体资产资金、多吃多占、铺张浪费的，要责令其如数退赔；涉及违反纪律需要给予党政处分的，移交纪检监察机关处理；构成犯罪的，移交司法机关依法追究当事人的法律责任。

四是完善信访制度。明确信访和行政复议在制度功能上的区分，扩大信访制度的申诉、信息沟通和反映民意的功能；明确信访工作机构行为的性质，使之与法律接轨。重置代理关系，进一步完善人大信访制度，充分发挥人大代表的作用。创新信访形式，实现信访工作的信息化和网络化，提高信访部门工作效率。构建完善的信访工作人员和信访人的责任追究制度，信访机构的行为作为一种行政行为应当和其他行政行为一样接受司法审查。

第五章

农民发展的文化权益保障

中国特色社会主义已经进入了新时代，这是我国发展新的历史方位，我国处在全面建成小康社会的决胜阶段，人们的基本物质需求已得到满足，更多的是要在保障物质条件发展的前提下，保障人们的精神需求，维护人们的文化权益。农民文化权益保障，不仅是社会主义新农村建设的重要内容，更是当前乡村振兴战略的重要内容。因为在农民由生存、转型到发展的过程中，保障农民文化权益不仅对于农村经济建设具有重要的作用和功能，而且对于农村社会发展其他方面也具有重要的作用和功能，是推动农村经济社会可持续发展的强大精神动力。但是，从我国农民发展的整体情况看，农民的发展程度依然成为全面建成小康社会、实现现代化强国的一块最大的短板，应切实加强农民文化权益保障，促进农民的自由全面发展。

第一节 农民发展文化权益保障的重要作用

1998年11月26日，文化部发布的《文化部关于进一步加强农村文化建设的意见》指出："搞好农村文化建设，发展农村文化事业，对于丰富农民的文化生活，提高农民的思想道德素质和科学文化素质，对于促进农村经济发展和社会全面进步，具有重要的作用。"在新时代，农民发展问题已经成为农民问题的关键，保障农民发展中的文化权益是保障农民整体权益的重要内容，它有助于促进农民由传统向现代的转型，实现农民自由全面发展。

一　保障农民文化权益有利于培育现代新型农民

马克思在《路易·波拿巴的雾月十八日》中，分析了农民的基本生活状态，并给予了科学的阐述，他指出，农民在现有的地盘进行大部分消费品的生产，这样的生产方式以及生产内容就决定了他们是彼此隔离的。① 小农经济使农民与土地紧紧相连，形成了农民一向勤勤恳恳、随和亲切、坚韧坚强、勤奋务实等优秀品格。伴随着小农经济同时产生的小农文化，即血缘体系、专制主义、依附主义等一些传统封建文化思想根深蒂固，这就导致了农民人格上异常的保守性、依附性和封闭性。美国社会心理学家英格尔斯指出：一个国家，只有当它的人民是现代人，它的国民从心理和行为上都转变为现代的人格，这样的国家才可真正称为现代化国家。②

中国特色社会主义进入新时代，我国正处在全面建成小康社会和建设现代化强国的重要历史阶段，党的十八大报告提出"工业化、信息化、城镇化、农业现代化"是实现中国现代化的基本途径，这"新四化"是相互联系、相互促进、同步发展的全面现代化。为避免加重农业现代化在"新四化"建设中的短板效应，实施乡村振兴战略，必须保障农民发展的基本文化权益，破除小农文化心态、提高农民素质和能力，推进农民由传统向现代的转型，让每一个农民都成为一个"有文化、懂技术、会经营"的现代新型农民。只有保障农民发展的文化权益，以文化人，才能重新塑造具有现代化的农民人格，才能让农民重拾自信，实现向心理上的现代化人格的转变，进而实现向行为上的现代化人格的转变。所以，农民只有具备了一定的现代人的能力和素质，才能用自己勤劳的双手来获取与之相匹配的现代社会地位以及来自现代社会各界的尊重及认可，才能不断地为我国全面建成小康社会、建设社会主义现代化强国，提供源源不断的精神动力和智力支持。

为此，从外在条件来看，要通过加强基础教育、职业教育、成人教育等全方位宽领域的教育来不断提高农民的认知水平；从内在条件来看，随

---

① 马克思：《路易·波拿巴的雾月十八日》，中共中央马克思恩格斯列宁斯大林著作编译局编译，人民出版社2015年版，第109页。

② [美]英格尔斯：《人的现代化》，殷陆君译，四川人民出版社1985年版，第8页。

着农民经济收入的持续增长和生活水平的不断提高,他们也开始愿意对自身的文化教育方面进行投入。实际上,农民科学文化技术的提高,又有助于推动农业生产的发展和农民收入的提高,这二者相辅相成,农民也充分意识到这一点,因此,无论是从外在因素看,还是从内在因素看,为促进农民发展,都应该加强对农民文化权益的保障,不断加大对农民文化教育培训方面的投资力度。①

二 保障农民文化权益有利于增强农民发展的动力

农民的全面可持续发展迫切需要文化动力支持。随着物质生活的改善,农民对精神文化生活表现出强劲的需求。更为重要的是,当前的市场经济及现代价值观的侵入,使农民传统的生存价值被边缘化,农民作为自己生活主体的地位被一种强有力的外来力量所压制和排斥,而不能成为自己生活的主人,他们因此有着强烈的证明自己人生意义的内在需求。②

农民所追求的"主体意识就是人的主人意识或自主活动的意识,亦就是要做外物的主人,同时也要做自己的主人,自己掌握自己的命运的意识"③。农民主体意识欠缺,几千年来缺乏对自己的作用和价值的认识,这是与农民的生产生活方式分不开的。生产、分配、交换、消费构成了社会生产的总过程,而在传统的农业社会中,农民自给自足,没有分配、没有交换、更没有消费,与之相对应的自然也就缺少了分工意识、交换意识。而基于分工意识和交换意识所延伸的集体意识、创新竞争意识、商品经济意识以及开放意识、民主意识等,而这些都是现代文明所必需的。④保障农民发展的文化权益,有利于摆脱传统落后思想文化对农民根深蒂固的负面影响,促使农民紧跟时代的步伐,不断与时俱进,不断增强现代意识,实现人的现代化。

人的发展是需要文化滋养的,因为文化可以提高人的修养、气质、能力;可以开阔人的视野、拓展人的思维等,对人的各个方面产生重要的影响。乡风文明是乡村振兴的灵魂和根基。科学的、先进的和民族的文化,

---

① 李昊:《四川新农村文化建设现状分析》,《西南石油大学学报》(社会科学版) 2009 年第 6 期。
② 王维:《新农村背景下的农村文化建设研究》,硕士学位论文,西南大学,2009 年。
③ 杨金海:《论人的主体意识》,《求是学刊》1996 年第 2 期。
④ 李克强:《农村公共产品供给与农民发展》,中国社会科学出版社 2013 年版,第 83 页。

就像是一面旗帜一样主导着人们的思维，决定着人们的行为模式和生活方式，能鼓舞人、激励人去热爱自己的家园，并且尽力为其作出自己的贡献。因此，保障农民发展的文化权益，有利于激发农民发展的内在需求，为农民发展提供精神文化动力。

三 保障农民文化权益有利于实现农民脱贫致富

关于农民摆脱贫困的问题，一般认为是要从物质层面让农民脱贫，往往忽视了农民在文化层面的贫困，也没有意识到文化的贫困是制约农民发展的一个重要因素。[①] 透过现象看本质，从农民摆脱贫困的实践中逐渐认识到，加强农民发展的文化权益保障，扶贫先扶智，提高农民科技文化水平，是从根本上解决农民脱贫致富问题的有效措施。

长期以来大家都认为，只有经济发展了才有资格谈文化，只有物质富足了才有资格谈精神，无论是历史还是现实都告诉我们，经济和文化是相辅相成、相互促进的，物质和精神就像车之两轮、鸟之两翼，缺一不可。文化具有经济力，人们的经济行为渗透着文化的因素，文化产业正在成为新的经济增长点，就是一个很好的说明。如今市场经济日益发展旺盛，人们对文化的经济属性已达成共识，在保障农民发展的文化权益过程中，农村可以大力发展文化旅游、特色文化产品等文化产业，推动农村经济增长。[②]

因此，切实保障农民发展的文化权益，不断提高农民科学技术文化水平，积极开展文化扶贫工作，从源头上解决农民贫困问题；同时，伴随着经济社会的发展，农民逐渐摆脱贫困后也会对农村文化建设，提出更高和更深层次的要求。

四 保障农民文化权益有利于维护农民其他权益

农民权益，包括农民的经济权益、政治权益、文化权益、社会权益和环境权益等。文化作为经济和政治的反映，又对经济和政治有着重要的影响。毛泽东在《新民主主义论》中明确指出："一定的文化（当作观念形

[①] 高金龙、汪晓莹：《文化建设：新农村建设之魂》，《农业考古》2006年第3期。
[②] 徐莉：《城乡一体化中农民文化权益保障研究》，西南财经大学出版社2001年版，第47页。

态的文化）是一定的政治和经济的反映；又给予伟大影响和作用于一定的政治和经济；而经济是基础，政治则是经济的集中表现。"① 当今社会，文化经济一体化趋势越来越明显，文化与经济、政治相互交融，其地位和作用越来越突出。在建成全面小康社会、建设社会主义新农村和实施乡村振兴战略的历史进程中，繁荣和发展社会主义先进文化，保障农民文化权益，具有全局性、战略性的地位和作用。

加强农民文化权益保障，对农民经济权益保障有着积极的推动作用。这种推动作用是其他社会要素无法取代的，因为文化具有凝集、整合、同化和规范社会群体行为和心理的功能。② 农民文化建设是农村制度变迁的牵引器，而制度的变迁则是经济发展的前提，有利于为农民经济权益保障提供强大的精神动力、智力支持和思想保证

加强农民文化权益保障，有利于为农民政治权益保障奠定文化知识基础。政治民主制度包括民主和法制两个方面的内容。民主既是一种国家制度，又是一种文化。因此，基层民主制度的完善既要有硬件，即法律化、制度化的建设，又要有软件，即广大农民民主观念法制观念的教育和培养。文化知识是农民学法、用法的前提条件。如果农民没有文化、愚昧无知、头脑简单，就容易作出不理智甚至违法的事情。要真正实现农民享有广泛的民主和自由，同时又自觉用社会主义法制和纪律约束自己，就必须加强对农民的法制观念和思想道德教育。因此，农民文化权益保障是实现农民政治权益保障的基础。

加强农民文化权益保障，有利于农民社会权益保障的实现。农民社会权益保障包括教育权益、社会保障权益、流动迁移权益等内容。教育权益保障作为农民社会权益保障的基本内容之一，文化与教育是相互促进的，文化事业发展状况与教育事业有很大关系。新闻、出版、广播、网络和文学艺术等，在农村教育中发挥着越来越重要的作用。同样，农村教育是提升农民文化、科技、知识水平的必要手段，是农民文化权益保障的基础。农民文化、科技、知识水平的提高有助于农民教育权益、社会保障权益和流动迁移权益等其他社会权益的实现。

---

① 《毛泽东选集》第2卷，人民出版社1991年版，第663页。
② 崔海兴、郑风田：《"三农"视觉下的农村文化建设：问题与出路》，《现代农业科学》2009年第2期。

第二节 农民发展文化权益保障现状与问题

随着经济社会的发展，农民发展的文化权益保障得到了明显改善，农民发展文化权益不论是在保障程度上还是在保障范围上都有了显著的提高和扩展。特别是对于农民公共文化生活单一性给予了政策上的倾斜，强调要完善公共服务体系，保障群众性文化活动的顺利开展和文化惠民工程的全面启动等。

一 农民发展文化权益保障的积极变化

（一）农民文化权益保障制度日趋完善

近年来，在中国特色社会主义新农村建设和全面建成小康社会进程中，国家日益重视农民发展的文化权益，相继出台了一系列制度政策来保障农民文化权益。2012年国务院办公厅出台了《关于规范农村义务教育学校布局调整的意见》；2014年在第十二届全国人民代表大会第二次会议上，国务院总理李克强作政府工作报告时指出："要加强基本公共服务体系建设，大力推进社会主义经济建设、政治建设、文化建设、社会建设、生态文明建设，实现经济持续健康发展和社会和谐稳定。"2015年5月，国务院办公厅转发了《财政部发展改革委人民银行关于在公共服务领域推广政府与社会资本合作模式指导意见》（国办发〔2015〕42号），文化领域首次被纳入；2016年6月，财政部联合文化部等20部委印发了《关于组织开展第三批政府和社会资本合作示范项目评选工作的通知》（财金函〔2016〕47号）。文化部门首次作为工作的推动部门出现在国家PPP战略实施的文件中。2016年农业部办公厅关于开展农业文化遗产普查工作的通知等一系列政策制度的出台和落实，表明国家和政府日益重视农民的文化权益，把文化的发展作为推动"三农"发展的不容小觑的重要因素。

文化自信已成为一个重要的话题，中华民族文化博大精深，源远流长，而中华文化的根源在农村，因此，国家日益重视农民文化权益保障。从文化列入国民经济和社会发展纲要到一系列方针、政策、法规的颁布、执行，再到实施成果的监督和评价体系，由表及里的不断深入，形成了一整套全方位、多层次、深领域的文化权益保障制度政策体系，无一不体现着农民文化权益保障程度的提高，农民文化权益保障制度政策的日趋完善。

(二) 乡村公共文化服务体系不断完善

公共文化设施的发展在某种程度上会推动公共文化服务体系的完备,它作为公共文化服务体系的基础平台和首要任务,为文化建设成果的展示和文化活动的开展提供了重要阵地。农村公共文化设施建设完备程度和管理水平的高低,直接关系到农民群众基本文化权益的实现与否以及文化发展成果共享程度的高低。全国农村范围实施的农村免费义务教育,寄宿生生活费基本补助标准和校舍维修改造标准的提高、免费教科书的覆盖范围扩大到全国农村义务教育阶段全部学生,兴办了"村村通"、"文化下乡"、"农家书屋"、农村文化礼堂等各类文化工程,为广大农民提供空间用于学习、交流,让更多的文化学习爱好者参与进来,形成了完备的市、县、乡、村四级农村文化服务体系。

据文化部资料显示,截至 2015 年年末,全国文化市场经营单位为 23.17 万家,比上年增加 1.15 万家;从业人员 156.47 万人,增加 24.08 万人。全年全国文化市场经营单位营业总收入 2965.64 亿元,营业利润 1002.10 亿元,分区域看,年末城市文化市场经营单位 83598 个,占文化市场经营单位总量的 36.1%;县城 93228 个,占 40.2%;县以下地区 54883 个,占 23.7% (见表 5-1)。[①]

表 5-1　　　　2015 年按区域全国文化市场经营单位主要指标

区域	城市	县城	县以下	总计
机构数(个)	83598	93228	54883	231709
所占百分比(%)	36.1	40.2	23.7	100
从业人员数(人)	720371	653781	190508	1564660
所占百分比(%)	46	41.8	12.2	100
营业总收入(万元)	22838853	5356224	1461269	29656346
所占百分比(%)	77	18.1	4.9	100
营业利润(万元)	7965993	1616637	438280	10020910
所占百分比(%)	79.5	16.1	4.4	100

---

① 《中华人民共和国文化部 2015 年文化发展统计公报》,2016 年 4 月 15 日,见 http://zwgk.mcprc.gov.cn/auto255/201604/t20160425_474868.html? keywords=统计公报。

从表中可以看出，乡村（县城及县城以下）无论是在机构数量上还是在从业人员数量上都超过了城市，然而在营业总收入和营业利润中看出乡村远不如城市，这可以大体分析出，城市的文化市场经营单位大都是以盈利目的为主，而乡村的文化市场经营从积极意义上来说大多数都是为了维护农民基本的文化权益，在农民的文化权益得以保障的基础之上丰富农民的生活，并在一定程度上达到了文化软实力的效果。此外，不仅在改善农村公共文化基础设施方面，而且在创新农村文化服务方式方面也有所提升和进步，农村文化队伍建设不断加强，并给予更大的投入力度等。

（三）乡风文明建设道路进一步明确

乡风文明建设得到进一步重视。在2005年10月中国共产党十六届五中全会通过的《十一五规划纲要建议》中提出，要按照"生产发展、生活宽裕、乡风文明、村容整洁、管理民主"的要求，扎实推进社会主义新农村建设，乡风文明首次出现在人们的视野中。随着我国农业、农村和农民的发展，2018年中央经济工作会议中提出，我们要实施乡村振兴战略，科学制定乡村振兴战略规划，建设美丽宜居的乡村。在2018年1月的《中共中央国务院关于实施乡村振兴战略的意见》中，提出了产业兴旺、生态宜居、乡风文明、治理有效、生活富裕的总体要求，并指出乡村振兴，乡风文明是保障。对于乡风文明建设，必须坚持物质文明和精神文明一起抓，提升农民精神风貌，培育文明乡风、良好家风、淳朴民风，不断提高乡村社会文明程度。2018年5月31日，中共中央政治局召开会议审议《乡村振兴战略规划（2018—2022年）》和《关于打赢脱贫攻坚战三年行动的指导意见》明确提出，"乡村振兴战略规划（2018—2022年）细化实化工作重点和政策措施，部署若干重大工程、重大计划、重大行动，形成了今后5年落实中央一号文件的政策框架"。

乡风文明建设道路进一步明确。2018年作为乡村振兴战略实施的开局之年，在乡村的产业振兴、人才振兴、文化振兴、生态振兴、组织振兴中，乡村文化振兴具有基础性和根本性的战略意义。在乡风文明建设实践中，人们也已清醒地认识到，在城乡二元发展体制下，城市和乡村的社会组织结构、社会分工差异较大，农民对农村的空间、形态和功能的要求和城市不完全一样，它有自己的逻辑和秩序。人们正在逐步摒弃一种思想观念，即城市的文明是先进的，可以直接应用到乡村。实际上，这种想法是不切实际的，没有实事求是地思考乡村生活的现状，简单地套用城市已经形成的发展理论,违背了以人为本的原则。因此,我们在实践中不断摸索出一条适合农村发展的乡风文明道路,并在实践中取得了良好效果。浙江省就是一个最好的证明,文化礼堂走进浙江农民的生活中,文化礼堂取代了教堂,改变了邻里之间的关系,传播了优秀中国传统文化,使每一个农民成为优秀传统文化的继承者、传播者。

二 农民发展文化权益保障的主要问题

农民发展的文化权益保障取得明显成效的同时,也应清楚地看到,各项有利于农民发展文化权益保障制度本身及其政策落实的各个环节中,仍存在一些不容忽视的问题,比如,城乡居民文化权益保障仍然存在差距,在农村公共文化设施与服务供给与农民文化需求之间的差异和矛盾仍然没有解决,农民文化权益主体地位缺失,农民文化参与程度有限,对文化的传承和摈弃辨别不清等现象仍然存在。我们要充分认识农民文化权益保障现状,客观理性分析存在的问题。

(一) 城乡居民文化权益保障差异依然存在

城乡居民文化权益保障的差异,是影响农民发展的一个很重要的因素。目前,无论在享受教育权益、机会与教育资源,还是师资配置等方面存在的差别依然很大。比如,农村居民无法享受与城镇居民子女同样均等的教育资源。2008年以来,随着城镇化的发展,农村人口迁移速度的加快,农村学校的布局也进行了重新调整。"撤点并校"的大规模出现虽然在一定程度上改善了农村的办学条件,提高了学校的办学质量和规模效益,但也造成了一些突出的问题,如学校的服务半径由过去的平均5公里,扩大到了10余公里乃至更远,这加重了农民的负担,也使小学的辍学率由2008年的5.99‰增长到2011年的8.22‰。[1] 另外,农民家庭子女上学难、上学贵,初中生辍学、流失严重,农村优秀教师大量外流,城乡办学条件差距扩大,教育负债沉重等问题依然是农村面临的主要的教育问题。就农村师资而言,农村学校教师队伍的整体素质亟待提高,教师普遍存在年龄结构老化、教育观念陈旧、教学手段落后等问题;就基础设施而言,一些贫困地区农村学校的校舍、教学设施、仪器设备等达不到国家规定的标准。

---

[1] 杨东平:《近十年我国农村义务教育的现状》,《中国科学报》2014年6月6日。

城乡居民文化权益保障差距更多体现在国家对城乡文化事业投入上，从《中华人民共和国文化部 2015 年文化发展统计公报》中，可以发现从 1995 年到 2015 年这 20 年间，城乡居民的文化权益保障都发生了翻天覆地的变化（见表 5-2）。[①]

表 5-2　　　　1995—2015 年全国文化事业费按城乡分布情况

文化事业费	县以上	县级县以下	总计
1995 年（亿元）	24.44	8.95	33.39
所占百分比（%）	73.2	26.8	100
2000 年（亿元）	46.33	16.87	63.16
所占百分比（%）	73.4	26.7	100
2005 年（亿元）	98.12	35.70	133.82
所占百分比（%）	73.3	26.7	100
2010 年（亿元）	206.65	116.41	323.06
所占百分比（%）	64.0	36.0	100
2013 年（亿元）	272.67	257.82	530.49
所占百分比（%）	51.4	48.6	100
2014 年（亿元）	292.12	291.32	583.44
所占百分比（%）	50.1	49.9	100
2015 年（亿元）	352.84	330.13	682.97
所占百分比（%）	51.7	48.3	100

从表中可以看出，随着国家经济社会的发展，在这 20 年间我国对文化事业的重视程度不断提高，力求把文化事业这块蛋糕做大，使更多的人尝到文化事业这块蛋糕的美味，全国文化事业费总额在稳定上升，而且对县以上和县及县以下的投入在数量上都是逐年上涨的，但是与此同时我们也可以看出，不论是哪一年，国家对县以上的绝对投入都要大于县及县以下的投入。而且从 2014 年和 2015 年两年来说，县以上文化单位投入 352.84 亿元，占 51.7%，比重比上年提高了 1.6 个百分点；县及县以下文化单位投入 330.13 亿元，占 48.3%，比重比上年下降了 1.6 个百分点，不仅县及县以下的文化事业费的绝对投入不如县以上的高，而且在比例上

[①]《中华人民共和国文化部 2015 年文化发展统计公报》，2016 年 4 月 15 日，见 http://zwgk.mcprc.gov.cn/auto255/201604/W020161230857240684580.pdf。

也有所下降，虽然对县及县以下的文化事业费投入总值在上涨，但是县及县以下的比重则是在减少，而县以上的比重则是在提高，这就在侧面反映出了我国的农民与市民的文化权益保障仍然存在一定的差距。

根据我国第六次全国人口普查的主要内容来看，我国全国总人口数约为1370536875人。大陆31个省、自治区、直辖市和现役军人的人口中，居住在城镇的人口为665575306人，占49.68%；居住在乡村的人口为674149546人占50.32%，同2000年第五次全国人口普查相比，城镇人口增加207137093人，乡村人口减少133237289人，城镇人口比重上升13.46个百分点。[①] 如果按照城乡人口比例来计算国家对城乡文化事业的投入费用，对于乡村的文化事业费的投入比例就一定要比对城市的文化事业费的投入比例要高；同样的，如果按照人均占有文化事业费来计算，那么对于乡村的文化事业费的投入绝对量就一定要比对城市的文化事业费投入的绝对量要高，而事实却截然相反，无论是乡村文化事业的投入比例还是乡村文化事业投入的绝对量都低于城市的文化事业的投入，毋庸置疑的是虽然我们可以看出在城乡文化事业费的投入比例随着时间的推移和发展在一定程度上有所缩小，但是在文化事业费的投入绝对量上仍然存在着差距，而文化事业费的投入量在一定程度上是文化权益保障的基础。因此，文化事业费投入的多与少就在一定程度上决定了市民与农民的文化权益保障程度的大与小。

农民与市民所生活的地域决定了其文化权益保障的范围和程度。广大市民生活在城市中，城市相比农村所占的优势在文化权益方面也体现得淋漓尽致，他们拥有更完善的公共文化服务设施、更完备的公共文化服务体系，更高素质的人才，因此，也就享有了比农民多得多的文化权益。国家虽然意识到农民文化权益的重要性，采取一系列的方针政策予以扶持，例如，新乡风、新家风、新乡贤的宣传与建设；文化扶贫、文化礼堂、文化广场的建设；乡村博物馆、图书馆的建设等等，这些做法取得了一定的效果，但是这个效果距离赶上甚至超过市民的文化权益的保障程度还有一定的距离。

在十八届三中全会精神中，就已经涉及公共文化服务体系问题，而且

---

① 《中华人民共和国国家统计局2010年第六次全国人口普查主要数据公报》，2011年4月28日，见http://www.stats.gov.cn/tjsj/tjgb/rkpcgb/qgrkpcgb/201104/t20110428_30327.html。

要构建现代的公共文化服务体系，从而实现基本公共文化服务的标准化、均等化。我们现在只能在现有的基础上保障基本的文化权益、满足基本的文化需求，从而体现公平正义的原则。尤其是文化惠民工程，要努力消除城乡二元结构，实现社会的公平正义，但是我们所设想的偏远山区的老百姓享受的文化设施和大城市完全一样那是不可能的，至少现在这个阶段是无法做到的。所以农民与市民的文化权益保障差异仍然比较大。

（二）农民公共文化服务需求满足程度仍旧有限

城乡居民文化权益保障存在的明显差距要引起足够的重视，不能忽视现行的文化体制内存在的问题，因为，文化体制问题直接导致了农民公共文化服务需求不足问题的出现。农民公共文化服务需求得不到满足，主要体现在两个方面。

一方面，这种公共文化服务的供给与需求的矛盾体现在文化基础设施方面。随着经济社会的发展，我国进入中国特色社会主义新时代，精准扶贫取得了良好的效果，实现了多数贫困县贫困村摘帽，农民群众的温饱问题已基本得到解决。根据马斯洛的需求理论，在温饱问题得以解决之后，人们会有更高层次的需求，对于这个阶段的农民来说，他们越来越憧憬着丰富的精神生活，寻求精神的满足与欢愉。因此，随着农民的发展，农民对于文化的需求日益旺盛，但是文化建设并不是一蹴而就的，它的建设需要一定的时间和过程，需要一定的人力、物力和财力，而且从某种程度上来说，文化建设是在文化需求产生之后才开始实施的，因此，文化建设的速度必然跟不上农民文化需求的速度。而农村文化活动的主要阵地是文化设施和场所，文化设施和场所是传播现代文明的硬件设施，同时也是满足广大农民群众精神文化需求的基础条件。因此，农村的文化设施和场所在保障农民文化权益的过程中占有举足轻重的地位。但是大多数的农村文化基础设施建设存在着各种各样的问题，如农村文化的基础设施较为陈旧和落后，对于农村的文化事业的总量投入不够等，这种种情况产生的原因是受各级财政财力大小的限制，财力的大与小，多与少直接导致了现有的农村文化设施面积大多不足，设备过于老化，而市镇成为农村文化建设投入的主阵地。所以，要摆正对农村基本文化阵地的态度，把握农村基本文化阵地的主要矛盾，注重文化设施的可持续发展和永续利用。在这个日新月异的时代，如果文化设施跟不上时代发展的速度，那就很难保证农民接收到的文化熏陶是有实用价值的，也就是说农民接收到的文化信息很可能是过时的，是与自身需求的文化信息不匹配的，因此就很难涉入已有的文化环境当中去。

另一方面，农村基层文化资源开发不够，文化传播形式单一化也会影响农民文化需求满足程度的高低。农村是优秀传统文化的发源地和根基，中华文化上下五千年从未中断过，实践和历史都表明农村基层文化具有巨大的潜力，要把农村基层所具有的这种潜力发挥出来，使之成为中国特色社会主义文化建设的重要组成部分，加大开发力度，使之成为优秀传统文化绵延不绝的动力。散落在全国范围内，有许许多多的农村，把全国范围内的农村统一起来作为一个整体来说，文化的传承创新形式是多种多样、丰富多彩的，但是就某一个区域或者是一个村庄，尤其是欠发达地区，其文化传承创新形式是单一的，除了一些基本的文化活动，如春节的文化习俗、红白事的办理等外再没有其他的形式，因此也就存在着大量的文化"空壳村"。在这些村子里，农民闲暇时间也只能通过观看电视、打牌、赌博来度过，他们的公共文化服务需求长期得不到满足。

这就需要深入了解调查农民群众所喜闻乐见、丰富多彩的文化活动形式，并充分发掘利用各种各样的文化活动形式，目前在这一方面做得还不够到位，而对于文化阵地的宣传、教育、辅导、娱乐的功能也没有充分发挥出来，不能最大限度地吸引群众，现有的所供给的文化服务内容和文化资源也比较少，并没有最大限度地发挥农村文化的积极作用。

（三）农民文化权益主体地位体现仍然不充分

农民文化权益主体地位缺失，主要表现在农民的参与度方面，即农民的文化参与度不高。加强农民文化权益保障，主体是农民，需要农民积极参与其中；如果农民主体地位得不到体现，农民没有文化参与积极性，则农民发展的文化权益保障是很难得到落实的。而且，保障农民发展的文化权益的过程，可以说就是农民为维护自己本身或者是农民群体文化权益，而与政府或者是文化工作者们进行相互博弈的过程。在互相交流沟通的过程中发现问题，学会换位思考，在对方的角度上思考问题从而寻找真正的症结所在，然后在此基础上迅速准确地找出解决矛盾的方法并进行周密的部署，严密的实施。只有这样，才能不断推动农民文化权益保障真正落实到人，落实到事，更好地保障农民发展的文化权益。

在一定程度上，因地理位置、经济发展水平等原因，导致了不同地域地区的农民存在一定的经济水平上的差异，因此，农民与农民之间的贫富差异也是存在的，并且在某种程度上并不亚于城乡之间的贫富差距，在相对发达的农村地区，相对富有的农民可能比某些经济水平相对来说较差的地区的市民的生活还要富足小康，就更不用与经济水平相对来说较差的地区的农民的生活相比较了，这就在另一方面体现了农民之间的差异。由于经济发展水平的限制和科技应用能力的限制，欠发达地区的农民只能使用科技含量较低的生产工具，从而决定了生产效率的不高，所以农民每天必须付出更多的劳动时间，他们数十年如一日，每天都勤勤恳恳，日出而作，日落而息，但是出于各种各样的原因，他们的回报并不能和付出形成正比例关系，即使这样，迫于生计的他们也丝毫不敢懈怠和灰心，不得不付出更多的时间和精力，这种情况就决定了他们只能关注能够直接产生经济利益的方面，如直接的经济生产、销售等，根本没有时间和精力去了解文化生活究竟是什么，也没有实现文化生活的基础，甚至没有文化生活的意识，自然也就不能理解文化与经济之间的关系，经济基础都尚未夯实，何谈上层建筑？他们一心想要追求经济利益，并没有意识到文化对经济发展的反作用和重要性，不理解要想口袋富起来，必须脑袋先富起来，不知道如何用科学文化知识指导实践，不知道如何才能使农民自身真正脱贫，因此，对于村里举办的文化活动采取漠然不关心、事不关己高高挂起的态度，认为所宣扬的文化都是"假大空"、华而不实的东西，浑然不知这是一种可以促使他们获得更多的经济利益的权利，他们放弃了这种参与文化生活、享有文化成果的权益，自然也就在文化生活中放弃了主动权。

不仅如此，传统庸俗的文化在农民心中生根发芽，在一定程度上阻碍了农民参与新的文化生活之中。由于农民本身所固有的属性即封闭性，把自己装进"套子"里，像一座围城，这导致他们不愿意接受新生事物，随着时间的推移所产生的新文化新风气被农民拒之门外，只有一少部分人愿意改变故步自封的想法，乐于接受新事物和与时代同步发展的优秀的新文化，但是农民接受健康文明积极向上的文化又需要一定的过程，所以在一定时间范围内农民参与文化生活的热情度不高，或者说参与度提高得并不明显，而且与之相匹配的文化配套设施也在一定程度上存在着问题，如农村文化人才的短缺，乡镇文化干部因忙于其他社会事务而忽视了文化工作等问题，则严重削弱了农民对文化活动的参与热情，直接导致了农民文化主体地位的缺失。

总体看来，农民发展的文化权益作为农民发展的一项重要的权益，不能很好地实现农民发展的文化权益保障，农民发展就没有了灵魂。但就目前情况看，农村文化基础设施依然比较落后，文体活动场所依然不够充足、农村文化机构依然不够健全，农村文化队伍不够稳定、农民参与度不够高且缺乏相应的监督，政府提供的公共文化与农民发展需求的文化依然存在差异等因素，都构成了制约农民发展的重要文化因素。这些因素也直接导致了农民文化生活的单一和农民精神文化生活的匮乏。

第三节 农民发展文化权益保障问题的原因

讨论形成农民发展文化权益保障问题的原因的角度应该有很多，比如，可从内因外因角度进行分析，也可从主观客观原因角度进行分析，还可以从制度与政策、国家与政府及农民个人等角度来分析。但不论从何种角度，认真探究农民发展文化权益保障问题产生的原因，是有效提高农民发展文化权益保障的先决条件。这一节的内容主要是从制度层面、政府层面及农民自身层面等影响因素着手，分析农民发展文化权益保障问题形成的原因，以利于对症下药，找到解决问题的对策措施，进而推进农民全面发展。

一 保障农民发展文化权益的相关制度设计缺陷

顶层制度设计决定了制度执行的方向、范围和力度，国家对于每个大范围的问题制定相应的制度，具体的实施方法会由政策、法律法规来执行。因此，不难看出，对于农民发展文化权益保障存在的问题，寻求其根本原因是在于制度层面，由于制度设计层面存在的不公平不合理，造成了农民发展文化权益的缺失，导致了权利与义务的不对等，使农民文化权益从根本上未能得到有效保障。

（一）城乡二元制度约束

城乡二元经济社会结构是指以二元户籍制度为核心，包括二元的粮食供给制度、副食品与燃料供给制度、教育制度、就业制度、医疗制度、养老保险制度、劳动保障制度、人才制度、兵役制度、婚姻制度、生育制度等 14 个方面的社会制度体系。① 从某种程度上来说，也正是因为城乡二元结构体制的存在，阻碍了我国整体经济和社会的发展，这种阻碍的根源就在于城乡之间二元的户籍壁垒，从而产生了两种城乡截然不同的资源配置制度以及在城乡户籍制度壁垒基础上产生的其他二元壁垒问题。

城乡二元户籍制度导致了农民与市民之间的不平等现象，在城市生活中的人们基本的生存权利已经得到充分的保障，因此，开始了更加注重发展权利的维护和保障；而在广大的农村地区，有相当大一部分人的生存权利还没有得到切实的保障，因此，应该把维护农民的生存权与发展权作为农民权利保障的重点。但是，不论是市民还是农民都拥有平等的发展权利，尤其是对于农民这一弱势群体，更应该予以更多的关注。1986 年 12 月 4 日，第 41 届联大通过了《发展权利宣言》，在《宣言》中第 1 条就这样写道"发展权是一项不可剥夺的人权"。我们都知道生存权和发展权是最重要的人权，而生存权是发展权的基础，发展权是生存权的必要保障，只有发展权得到保障时，生存权才能永续地、没有后顾之忧地可持续发展下去，并不断改变和提高生存权的质量和效益。

因此，我们必须对生存权和发展权予以同等的重视，这是我国现阶段的国情所决定的，我们既要解决好农民群众的生存问题，同时也要解决好农民群众的后续发展问题。这也可以作为最大的发展中国家为其他的发展中国家的发展，提供宝贵的可践行的经验。《宣言》第 8 条规定："各国应在国家一级采取一切必要措施实现发展权利，确保各方面机会均等。"而我国的现实情况是长期以来实行"一国两策""城乡分治"的二元体制，导致了我国农民平等发展权一直处在被弱化的边缘地位，发展机会均等也就成了无本之木、无源之水。

农民文化权益是农民发展权益的重要组成部分。1992 年成立的联合国世界文化与发展委员会认为，人和文化背景的发展是发展的灵魂，任何发展都不能缺少灵魂。各界学者对于生存权和发展权的重要性排列也是众说纷纭，有的人认为生存权优先于发展权，对农民文化权益的保障通常是附加的，且不是主流，而且仅仅只关注了农民文化权益当中的一小部分，即受教育的权利，这也是导致农民文化权益保障缺失的一个思想认识

---

① 张楠：《中国二元经济结构问题分析及发展研究》，《内蒙古财经大学学报》2014 年第 4 期。

根源。

(二) 农村文化体制不健全

如果说城乡二元制度的存在,是影响农民文化权益保障的最根本的制度因素,那么,农村文化体制就是影响农民文化权益保障的最基础的制度因素。由于农村文化体制不健全,导致良好农村文化服务体系构建的失败。

首先,农村文化服务供给决策机制落后。我国长期以来受计划经济体制的影响,农村文化习惯于"自上而下"的服务供给决策机制,没有真正面向市场,缺少与基层农民的接触和交流,从而对基层农民的文化需求也就缺乏相应的了解。认为农村文化建设就是开展送文化下乡、放电影、送图书诸如此类的活动,认为加强农村公共文化设施建设就是建设老年之家等。这种"自上而下"的服务供给决策机制忽视了农民的真实文化需求,使农村基层文化活动形式单一、内容简单,也导致农民对文化生活参与度低。

其次,农村文化设施管理制度缺失。随着农村公共文化设施的不断完善,显露在我们面前的就是公共文化设施的管理问题。大量的公共文化设施建成之后,后续的管理和维护问题无人问津。由于管理与维护没有落实到具体的人身上,没有形成"问责机制",出现相互推诿现象,使一些设施设备缺乏维护,利用效率低,利用不均衡,闲置现象严重,遭到破坏现象频发。有些公共文化设施成为摆设的花瓶和"面子工程";也有的设施无人看管,挪用成为私人用地,违背了当初建设的初衷。个别图书阅览室因藏书量少、更新慢、开放时间短,借阅人数很少。还有的文化场所甚至成了危害社会公共利益活动的聚集地。

再次,农村文化公共服务职能弱化。农村公共服务职能涉及农民生活的各个方面,衣食住行用缺一不可。然而在实际的为农民提供公共文化服务的过程中,往往只注重经济职能的发挥,而忽视了其他职能的发挥,尤其是忽视了文化职能的重要性。比如,取消农业税政策的实施在经济层面帮助了农民,缓解了农民的生活压力,在一定程度上减轻了农民的生活负担,但是在一些较贫困地区的农村公共事业运行出现了不同程度的困难;由于义务教育、农村医疗卫生等建设比文化建设显现出的作用更为显著,因此,地方政府在调整公共服务职能时,往往人为弱化政府对农村公共文化服务的管理职责,没有认识到对于文化职能的弱化最终会影响到农村公共服务供给的数量与质量。此外，对农村文化事业和文化产业实行"一刀切"的管理模式，这在一定程度上混淆了文化产品和服务的功能和用途，也就直接导致了文化产业缺乏市场，造成了农民文化权益的缺失。

复次，农村文化人才选用机制落后。文化人才队伍是农村公共文化服务建设的第一要素，文化人才队伍的质量决定了农村公共文化的质量和水平。但是在目前我国的农村的人才选用机制可以说是微乎其微，甚至可以说是并没有专门针对农村文化人才队伍的选用机制，对于农村公共文化服务设施的利用与管理都是由乡镇的其他工作人员来代劳的，基层工作本身就烦琐而细小，对于时间上的消耗比较多，因此，他们忙于自身本职的工作都忙得不可开交，更别说有时间顾及兼任的文化管理与服务工作，有的个别地区认识到这个问题，于是采取措施来招聘专门的专业的文化人才，但是由于薪资待遇低，没有编制，生活水平不高等原因导致实际招录效果不佳，与预期的良好的效果相差甚远。

最后，农村文化考评奖惩机制不健全。农民发展的文化权益保障，不管是保障的过程还是保障的效果都是必须要同等重视的，建立相应的考评奖惩机制会在一定程度上监管与督促工作人员的工作，展现"文化软实力"，减少形式性和随意性。但是从目前的情况看来，仍存在相当一部分的农村地区对于农村公共文化服务事业的审查奖罚没有落实到位，最主要的原因是缺乏行之有效的参考依照的制度，大方向没有把握和可以依靠的衡量标准，自然而然地就导致了零散的不成系统的考评奖惩机制的产生，这在一定程度上就纵容了那些不干实事的所谓的工作人员，同时对于积极工作的人员也是一种打击，因此，农村文化建设考评奖惩机制的不健全影响了农民权益保障的有效实施。

二　政府为农民发展提供的公共文化服务不够完善

公共文化服务是公共服务的重要组成部分，提供公共服务作为政府的一项重要职能，也就确定了提供公共文化服务的主体是政府，政府掌握着公共文化服务的主动权，农民被动地接受着政府提供的公共文化服务，这就在一定程度上体现了政府对农民文化公共文化服务意识的重要性和对公共文化服务投入的重要性。由于政府对于农民发展的公共文化服务意识不足和资金上的投入不足，直接导致了农民公共文化设施不全和公共文化服务内容缺少，这在一定程度上损害了农民发展的文化权益。

(一) 提供的公共文化服务设施不全

随着我国经济社会的发展和乡村振兴战略的实施，农民的物质生活得到了一定的保障，开始追求精神生活的满足，精神生活的满足依赖于公共文化服务设施享有，公共文化设施是保障农民文化权益得以实现的硬件基础，政府在经济方面和关注度上都要加大对农村公共文化服务设施的投入力度，完善农村公共文化基础设施和服务，不断为农民发展提供良好的文化氛围。

首先，因经济方面的原因，引起的公共文化服务设施投入不足，这也可以认为是绝对的不足。公共文化服务设施的建立需要一定的经济支撑，在西方发达国家和新兴市场国家的文化建设投入一般达到财政支出的1%左右。而国家文化部2016年文化发展统计公报指出，文化事业费占财政总支出的比重为0.41%，我们可以清楚地看到我国的文化建设投入占财政支出的比例还不及西方发达国家和新兴市场国家文化建设投入占财政支出比例的一半。这也就意味着国家用于文化建设的资金是不足的，对于农村的文化建设的资金就更是少之又少，所以，如何有效地利用有限的文化建设资金，使它发挥出无限的价值，是摆在现实面前中的一大任务。与此同时，现实的情况是政府在利用这些资金时还会出现一些不规范现象，挪用这些专用资金的现象时有发生，这就在一定程度上加深了资金的紧张程度，造成了公共文化设施建设的发展速度缓慢，一些造价比较高的基础设施就会因经济因素而被筛选在外，直接导致了文化设施的不全。

其次，因缺乏了解农民需要的原因，引起的公共文化服务设施不足，这也可以认为是相对的不足。我国现阶段公共文化设施主要有三大类：第一类是基层文化设施网络；第二类是设施建设，满足人民群众公共文化鉴赏、求知等需求；第三类是满足人民群众看电视、听广播的要求。[1] 随着农民的发展，这些公共文化设施已经不能满足农民对文化的需求，农民现在更加需要的是实用性的文化，不仅仅停留在消磨闲暇时间的层面。毛泽东曾经说过："没有调查就没有发言权。"要想对一件事情发表自己的看法，必须扎根在这件事情之中。对于了解农民对于文化服务设施的需求也不例外，我们必须要走进农民的生活，切实体会农民对于文化生活的感

---

[1] 《国家"十一五"期间文化发展规划纲要：公共文化服务部分》，《人民日报》2006年9月14日。

受，只有这样才能提供给农民真正所需的文化设施。但目前普遍存在的问题是农村的文化建设流于形式，文化工作人员没有经过实际的调研调查，就想当然地认为农民需要何种文化设施，往往忽略了农民生活的现实基础，导致所提供的文化设施与农民需求的文化设施脱轨，造成部分文化设施无人问津。

(二) 提供的公共文化服务内容缺少

如果说农村公共文化设施是农村公共文化服务的硬件设施，那么农村公共文化服务的内容就是农村公共文化服务的软件设施。公共文化服务内容的丰富性和实用性，在一定程度上决定了公共文化服务的水平和质量。

首先，对于农村公共文化服务和城市公共文化服务内容的认识误区，因为城乡公共文化服务体系的定位不清，导致了农村公共文化服务内容的缺少。我们现在所说的要保障农民发展的文化权益，使之与市民享有同等的文化权益及文化待遇，并不是说简单地提供给市民什么样的文化权益就应该给农民提供什么样的文化权益。实际上，这种看法忽略了农民生活的现实状况，使农村文化的发展阶段与发展速度超越了现实的农村经济发展水平。我们希望看到的是把农村公共文化服务提高到与城市市民公共文化服务一样高的重视程度。我们要知道城市文化与乡村文化不是绝对对立的，重视农村公共文化服务内容的专门性和针对性，有利于真正保障农民发展的文化权益。我们的最终目的是建立起一个覆盖农民与市民的完整的文化权益保障体系，使每一个农民与市民的文化权益都能够得到充分的保障，并保持文化的多样性，从而促进每个人自由而全面的发展，而不是使城乡文化千篇一律，缺少色彩和应有的特点。

其次，对农村中存在的传统文化认识不够。传统文化有优秀和腐朽之分，优秀的传统文化是中华民族的瑰宝，农村作为中国传统文化的发源地，我们应该予以保护，农民作为中国传统文化的传播者和建设者，我们应鼓励农民传承创新优秀中华传统文化。有的基层工作者认为传统文化已经跟不上时代的发展，被现在这个经济社会所淘汰，应该完全摒弃，因此，在提供公共文化服务时，对于传统文化则是不加以区分和定性，只要是传统文化全都采取坚决的否定态度，更谈不上提供有关于传统文化内容的公共文化服务了。同时，现实当中也存在着另一种极端，即认为传统文化都是优秀的，需要全面的继承和发扬，纵容腐朽文化的传播和发展，如封建迷信、赌博、淫秽文化等，甚至参与其中并乐在其中，违背了基层文化工作者最基本的工作原则。这两种现象的存在，都直接导致了农民公共文化服务内容的偏颇，有失文化内容的平衡，没有正确认识传统文化，对待传统文化采取单一的极端的态度，某种程度也是对农民文化权益的一种侵犯。

当然，大部分基层文化工作者是能够处理好传统文化与现实社会的关系的，既能够把可以顺应时代发展的优秀传统文化发扬光大，也可以把那些阻碍经济社会发展的愚昧落后腐朽的传统文化扼杀在萌芽之中，这样就有利于为农民发展提供丰富多彩的公共文化，从而保障农民发展的文化权益。

三　农民发展自身的文化权益保障意识不强

农民发展的文化权益需要外在因素和内在因素的共同作用才能得以完全保障。唯物辩证法的原理告诉我们，外因是事物发展的外部条件，对事物发展起到推动作用，而内因是事物发展的根据，也就是事物发展的根本原因，对于农民发展文化权益的保障，农民自身既是农民文化权益保障的主体，也是文化权益保障的内在因素，要实现文化权益保障，就必须拥有实现的前提，即权益意识和维权能力，人们的权益意识的有无及维权能力的高低，在某种程度上直接影响着权益实现的效果。农民发展的文化权益意识不强和维权能力不高，直接影响了农民发展文化权益保障的程度和范围。

首先，农民法律维权意识比较淡薄。国家日益重视农民发展的文化权益保障，采取各种行之有效的措施来予以维护，但是现实情况是我国农村人口数量大，农村地域广阔、情况复杂，即使国家予以高度的重视，尽可能想尽周密的办法也难免会有波及不到的范围。尤其是在偏远地区，由于现实情况的复杂性和多样性很难面面俱到，这就在某种程度上要求农民具备基本的法律维权意识来维护自己拥有的神圣而不可侵犯的权益。随着中国特色社会主义进入新时代和乡村振兴战略的实施，我国农民维权意识比之前大有提升，但仍然有相当一部分农民的维权意识淡薄，其主要原因是受小农经济长期影响。

在传统社会中，小农经济在我国盛行了几千年，对农民的影响可谓是根深蒂固，深远持久。在小农经济时代，农民习惯了自给自足，生活在自己的圈子里，除了自己不能生产外的其他一律自己生产，这也就决定了农民生活的封闭性，不与外界接触，这就决定了农民缺乏参与意识；农民之间也进行交流，而这种交流最多也就是与生活在同一个村子里的农民进行些许的交流，但是不容忽视的问题是农村是以血缘关系建立起来的传统村落，生活在同一个村子里的人都具有或远或近的血缘关系，当邻里之间存在矛盾或者是发生冲突时，他们会不由自主地选择忍让或者是大事化小、小事化了的态度。随着时间的推移，矛盾自然而然就会化解，费孝通形象地描绘了中国农村是一个怎样的"熟人社会"，久而久之，这就在一定程度上决定了农民生活的性格，即当农民整体权益受到侵害时，大多数情况下农民会采取不参与、事不关己高高挂起的态度和置之不理的处理办法，认为有的人会站出来，而这个人不会是自己，因为侵犯的不仅仅是自己的利益还有其他更多的农民的利益；而当农民个体本身的权益受到侵害时，大多数情况下农民会采取忍让的态度，认为随着时间的流逝，一切不愉快终会散去，而自己的忍耐也只是一时的。长期受小农经济的影响，导致了农民生活的现状是逆来顺受的状态，农民维权意识薄弱。

其次，农民科技文化素质相对偏低。因为长期以来我国农村教育落后，导致我国农民科技文化素质很低。虽然近几年我国认识到了这个问题，各级政府加大了对农村教育的投入，但是不可否认的事实是我国农村教育的发展仍然落后于经济的发展。一是由于九年义务教育落后引起的农民科技文化素质偏低。九年义务教育是我国的基础教育，为了保障每个人的受教育权利而设立的基本教育制度，每个人都应该拥有受教育的权利，同时也是一种义务。虽然九年义务教育制度在全国范围内推行，但是在农村推行的效果不尽如人意。例如，对"普九"的认识不深刻，只是注重学生上学的年限而忽略了学生是否学到真正的知识，付出的时间与得到的回报不成正比例关系；师资力量也在一定程度上限制了义务教育的发展，因农村生活条件差，父母外出打工，留守儿童和空巢老人居多，大多数人都不愿意留在这里生活和工作，更不必说从城市引进人才了，因此教师数量、教师素质和教学质量都有待提高。二是由于职业教育落后引起的农民科技文化素质偏低。因为有相当一部分的农民没有接受过基础教育，但他们从事着农业生产活动，所以根据现实情况的需要，要求对这些农民进行职业教育，使他们更能高效地投入农业生产生活当中，但是目前我国针对农民工的职业技能教育还没有普及，进城务工的农民很少接受专门的职业技能培训，没有掌握多方面职业技能，没有拥有现代科学技术知识和先进的思想理念①。因此，农民职业技术教育体系相当薄弱，政府对农民职业教育厘定不清，面子工程和形式化较为严重；缺乏固定的专门用于农民职业教育培训的资金，使农民职业教育培训缺乏必备的经济基础；有一些地方或多或少地会举办职业教育活动，但是因教授的知识大都是理论知识，不容易理解，导致农民的参与度不高，教育效果不明显。三是由于成人教育落后引起的农民科技文化素质偏低。成人教育是对基础教育薄弱和基础教育落后的一种补充。改革开放以来，我国的农村成人教育取得了辉煌的成就，农村扫盲工作开展得非常顺利并取得了惊人的成就。新中国成立初期，我国农村的文盲半文盲人口占我国总人口的 90%，而到目前为止我国农村的文盲半文盲人口占我国总人口的 10% 左右，但是与其他国家相比，在文盲总数上我国仍然是比较多而且主要集中在农村。由于一些农民缺乏基本的常识和基础的农业知识，至今为止仍然过着"靠天吃饭，赖地穿衣"的日子，不仅旧的文盲大量存在，在一定程度上也加剧了新的文盲的产生，新旧文盲的思想和实际行动都会阻碍下一代接受教育，进入越贫穷越生孩子，越生孩子越贫穷的恶性循环。

第四节 农民发展文化权益保障的对策建议

农民发展的文化权益是农民权益中不可缺少的重要组成部分，是必须加以认真对待的农民权益。针对现阶段农民发展文化权益保障的基本情况，在分析存在问题的原因基础上，我们认为应该破除城乡二元社会制度，建立健全的农村文化体制，政府应加强公共文化服务的力度，同时提高农民自身的法律维权意识和自身的科学文化水平等，采取各种行之有效的办法为农民发展文化权益保障的扫除障碍，进而促进农民的全面而自由的发展。

一 完善农民发展的文化权益保障相关制度

（一）破除城乡二元社会制度

城乡二元社会制度由来已久，可以说它是阻碍农民发展文化权益保障的制度性根源，破除城乡二元社会制度，自然而然就破除了因城乡二元社

---

① 高君：《中国农民发展理论研究》，人民出版社 2016 年版，第 269—270 页。

会制度所演化出来的其他有关农民文化权益保障的制度。城乡二元社会最重要的表现是户籍管理制度。从新中国成立以来到目前为止，中国户籍管理制度可以分为自由迁徙期、严格控制期和半开放期。随着经济社会的快速发展，特别是改革开放以来，我国户籍制度改革不断进行。早在2014年国务院在《关于进一步推进户籍制度改革的意见》中就指出，在我国社会领域实行了多年的"农业"和"非农业"的二元户籍管理的模式，将退出整个社会的运行发展。这个决定从表面上来看，在制度层面上一定程度地给予了农民平等发展的权利。但是，农民需要的不仅仅是由"农民"到"居民"的头衔的变化，更重要的是使农民能够享有和获得与城市居民平等的权利以及在生产方式和生活方式上的彻底改变。

任何事物的产生、发展和消亡都需要有一个过程，一项制度从提出、实行，到效果的验证也需要一个过程，需要一定的时间，绝不是一蹴而就的。当然，一项制度政策的出台到实施，一定会为部分人提供利益保障，也可能会或多或少触及部分人的既得利益，但是两害相权取其轻，两利相权取其重，相信破除城乡二元社会制度对保障农民发展文化权益是利大于弊的。只有这样，才能让农民真正享受到与城市居民同等的待遇，破除固有的利益格局。所以，必须统筹城乡居民的文化权益，无论是农民文化权益还是居民文化权益都应该以公平的方式，平等对待。

统筹城乡居民文化权益。所谓统筹，简单地说，就是统一筹划的意思，对城市居民的政策、投入、关注，对农村人口也应该同等适用。科学发展观是马克思主义关于发展的世界观和方法论的集中体现，落实科学发展观的根本目的，就是实现整个社会全面、协调、可持续发展。在文化权益保障上，则表现为统筹城乡居民文化权益。正如"木桶原理"告诉我们的道理一样，决定木桶容量大小的不是木桶中最长的那块木板，而是取决于最短的那块木板的长度，最短的那块木板越长，则整个木桶的容量就越大，反之亦然，所以我们要尽量地缩小最短木板与最长木板之间的差距，使整个木桶获得最大的容量。

因此，对于一个整体的可持续发展而言，发展最快的那部分要起到模范带头作用，拉动整体的平均数不断上升，与此同时我们更应该给予发展最慢的那部分更多的关注和支持，使之成为提高整体平均数的源源不竭的动力。文化权益保障是一个木桶，居民文化权益保障是那块长木板，农民文化权益保障是那块短木板，在维持平等享有城乡居民文化权益的同时，更应该对农民文化权益这一短板予以更多的重视，只有这样才能不断提高整体文化权益水平。

（二）建立健全农村文化体制

健全农村文化体制有利于为农民文化权益提供一种规范化、程序化的保障渠道，使农民在日常文化生活和活动中有"法"可依、有章可循，也可以为农民文化生活权益保障提供更具体、更现实的途径。首先，明确农村文化体制建设方向，必须牢牢把握社会主义先进文化的前进方向，坚持马克思主义在意识形态领域的指导地位不动摇，确保国家文化安全，摒弃传统文化中的糟粕，继承中华民族优秀传统文化，不断丰富中华文化内容。把文化内化于心，外化于行，不断探索前进，不断创新发展，从而树立新的文化发展观。坚持把文化的社会效益放在首位的原则，在不损害文化的社会效益的前提下兼顾文化的经济效益，使文化的社会效益和文化的经济效益实现共赢。加快发展文化事业和文化产业，推动文化产业结构优化升级，切实保障文化经济力的可操作性。

其次，建立农村公共文化管理运行机制，改变陈旧的落后的管理模式，鼓励农民参与到管理的行列当中，倾听农民对于文化的诉求，抛弃原有的"自上而下"的管理模式，建立新的"自下而上"的全民参与的高效的管理模式；强化政府的文化管理职能，明确并提高文化对经济及政治的作用，充分发挥政府文化部门的引导作用，建立农民文化权益保障的导向机制，引导农民群众树立正确的三观，用先进文化取代落后文化；建立权责统一完备的文化设施管理制度，定期对文化设施进行检查，对存在安全隐患或者是有破损的文化设施予以修补或申请再造，同时要加强宣传，使每一个农民都参与到文化设施的保护与管理之中，对破坏公共文化设施的行为和人进行严厉的惩罚和谴责，让舆论引导大家正确地对待公共文化设施；建立专门的农村文化人才选用机制，可以通过内部选用和外部招聘的两种形式相结合的方式，选贤任能，并定期地对文化人才进行培训，保障文化人才本身的质量和水平；建立全面、合理的考评奖惩机制，把文化是否发展得好，是否可持续发展，是否取得实际的成效作为领导干部和基层工作人员业绩考核的重点内容，对本身具有文化职责却没有对文化发展产生实际积极作用的工作人员，视情节的严重性予以惩罚，对文化发展作出巨大贡献的人予以经济和精神上的奖励，并予以一定程度的表彰，起到良好的模范带头作用，引领风尚。

最后，建立与农村文化体制相配套的市场监管体制，逐步加深监管力度，注意监管步骤和监管的态度，在不违背监管体制的原则下，进行人性化的合理的监管，必要时再运用法律的武器惩戒滥用文化的行为，确保农村文化体制的顺利实施。农村文化体制的建立和健全有利于农民社会主义荣誉观的培养，有利于农民社会主义核心价值观的培育和践行，为社会主义文化大发展大繁荣提供有力支撑，一定程度上满足现阶段我国发展文化强国的迫切需要。

二 加强政府提供农民发展的公共文化服务力度

(一) 完善公共文化服务设施

政府应加大对公共文化服务设施的投入力度，充足的资金是农村公共文化服务设施的重要保障。首先，加大政府对农村尤其是偏远地区农村的文化设施投入，解决基本的文化生活所需的空间和基础的文化设备。对已经建成的公共文化服务设施进一步跟进，形成相应的联动机制，确保公共文化设施的利用率和使用效果，同时，也要对文化服务设施的质量进行全民监督，有效减少面子工程现象的产生直至杜绝此现象为止；建立健全的全民监督的体制，建立包括对于来访、信访等态度，是否简化办事流程等细节在内的监督体系，从而确保农民的文化监督权得以全方位的保障。

政府对农村公共文化服务投入数量的多与少，是受多种因素共同作用的，仅仅依靠政府直接的投入是远远不足补齐农村公共文化服务设施这块短板的，所以政府应该呼吁整个社会，企业、人民团体、个人等来共同参与农村公共文化服务设施的建设，对有意向投资或募捐农村公共文化服务设施的企业、人民团体以及个人给予一定的鼓励、优惠政策等，以此来拓宽资金来源的渠道，形成以政府为主导，以全社会共同参与的资金投入模式，确保公共文化服务设施投入来源的多样性，从而确保公共文化服务的稳定性，最重要的是可以聚集大量的资金，保障资金投入的充足。

其次，政府应定期举办交流会、座谈会，了解农民群众的内心的声音和真正的需求，在充分了解的基础上，再进行针对性的公共文化服务设施的提供。重要的是发挥基层文化站的功能，基层文化站是文化的传播者和农村文化的建设者，要发挥其文化枢纽的作用，既要通过文化站了解农民的需求，又要向农民群众展示并推广适合农村发展的先进的优秀的文化。

新时代，"互联网+"日益成为我们生活的一部分，为了使农民不掉队，我们要继续落实和跟进农村互联网覆盖工程，利用基层文化站的文化功能普及互联网知识，让农民融入互联网的大潮之中，步入"互联网+"受益者的行列，同时，农村互联网的普及及发展也在一定程度上对基层文化站起到监督的作用，通过网络可以对基层文化站的文化开展工作，文化服务设施的提供等进行及时有效的监管，使基层文化站的工作透明度大大提升，提高了政府的公信力和影响力，确保农民的文化权益不受损害。此外，也要对"农家书屋""文化礼堂"等利用效果进行实时的监督。

（二）丰富公共文化服务内容

一方水土养一方人，特有的地域文化养育了独特的人民，在一定程度上，生活环境也就决定了生活的需求。有调查表明，农民特别喜欢通俗的、贴近自己生活的、浅显易懂的文化产品，对那些高雅的、专业性较强的、离自己生活较远的所谓"阳春白雪"类的文化，农民不感兴趣。[①]

因此，政府不仅仅要把这些农民愿意接受的文化做好做大做强，符合农民自身的需求，更要培养出农民对文化的浓厚兴趣，提高农民的文化层次和文化品位，在不丢掉优秀传统文化本质的前提下，不断进行文化内容的创新和丰富。同时，也要抵御落后的低俗文化在农村的发展蔓延，祛除传统文化的糟粕，吸取传统文化的精华。采取各种行之有效的措施来帮助农民辨别优秀文化和腐朽文化，先进文化和落后文化，要定期开展文化知识普及活动、"文化下乡"活动，让农民了解并掌握一些基本的生活常识，提高辨别是非、辨别先进文化和落后文化的能力。

先进文化是推动农村经济发展与社会进步的精神动力，要通过各种途径把优秀传统文化发扬光大，例如"家燕筑巢"，把一些民间艺术家的绝活一代代薪火相传，使之源远流长，成为宝贵的精神文化遗产；"回归民俗"，把春节、端午节、元宵节等中国传统节日的气氛重新活跃起来。落后文化是阻碍农民发展的思想因素，是慢慢腐蚀人心的潜在因素，我们要坚决抵制各种错误的封建迷信思想。可以通过建立村规民约，来规范村民的文化生活，定期召开例会检查村规民约的学习情况；建立互助小组，帮助解决个人解决不了的问题；建立监督小组，让广大农民都参与进来，互相监督，共同出谋划策。

---

① 王廷兴：《农民呼唤文化小康——襄樊市农民文化需求调查》，《湖北社会科学》2004年第7期。

政府还要不断深入农民群众的日常生活当中,想农民所想,做农民想做,同时要挖掘农民身上潜在的文化因素,与现代文化、高雅文化逐步接轨,实现优秀的传统文化与时代的先进文化无缝对接,不断提高我国的文化自信。同时,对于不同的文化服务内容应采用不同形式的宣传手段,以便更好地宣传文化内容,使农民真正地把文化内化于心,外化于行,例如专业知识的传授可以采用讲座、宣讲视频、实践操作的方式来进行;而对于娱乐性质的文化内容可以采用发放宣传单页、观看宣传视频的方式;对于文化内容创新的讨论,可以采取召开交流会、座谈会的形式。对于那些农民比较陌生的文化内容可以采用讲座、宣讲会的形式等。政府要想尽办法,不断满足广大农民群众日益增长的文化需求,与农民进行良性互动,及时解决农民遇到的文化问题。

三 提高农民自身发展的文化权益保障意识

(一) 提高农民自身的法律维权意识

长时间以来,国家出台了一系列法律法规,保障农民发展的基本权益,同时,我国也开始着手起草"中华人民共和国农民权益保护法",可以看出农民权益的法律保障将日趋完善。但是,正如列宁所说的,认为"写上几百条法令就可以改变农民的全部生活,那我们就会是十足的傻瓜"。所以,衡量一项政策法规出台的效果好坏,主要的是看政策法规出台之后的现实情况是否与政策法规想要的初衷相一致,而对于农民文化权益来说,现实的情况是农民自身素质并没有跟上国家出台法律的步伐,农民的文化权益保障的法律意识仍然很淡薄。因此,必须提高农民的法律维权意识。

首先,根据农民的实际情况进行专门的有针对性的农村法制教育,举办送法下乡入户活动,定期定量到户走访,进行义务的法律咨询,通过讲述相关的法律知识来帮助农民解决发生在身边的侵犯自身权益的事情。

其次,选取法制节目的典型案例视频等,组织广大农民群众一起观看,如"今日说法""法在我身边""道德观察"等与农民群众生产、生活密切相关的,特别是经常发生在身边的一些典型案例事件,观看之后,让农民群众在一起交流观后的感觉以及从中所学到的知识。

再次,在普及法律知识的基础上,鼓励引导农民自编自演法律情景剧,让农民真正地融入法制社会中,更深刻地体会法律的力量。通过这些寓教于乐的方式让农民了解、熟悉与自己直接相关的法律，例如有关农业、农村、农民的法律，同时还要让农民了解公民的基本权益的法律。

同时，还要不断提高农民自身的维权意识。生存权和发展权是重要的人权，文化权益作为发展权的重要组成部分，农民必须拿起法律武器进行维护自身的文化权益，因为维护农民的文化权益在一定程度上就是维护农民的发展权。所以，当农民的合法权益受到侵害时，农民的第一反应不应该是忍气吞声或者置之不理甚至采取不理智的做法，而应该是拿起法律武器，站在法律角度去认识、解释已经发生的客观存在，并利用法律来帮助自己解决现实中的困惑与问题，而要做到这些，农民群众就必须做到让"法"时时刻刻地注入自己日常生活当中，在日常生活当中学法、用法，让学习法律更具有计划性、目的性和实用性。

总之，通过系列的法律宣传教育活动，培养农民的法律思维，让农民不断地熟悉法律，形成学法，懂法，守法，用法的一套体系，使农民遇到侵权的行为时，懂得运用法律的武器武装自己，切实维护自身权益。

（二）提高农民自身的科学文化素质

教育是提高农民科学文化素质最直接、最有效的手段。根据受教育农民的客观需求和实际教育背景，必须从不同角度、针对不同层次的农民进行全方位、多角度的教育，从而发挥各种教育的最大效用，以提高农民的科学文化素质。

首先，要发挥农村义务教育对提高农民科学文化素质的基础性作用，严抓严管九年义务教育的顺利普及和实施，基层文化站等农村文化工作部门与民政局建立适龄儿童接受教育专项工作组，做好适龄儿童的登记工作，对于适龄儿童未接受义务教育的人员予以充分的调查了解，找出未接受教育的原因，是本级部门可以解决的问题应大力加以解决，如果解决问题确有实际困难的，则请示上级予以支援和帮助。同时，也应加强教师队伍建设，采用多种形式的人才引进战略，提高引进人才的待遇和社会地位，并要求教师不断提高自身的素质，实现教学相长。

其次，发挥农村的职业教育对提高农民科学文化素质的重要作用。农民是长期从事农业生产的劳动者，对于农民的职业教育不仅有利于农民文化素质的提高，也有利于农业的发展进步。基层政府应该利用合适的公共空间创办职业技术教育中心，定期定量地对农民进行职业教育，转变对职业教育偏颇的思想观念，不断丰富和完善农村职业技术培训内容，使培养和就业相结合。同时，也要注重教育的培养质量，建立适当的考核考评机制，适时地组织考核，并对考核成绩较好的人员进行物质和精神上的激励。

再次，发挥农村成人教育对提高农民科学文化素质的保障性作用。建立健全农村成人教育管理体制，树立活到老学到老的学习理念，喊响农民只要开始接受教育就为时不晚，就不会永远是文盲的口号。不断改革教育内容和教学方法，以科技为核心内容，利用现代化教学手段，突破"填鸭式"教学，不断加快农村成人教育的发展步伐。

最后，发挥农村科普教育对提高农民科学文化素质的前瞻性作用。重视农村科普工作，支持普及科学文化知识，提高农民的科技意识，树立"以崇尚科学为荣，以愚昧无知为耻"的社会风尚。同时推广农业科学技术，使理论与农业生产实践相结合，激发农民的智慧潜能，不断提高农业的生产率。

第六章

农民发展的社会权益保障

农民发展的社会权益保障问题关系到广大农民的切身利益，是农民密切关注的问题，也是社会普遍关心的问题。在我国，如果农民发展的社会权益保障问题长期得不到妥善解决，必将影响到农业、农村现代化的实现，也必将影响到我国社会的长期稳定和发展。因此，对这一问题的探讨，具有重要的理论意义和现实意义。它一方面可以增强人们对农民发展社会权益保障的充分认识，丰富农民发展的社会权益保障理论；另一方面也有利于推进农民社会权益保障的有效落实，促进农民全面发展。

第一节 农民发展社会权益保障的重要作用

农民发展的社会权益保障，是改善农民生活条件、提升农民生活质量、提高农民幸福指数的最基本和最直接的权益，其保障程度如何也是衡量农民发展实现程度的最为基本的指标。农民作为我国最大的弱势群体，其社会权益保障与实现对于农民发展至关重要。

一 农民发展的社会权益保障是农民全面发展的基本保障

人的全面发展是马克思主义为之奋斗的最高理想和价值目标。发展归根到底是人的发展，而人的发展关键在发展主体自身的自由而全面发展。农民发展的经济权益为农民全面发展提供经济基础，农民发展的政治权益为农民全面发展提供政治保证，农民发展的文化权益为农民全面发展提供精神动力和智力支持，而农民发展的社会权益则为农民全面发展提供必要保障，是事关农民生存与发展的基础性权益。比如，农民发展社会权益保障中的自由迁徙权益的保障，为农民全面发展提供自由流动迁徙与居住的保障，就业权益的保障为农民全面发展提供获取生活资源公平就业机会，社会保障权益的维护不仅为农民全面发展提供基本生活保障，同时还为农民全面发展解除后顾之忧。

农民作为社会价值主体，要获得自由全面的发展离不开他们社会权益的充分保障。如果农民发展的社会权益作为基础性的权益得到切实保障，他们的生产积极性、主动性必将大大提升，创造热情也将大大激发，从而使其成为推动社会主义市场经济发展乃至社会全面进步的中坚力量。农民在推动社会全面发展的同时，也必将逐步获得自由全面发展。[1]

二 农民发展的社会权益保障是农民权益保障的重要内容

（一）农民发展的社会权益保障，特别是其中的就业权益保障与农民发展的经济权益保障有交叉和重叠

农民发展的就业权益关涉经济领域也关涉社会领域，既是物质保障所必要的权益，同时也是实现农民全面发展所必需的社会权益，与农民发展的经济权益具有较大的重合度。有些学者将就业权益纳入经济权益之中，也说明两者的密切关系。实现就业是农民为了自身的生存和发展而在社会中进行劳动获取报酬的过程，劳动作为农民实现生存与发展的一种手段，保障农民获取就业权益，不仅是农民自身在创造财富的过程中获取劳动报酬的资格，也为不能创造财富的人准备了生存与发展的保障。所以，就业具有维护经济权益的特征，体现了对经济权益的价值追求。

同时，就业也体现了农民实现做人的价值和个性发展的需要。保障农民发展的就业权益，对维护农民的尊严、社会正义和社会和谐都具有重要意义。就业不仅是农民获取物质保障所必要的权益，也是实现农民全面发展所必需的权益，不仅是农民经济社会权益的核心，也是农民基本人权的核心，更是农民人权的当代主题。农民就业的核心要义是农民择业自由和就业平等，由尊重农民就业权益推演出来的维护农民经济权益进而改善农民的经济状况，只是农民就业作为农民基本人权的应有之意。[2]

---

[1] 丁德昌：《农民发展权法治保障研究》，中国政法大学出版社2005年版，第220页。
[2] 李光宇：《农民工作权研究》，博士学位论文，吉林大学，2004年。

(二) 农民发展的社会权益，特别是其中的教育权益保障是维护农民发展的政治权益的重要手段

农民发展的政治权益是指农民与城市居民同等享有一切政治权益（主要包括平等权益、自由权益、生存权益、参与权益等）。然而，这些权益在现实中并没有得到充分体现，分析其原因：一是农民参与管理国家（集体）事物的权益不充分。各级政府制定的农业发展规划及政策中，主要是由代表农民的组织者或管理者来决策，真正的农民代表很难参与其中。二是缺乏维护自身利益的农民组织。占总人口70%的农民没有代表自己利益的组织，因此，在各种利益集团相互博弈中，农民整体上处于弱势地位。三是农民在实际政治权益的占有和利益表达机制方面与城市居民仍有较大差别。这种差别反映在法律上是相关规定不平等。

以上农民发展的政治权益得不到保障固然与法律、政策、制度不合理有关，但不可否认的一个事实是与农民本身的受教育程度密不可分，而受教育程度又与农民的教育权益保障相连。所以，只有充分保障农民发展的社会权益，才能从根本上提高农民发展的素质，进而争取、充分行使其选举权与被选举权以及其他政治权益，使其发展的政治权益得到保障。

(三) 农民发展的社会权益，特别是其中的教育权益保障也是维护农民发展的文化权益的重要手段

农民发展的文化权益是农民发展不可缺少的一种基本需要，与其他基本权益有着密切的联系。广义的文化权益包括受教育的权益，可以认为受教育的权益是农民发展的基本文化权益。是维护其他文化权益的手段。教育平等是社会平等的基础。我国宪法规定国家发展社会主义教育事业，提高全国人民的科学文化水平，公民有受教育的权利和义务。以户籍制度为基础的城乡教育二元体制、重城市轻农村的教育格局，造成了城市教育繁荣背后的某种假象和农村教育的真实危机：城市教育国家拨款，资源集中，设施齐备，师资队伍素质高，学生升学率高，而农村教育以县为主，基础设施落后，师资力量严重不足，尤其是义务教育问题突出，与城市教育差距拉大。许多不了解现实的人，尤其是部分市民，动辄责备农民知识贫困、素质低下，他们认识不到问题的根源，体会不到农民的悲哀，甚至误认为农民自身不求上进，殊不知，教育的不平等是起点的不平等、机会

的不平等、最大的不平等①。教育之所以变得日益重要，不仅是因为实现社会公平的利器，是最下层的人们进入社会中上层的重要合法途径，而且是因为接受适当的教育对于最适当使用财产以确保适当的生活水准，对于确保人们获得令人满意的工作和在工作中发挥出色，对于最适当地使用源自财产、工作或社会保障的收益已达到相当的生活水平具有紧密的联系。②因此，在起跑线上就处于劣势的广大农民，对于未来走向中层和上层社会所面临的困难是可想而知的。当然，城乡间教育差距在一定程度上是城乡经济差距的结果，但也必须承认，以户籍制度为核心的城乡二元教育体制对教育资源的不平等分配，所造成的束缚农民发展的恶性循环。因此，城乡发展一体化本身就包含了城乡教育的均衡发展，涉及经费投入、硬件设施、师资队伍建设等诸多内容。只有城乡教育均衡发展，才能保障农民平等地接受教育，也才能促进农民文化权益的实现，进而促进农民的全面发展。

（四）农民发展的社会权益，特别是其中的社会保障权益保障是维护农民发展的所有权益的基本保证

农民发展的人社会权益保障是指农民在医疗、养老、失业等方面应享受国民待遇的权益。我国《宪法》第45条规定：中华人民共和国公民在年老、疾病或者丧失劳动能力的情况下，有从国家和社会获得物质帮助的权利。2004年修正案也规定：国家建立和健全同经济社会发展水平相适应的社会保障制度。从社会平等来看，人人有权享受社会保障，无论居住在城镇还是农村，只要共同生活的家庭成员人均收入低于当地居民最低生活保障标准的，均享有从当地政府获得基本生活物质帮助的权利，同时享有参加社会保障的权利。社会保障权是保障农民生存权和发展权的本质内容，农民在发展过程中缺少了社会保障权益，则其他的权益也将很难得到保障。从这个意义上，可以认为，保障农民发展中的社会权益，尤其是社会保障权益是维护农民发展其他权益的基本保证。

三 农民发展的社会权益保障是我国社会协调发展的必然要求

"社会主义的目的就是要全国人民共同富裕，不是两极分化。如果

---

① 王芳：《我国户籍制度的宪法学批判——兼议社会主义新农村建设的制度环境》，《黑龙江省政法管理干部学院学报》2006年第9期。

② 张千帆：《宪法学》，法律出版社2004年版，第232页。

我们的政策导致两极分化，我们就失败了。"① 农民发展社会权益保障的核心价值也在于平等、公平，最大限度地减少两极分化，实现人与人之间的机会公平、程序公平、结果公平。马克思指出，一个社会的一切成员，都应当有平等的政治地位和社会地位。② 邓小平指出："农村不稳定，整个政治局势就不稳定，农民没有摆脱贫困，就是我国没有摆脱贫困。"③ 可见农民社会权益保障，对于保持农村社会稳定有着至关重要的作用，事关中国稳定和发展大局。马克思主义经典作家十分重视农民的权益保障问题。马克思、恩格斯、列宁和毛泽东都曾从无产阶级革命的需要出发研究农民权益保障对于巩固工农联盟，对于无产阶级革命和社会主义建设的重要性，同时也对未来社会"三农"发展的前景进行科学预测。

保障农民发展的社会权益是解决"三农"问题，特别是农民发展问题，促进城乡协调发展一体化的重要手段。为此，必须推进城乡发展一体化，构建新型的工农、城乡关系，必须统筹城乡居民的经济、政治、文化和社会生活。城乡发展一体化建设，关键在于促进农业、农村和农民的发展，而解决农业、农村和农民的发展，尤其是解决农民发展的关键又在于保障农民发展的各项权益的落实。农民发展的社会权益不仅是农业、农村和农民发展的手段性权益，也是农民发展的目标性权益，是手段和目标的有机统一。通过农民发展的自由迁徙权益、就业权益、社会保障权益等的实现，从而实现农民发展的社会权益保障的有效实现，促使农民生活质量水平不断提高。

当前，确保农民发展的社会权益保障的实现，有利于统筹城乡发展一体化、实现经济社会稳定协调发展，有利于处理好国家与公民、社会与公民、人与自然的关系，有利于合理分配各种经济资源、社会资源、自然资源，正确对待广大农民在发展中的合理权益诉求，给予农民作为公民应有的平等、公平、公正权益，让广大农民共同参与现代化进程、共享现代化发展成果。

---

① 《邓小平文选》第3卷，人民出版社1993年版，第110—111页。
② 《马克思恩格斯选集》第3卷，人民出版社1995年版，第444页。
③ 《邓小平文选》第3卷，人民出版社1993年版，第237页。

第二节　农民发展社会权益保障现状与问题

充分尊重、保障和实现农民发展的各项权益，有助于解决农民的发展问题。目前，在农民发展的社会权益保障过程中，农民迁徙自由的限制在实践中逐步放松，城乡统筹一体化就业制度不断落实，农村全面普及免费义务教育，覆盖城乡居民的社会保障体系基本建立。农民发展社会权益保障在经历了一段时间的改革创新后，得到了重大突破，取得不少成就。但是，保障农民发展社会权益具有高度的复杂性、综合性，在其过程中依然存在外在的政策制度缺失、客观的物质基础薄弱以及内在的农民自身维权意识淡薄等方面问题。

一　农民发展社会权益保障的积极变化

（一）农民迁徙权益的限制正在逐步放松

从我国迁徙自由的政策发展演变来看，迁徙自由在我国经历了三个阶段：从宪法明确肯定迁徙自由，到迁徙自由受到限制甚至否定，再到目前对农民迁徙自由的限制在实践中开始逐渐松弛。

1. 农民迁徙自由权的重视由来已久

传统中国社会的封闭性，在中国历史上和平年代的世代定居是一种常态，也是理想社会。而丧失土地后无所依归，躲避战乱饥荒而流亡他乡，导致出现流民形式的迁徙人口，基本是在传统社会结构下所作出的被迫选择。鸦片战争后，中国社会出现了近代意义上的人口迁徙，由于近代以来中国的社会性质及复杂的国内外环境，不可能为迁徙人口提供稳定的生存生活空间，城市无力容纳不断增长的流动人口。

近代以来没有为自主的迁徙人口提供必要、可能的社会条件和现实条件，但迁徙自由受当时的西方思潮影响，反映了当时的社会背景，所以迁徙自由也曾经被载入近代的几部宪法里，在袁世凯时代、北洋政府时代和国民政府时代，也都承认过公民有迁徙之自由，虽然短暂，还是有着一定积极意义。

1912年制定的《中华民国临时约法》，是近代中国第一次在宪法中明文规定"人民有居住迁徙之自由"。1936年《中华民国宪法草案》规定："人民有迁徙之自由，非依法律，不得限制之。" 1946年《中华民国宪法》规定:"人民有居住及迁徙之自由。"我党的革命根据地,1941 年颁布的《陕甘宁边区施政纲领》,曾对公民迁徙之自由作了规定,保证一切抗日人民,农民、工人、地主、资本家等的迁徙之自由权。1949 年新中国成立,为迁徙自由权的实现提供了可能的前提条件和现实基础,但是一系列治国理政举措也在某种程度上造成我国的迁徙自由问题复杂化、特殊化。1949 年之后,迁徙自由曾一度入宪,但很快名存实亡。

2. 农民迁徙自由权受到限制甚至否定

从 1955 年 6 月到 1957 年 12 月,国务院密集发布了《关于建立经常户口登记制度的指示》《关于防止农村人口盲目外流的指示》《关于防止农民盲目流入城市的通知》《关于制止农村人口盲目外流的指示》等文件,严格禁止城市部门私自向农村招工,限制农民进入城市。1958 年出台的《户口登记条例》明确了限制农民迁入城市,农民被人为地固定在农村土地上而不能离开,农民合法转化为城市居民的方式受到了很大限度的限制。从此,城乡分割的二元社会结构开始成型。

3. 农民迁徙自由的限制在实践中逐渐得到松绑

公安部等三部委在 1980 年 9 月联合颁布"农转非"政策,规定技术干部的配偶由农村迁往城市时,可以不占正常审批的控制比例。随着经济社会的不断发展,随着改革的不断深入,国家对迁徙自由的限制在实践中开始逐渐松弛。1984 年 10 月国务院规定,部分符合条件,可迁入城镇落户,但要在能自理口粮的情况下。1985 年国家发布《关于城镇暂住人口管理暂行规定》,社会成员在非户籍地长期居住获得了承认和允许。1993 年通过宪法修正案在宪法中确立实行市场经济,在事实上突破了迁徙自由的限制。1994 年后国家以居住地和职业划分户口,建立以三种户口管理形式为基础的登记制度。[①] 1997 年国家连续发布两个规定指出,已有稳定经济来源或有正式职业,并且有固定住所后,在城镇居住满两年的农村人员,可以办理城镇常住户口。2014 年 7 月 30 日《关于进一步推进户籍制度改革的意见》里指出,落实放宽户口迁移政策,合理引导农业人口有序向城镇转移,有序推进农业转移人口市民化。这些文件的颁布,表明我国传统户籍制度终于有了实质性松动,农民迁徙自由权得到了重视。

---

① 王海光:《当代中国户籍制度形成与沿革的宏观分析》,《中共党史研究》2003 年第 7 期。

总体看来，目前，小城镇中农民迁移权益基本得以保障，大中城市中农民迁移权益保障程度有明显提升，但距离"迁移自由"的真正实现，尚有较远的路程要走。当然，在当时的社会历史条件下，限制迁徙自由的做法，是具有一定积极意义的，但是不正义、不公平性也是显而易见的。随着社会和时代的发展，对迁徙自由权的限制也越来越不符合社会发展潮流。

(二) 农民就业权益逐渐迈向城乡一体化

1978年党的十一届三中全会召开，宣告了我国市场化改革的开始，农民就业权益也随之产生了深刻的变化。打破了长期以来限制农民进城就业的各种束缚，在乡镇企业发展、小城镇建设、引导农民合理有序流动等方面，制定并实行了一系列政策，使广大农民的就业权益得到切实保障。

1. 农民自由择业权益被严重剥夺

新中国成立以后，由于当时的国际国内环境以及国内的经济社会状况，我国采用苏联的计划经济模式，这对农民进城就业产生根本和极为重要的影响。农民就业按照从上而下计划安排，完全按照公社、大队、小队的层层指派，进城就业指标非常少，无论何种工作，都要集体决定。改革开放以前，既无就业权益保障的概念，也无城乡劳动者拥有平等就业权益的政策和制度。这一时期，一方面，国家的劳动计划没有考虑到农民；另一方面，在理论上批判劳动力市场的观点，在实践上不允许自由雇佣人员，这种理论和实践都极大地束缚了农民的经济活动[1]。将农民隔离在农村，少数农民曾经有过几种职业流动："第一，新中国成立初期和1958年'大跃进'时，有些农民进城当了工人，但时隔不久，因政策变化，他们又被迫返回故里；第二，在人民公社时代，一些农民由种田的工作转变为到社队企业工作；第三，有少数农民由于表现积极，被升为队干部；第四，一些农民被某些单位招工而成为工人；第五，有些农民参军后表现突出被提干，进入了干部队伍；第六，一些农村的学生通过高考、中考考试获得了文凭，毕业后变为干部身份；第七，有些农村姑娘嫁给城里人，后来到城里就业，成了工人等。"[2] 除了以上述情况涉及的少数人以外，农村劳动力不允许到城里就业。在由农业、工业及服务业组成的职业体系

---

[1] 严新明、童星：《从自然和社会层面看农民工的劳动保护及社会保障》，《南京大学学报》（哲学·人文科学·社会科学）2007年第6期。

[2] 李强：《中国大陆城市农民工的职业流动》，《社会学研究》1999年第3期。

中,农民只能进入由农林牧副渔业组成的农业职业体系,而不能进入主要在城市的工业和服务业职业体系进行劳动。[①] 新中国成立"20多年的工业化政策使中国的生产产出结构发生了较大的变化,农业生产比重下降了20%,……但是,中国并没有在生产结构转型的同时将占总劳动力80%左右的农业劳动力向其他产业转移,而是将绝大部分农业劳动力'拴紧'在土地上。……结果到了1980年,我国农业生产占GDP的比重仍为30.1%,农业就业占总劳力的比重依然高达68.7%"[②]。这一时期,传统的计划经济体制阻止了劳动力在城乡、部门、所有制之间的有效流动,对城市劳动者而言,其就业实行的是统包统配;对于农村劳动者来说,既没有自由流动的权益,更谈不上享有就业自由选择权益。

2. 农民平等就业权益被限制

改革开放初期,传统计划经济体制对农民就业权益保障的制约虽然有所减弱,但总体上城乡分割就业的状态与改革前几乎一致,农民平等就业权益被限制的状况依然没有得到实质性的改变。

户籍制度的存在以及由于企业在改革之初尚未取得经营自主权,使农民无法向工资及福利收入高的城市流动,城乡居民依旧被分割在不同的就业市场,随着统分结合的家庭联产承包责任制的逐步推行,农民在搞好农业生产的同时,有了剩余劳动力,开始逐步有了自主支配权,一些农民开始进城就业。尽管农民流动的限制开始松动,但仍然设置了复杂、烦琐的行政审批环节。比如,1986年7月,国务院发布《国营企业招用工人暂行规定》规定:"企业招用工人,应当在城镇招收。需要从农村招收工人时,除国家规定的以外,必须报经省、自治区、直辖市人民政府批准。"1989年9月,劳动部发布的《私营企业劳动管理暂行规定》规定:"私营企业用工,应当主要在城镇招收,并向当地劳动行政部门登记。"这一时期,我国相继出台了一系列政策规定,比如:1980年全国就业工作会议召开并发文,要求压缩清退来自农村的计划外用工。1981年政府为解决城市下岗人员再就业问题,严格限制农民进城就业。1984年为了让城镇集体企业放宽对农民工的使用,有条件地允许农民自由选择职业。

20世纪80年代末,中西部以及欠发达地区的农民大量涌入城市,出

---

① 严新明、童星:《从自然和社会层面看农民工的劳动保护及社会保障》,《南京大学学报》(哲学·人文科学·社会科学)2007年第6期。

② 王诚:《中国就业发展:从二元就业到现代就业》,《国家行政学院学报》2000年第4期。

现民工潮。1989年国务院颁布规定，要求企业用工原则上在城镇招用。1990年国务院发文要求合理控制农村劳动力流动转移，对来自农村的计划外用工做好清退工作。1991年，劳动部等部委提出了城乡统筹就业管理的精神，1993年提出建立劳动力市场，表明我国逐步放松了农民进城就业的严格限制，但依然有重重规定，种种限制。比如农民就业要在政府控制之下，为维护城镇居民利益，地方政府往往出台一些地方性规定，提倡本土就业，实行"先城镇，后农村""先市内，后市外"的用工原则。1994年11月，国务院要求在春节后一个月内不准招工，农民工不准进城。同时，劳动部提高了农民工进城就业的门槛，要求就业登记，办证持卡，证卡合一才能进城，一些（大）城市还出台限制农民就业的政策。

针对农民实际流动就业中不断出现的一些新问题，这一时期部分经济发达地区开始关注流动农民就业权益问题，也出台了一些地方性法规或政策，试图解决流动农民就业权益保障问题。比如，1996年上海市出台《上海市农村社会养老保险办法》，保障农民基本生活。2002年深圳市出台《深圳市城乡居民最低生活保障办法》，将具有本市户口的农村居民纳入最低生活保障范围。2003年上海市出台《上海市被征用农民集体所有土地农业人员就业和社会保障管理办法》，对失地农民的就业和社会保障予以关注和解决。由此可以看出，这一时期，从中央到地方，各级政府对于农民就业权益保障的政策导向和措施，呈现出限制与关注并存的特点。

3. 农民平等就业权益从关注到倾斜性保障

根据我国经济社会发展新的时代特征，总结新中国成立以来几十年处理城乡关系、解决"三农"问题的经验及教训，2002年党的十六大提出了统筹城乡社会发展、缩小城乡发展差距、解决农民发展问题的战略决策。党在2003年政府工作报告中提出，引导农村劳动力合理有序流动，引导劳动力向非农产业和城镇转移，要求支持农民进城务工就业，维护农民就业合法权益。2003年10月公布的十六届三中全会公报，提出建立城乡劳动者平等就业制度，体现了城乡就业制度改革的重大成果，这是城乡就业制度改革最艰难的一个历史性突破，反映了统筹城乡发展的核心内容。[1] 2004年中央一号文件首次提出农村劳动力已成为产业工人的重要组成部分。2005年10月，国务院"5号文件"提出进一步改善农民工进城

---

[1] 黄海波、柴海山：《浅议城乡劳动者平等的就业制度》，《中国劳动》2004年第1期。

务工的就业环境。2006年国务院"5号文件"出台《关于解决农民工问题的若干意见》，这是农民工问题的第一个全面系统的文件，涉及了农民工资、就业、培训、劳动保护、社保、户籍、土地权益等方面政策措施。① 2007年8月1日施行的《就业促进法》规定，农村劳动者进城就业享有与城镇劳动者平等的权利，禁止对其设置歧视性的障碍。2008年十七届三中全会通过了《关于推进农村发展若干重大问题的决定》，对三农问题作出新的阐述，成为推进农民工进城就业，解决农民就业的重要文件，标志着我国开始由城乡统筹向城乡就业一体化迈进。

根据中央文件精神，各地开始大胆探索，不断完善保障农民合法社会权益的政策规定，逐步建立起了与社会主义市场经济体制相吻合的就业体制机制。伴随着农民就业与市场机制的相互促进，农民开始有了更多的自主就业权益和就业机会，获得了真正的自由就业，农民发展的就业权益保障状况得到了好转。

(三) 农民教育权益正在得到不断改善

我国教育事业由于受经济、文化条件的制约，我国公民受教育权的实现还很不平衡。农村是社会的基础，改造社会必须从改造农村着手，而发展广大农村，必须从发展农村教育入手。党的十七大报告明确指出，教育公平是社会公平的重要基础，教育是民族振兴的基石。党和政府始终把教育放在经济、社会建设和发展的基础位置。通过对国家工程、重点项目支持，到初步建立义务教育保障机制，再到今天扩大保障范围、提升保障水平，一系列政策系统设计、整体推进、环环相扣、步步深入，实现我国教育大发展和公民受教育程度的大跨越、大提高。

1. 农民教育改革和发展的新突破

推进农民教育改革和发展需要新思路：减轻农民负担，明确主体责任，提升农村学校办学水平。2002年12月28日修订通过的《农业法》规定，禁止任何机关或者单位通过农村中小学校向农民收费，规定农村义务教育不得向农民和学生收取其他费用。2003年国务院政府工作报告指出，农村义务教育应该实行由地方政府负责、分级管理、以县为主的农村义务教育管理体制，县政府要切实承担起对本地区教育发展的主要责任。

---

① 高君：《农民工市民化进程中的就业和社会保障问题》，吉林人民出版社2011年版，第91页。

同年9月国务院召开了新中国成立以来第一次全国农村教育工作会议,明确把农村教育作为教育工作的重中之重,颁布《关于进一步加强农村教育工作的决定》,着力解决农村教育发展薄弱问题。这标志着我国农村教育改革和发展掀开了新的篇章。

2. 农民免费义务教育逐步实现

2004年国家启动了西部地区"两基"攻坚计划之后,实施了农村寄宿制学校建设工程、农村中小学远程教育工程。从"两免一补"到建立农村义务教育保障新机制,全部免除西部农村学生学杂费。2004年国务院政府工作报告提出,完善农村义务教育实行"以县为主",增加对贫困县义务教育的转移支付。2005年12月,国务院又发出了《关于深化农村义务教育经费保障机制改革的通知》,要求按照"明确各级责任、中央地方共担、加大财政投入、提高保障水平、分步组织实施"的基本原则,将农村义务教育全面纳入公共财政保障范围,建立"中央和地方分项目、按比例分担的农村义务教育保障机制",免除国家扶贫开发重点县农村义务教育阶段贫困家庭学生的书本费、杂费,并补助寄宿费。2006年国务院政府工作报告指出,农村义务教育经费保障机制由中央和地方分担,将农村义务教育全面纳入国家财政,提高中小学农村义务教育阶段的公用经费保障水平。并指出从2006年起用两年时间,全部免除农村义务教育阶段学生学杂费。2007年我国全面实现农村免费义务教育,从2007年开始农村义务教育全面纳入财政保障范围,使1.5亿学生以及780万名家庭经济困难寄宿生受益。2010年我国全面实现城乡免费义务教育,我国所有适龄儿童都能"不花钱、有学上",这是我国教育史上的重要里程碑。

3. 农民职业教育快速发展

以《国务院关于加强农村教育工作的决定》及《2003—2007年教育振兴行动计划》为标志,农村职业教育得到了快速发展。2006年中央一号文件——《中共中央国务院关于推进社会主义新农村建设的若干决定》中特别指出,要"大规模开展农村劳动力技能培训,提高农民整体素质,培养和造就有文化、懂技术、会经营的新农民"。2009年中等职业学校农村家庭经济困难学生和涉农专业学生免学费政策开始实施。2009年中央财政投入了223亿元,加上地方财政,资助2000多万学生;中等职业学校农村学生每人每年发放1500元助学金,惠及90%的在校生。农村中等职业教育得到重点支持和发展,逐步实行中等职业教育免费,中等职业学校所有农村学生逐步享受到免学费政策的覆盖。近几年来，政府实施农民职业技能培训"阳光工程"，加大农村劳动力技术培训力度，《农业部2011年为农民办实事工作方案》提出：对300万农村劳动力开展就业创业培训。围绕农业农村服务业、农产品加工业等涉农工业、农村特色二、三产业发展，开展创业农民、农机使用与维修人员、沼气建设及后续服务人员、村级动物防疫员、禽畜繁殖员等农业从业人员培训，促进农村劳动力就地就近转移就业和农民创业，拓宽就业渠道，增加农民收入，全年培训农民300万人次。

4. 注重向农村倾斜教育资源

2006年起，开始实施农村义务教育学校教师"特岗计划"，让农村中小学也有了年轻的大学毕业生执教。为了让更多的农村学生享受到优质教育资源，2007年国家安排专项资金，36万所农村中小学实现了远程教育的全覆盖，2.2万多所农村中小学危房得到改造，建设了7000多所寄宿制学校。加强农村教师队伍建设，完善和落实教师工资、津贴补贴制度，加强农村教师培训，鼓励大学生、师范生到基层、农村任教。2012年国务院政府工作报告指出，资源配置要向农村倾斜，要办好农村寄宿学校，实施好农村义务教育阶段学生营养改善计划，要处理好方便农村孩子就近上学与提高教学质量的关系。截至2013年，3245万名农村学生享受营养补助政策，继续加大教育资源向农村倾斜，促进义务教育均衡发展，加强农村特别是边远贫困地区教师队伍建设，扩大优质教育资源覆盖面，改善贫困地区农村儿童营养状况。2014年政府工作报告指出，继续实施农村义务教育薄弱学校改造计划，提出对集中连片特困地区乡村教师发放生活补助，贫困地区农村学生上重点高中人数比上年增长，继续加大教育资源向中西部和农村倾斜，贫困地区农村学生上重点高校人数再增长10%以上，使更多农家子弟有升学机会，同时实施营养餐计划，注重改善贫困地区农村儿童营养状况。

5. 重视进城农民随迁子女的受教育权

党的十六大以来，特别强调教育公平，重视进城务工子女接受义务教育问题，2005年国务院政府工作报告中提出"认真解决好进城务工农民子女上学的问题"，并成立解决好随迁子女和留守儿童接受义务教育的专门工作小组，专门指导和研究这个问题。2006年国务院政府工作报告提出要让每个孩子都有平等接受义务教育的机会，重点解决低收入家庭以及农民工子女在义务教育阶段上学难问题。2010年实施"学前教育三年行动计划",设立"城市学前教育的综合奖补"项目,重点解决进城务工人员随迁子女入园难问题。2010年,政府提出要让农民工随迁子女平等接受义务教育的机会要切实得到保障,截至2010年,进城务工人员随迁子女在流入地小学和初中就学的人数达到997.1万名。异地高考在多方推动下也开始"破冰",满足三个条件即可执行,虽有争议仍有重大进步。2012年初步解决农民工随迁子女在城市接受义务教育的问题。采取以流入地政府为主、以公办学校为主的"两为主"政策,公办学校接收随迁子女教育保持年均百万以上的增长,2012年8月国务院转发的46号文件指出:到2013年年底,全国义务教育阶段的随迁子女1200万人左右,随迁子女超过80%在公办校就读。到2014年底有27个省份明确随迁子女在当地参加中考的政策,有30个省份明确了随迁子女在当地参加高考的政策。2014年政府提出要使更多进城务工人员随迁子女纳入城镇教育、实现异地升学,实施农民工职业技能提升计划,到2014年多数省份随迁子女在流入地接受中等职业教育不收费,28个省市开始解决随迁子女"异地高考"问题,5.6万名符合条件的随迁子女办理了高考的报名手续。①

(四) 农民社会保障权益基本得到保障

2009年4月22日,在第十一届全国人民代表大会常务委员会第八次会议上,民政部部长李学举作《国务院关于农村社会保障体系建设情况的报告》。报告指出:目前以农村最低生活保障制度、新型农村合作医疗制度、农村医疗救助制度、农村五保供养制度为主要内容的农村社会保障制度体系初步形成,农村养老保障制度也正在积极探索之中。党的十八大报告指出,我国社会保障体系建设和改革,取得巨大成就,国家和政府在维系经济社会发展、保障国家稳定和促进社会和谐的同时,促使惠及全民的社会保障体系实现整体转型,基本建立覆盖城乡普惠式社会保障体系,这在国际上没有先例。② 从总体看,通过统筹城乡一体化社会保障制度建设,农民发展的社会保障权益正在逐年得到改善。

1. 农民社会保障权益受到约束

新中国成立后,一段时期以来我国实行与计划经济体制相适应的社会

---

① 刘利民:《推动随迁子女在流入地接受教育并参加升学考试》,2014年7月30日,见 http://www.gov.cn/xinwen/zb_xwb25/。

② 胡晓义:《加快完善覆盖城乡居民的社会保障体系》,《行政管理改革》2014年第11期。

保障制度，向人民提供各种社会保障。《中国人民政治协商会议共同纲领》、1954年《宪法》、1975年《宪法》、1978年《宪法》和1982年《宪法》都对公民社会保障权益及有关社会保障制度作了相应规定。①

1951年，我国确立了社会保障制度，包括疾病、负伤、职工生育、医疗、年老、退休、死亡待遇和待业救济等保障和福利项目。之后又颁布了一系列政策法规，使保险、救济、福利、优抚安置等社会保障项目步入正常发展阶段，但1966—1978年，社会保障实质是国家保障，层次较低，社会保险演变为企业保险。如1969年财政部新规定出台以后，个人不用缴费，企业和国家完全承担养老制度，但占人口总数90%的农民当时未被纳入这一体系之中，农民只有赖以生存的土地保障以及主要依靠血缘为纽带的家庭保障来维系，农民的社会保障权受到人为因素的制约。

2. 农民社会保障权益得到改善

1978年以来，我国社会保障立法的步伐加快，从社会保障的模式类型、运行机制、待遇水平、管理内容、服务方式等多方面进行深层次的改革与创新，特别是20世纪90年代以来，我国社会保障事业蓬勃发展起来。随着我国市场经济体制的初步建立，我国逐步建立起与市场经济体制相适应，由中央政府和地方政府分级负责的社会保障体系基本框架。②

1986年以后，养老、医疗、失业等社会保障项目开始改革，其中以颁布国务院相关条例作为标志，开始分别建章立制，代表性的主要有：《国营企业实行劳动合同制暂行规定》（1986年）、《职业病范围和职业病患者处理办法》（1987年）、《女职工劳动保护条例》（1988年）、《关于加强养老保险基金的征缴和管理工作的通知》（1990年）和《关于企业职工养老保险制度改革的决定》（1990年）等规章制度。

但是，这一时期探索重点是城镇居民社会保障制度，对农村居民社会保障制度建设重视不够。城乡社会保障不平等，城乡社会保障内容和层次差别较大。如在养老保障上，农村养老保障按照"个人缴费为主、集体补助为辅"的原则，仍以家庭为主。1992年民政部规定，坚持社会养老保险与家庭养老相结合，2002年基本养老保险才扩大到城镇灵活就业人

---

① 周作翰、张英洪：《和谐社会构建中的农民权益保护》，《湖南师范大学社会科学学报》，2006年第2期。

② 陆学艺：《破除城乡二元结构实现城乡经济社会一体化》，《社会科学研究》2009年第4期。

员。在农村医疗保障上，农村的合作医疗在曲折中发展，最初发展迅速，80年代趋于解体，90年代重建，再到之后酝酿新型农村合作医疗。1997年提出发展和完善合作医疗制度，2002年建立农民医疗互助共济制度，以大病统筹为主，农民自愿参加，采取多方筹资形式。

这一时期，我国也在积极探索建立农村社会养老保障制度，新型农村医疗也开始进行改革试点，农民医疗社会保障权益得到改善。2002年10月，党中央、国务院针对农村合作医疗覆盖率偏低，农民因病致贫、因病返贫现象严重的客观事实，作出了《关于进一步加强农村卫生工作的决定》，首次提出了建立新型农村合作医疗制度的决策，要求在2010年建立基本覆盖全体农民的新型农村合作医疗制度。

3. 农民社会保障权益保障水平有所提高

党的十六大以后，我国进入到社会保障体制和制度创新阶段，更加注重保障和改善民生，在农民社会保障制度建设方面取得新的成绩。

一是各项社会保障制度建设顺利。党的十六大报告提出了探索建立农村医疗保险、养老和最低生活保障制度的指导原则，确定了统筹城乡的目标，开始了各项新的农民社会保障制度建设试点工作。2003年建立新型农村合作医疗制度，2004年国务院发布《中国的社会保障状况和政策》，指出我国致力于社会保障体系的建立和完善，经过多年探索和实践，中国特色社会保障体系框架初步形成。2005年建立了农村医疗救助制度，2007年建立农村居民最低生活保障制度，3451.9万名农民被纳入保障范围。

二是保障人群从迅速扩大到全面覆盖。人人享有基本社会保障的目标成为现实。目前，包括新农合在内的我国医疗保险制度覆盖人数已超过13亿人，"全民医保"成为现实。[①] 2009年开始建立新型农村养老保险制度，实现了社会保障制度安排从城镇到农村、从职业人群到城乡居民的重大转变和发展，覆盖人群迅速扩大。2011年实现了城乡居民社会养老保险制度从无到有、再到制度全覆盖的历史性跨越。截至2013年，全国城乡居民参保人数达到49750万人，比2012年增加1381万人，城乡基本养老保险覆盖了8.2亿人，医疗保险覆盖了城乡13亿以上人口，其他社

---

① 新华网记者：《社会保障成公众关注焦点完善社保才能改善民生》，《经济与社会发展研究》2013年第4期。

保险参保人数也都大幅增长，城乡居民基本医疗保险补助标准近7年增长7倍，基本缓解了看病贵的问题。工伤、失业、生育保险待遇以及医疗救助和城乡低保标准也明显提高，解决了一大批历史遗留问题。2014年2月26日人力资源和社会保障部副部长胡晓义表示，截至2013年年底，全国新农保、城居保参保人数已达4.98亿人，其中领取待遇人数达2.18亿人，加上职工养老保险，合计覆盖了8.2亿人。我国已经建立起世界上最大的社会保障计划，用十几年时间走完了发达国家上百年走的路。[①]

二 农民发展社会权益保障的主要问题

（一）农民社会权益保障的制度建设滞后

长期以来，农民社会权益得不到充分有效地保护，其根源在于制度上的缺位。制度公正是社会公正之根本，制度建设是社会建设之根本，也是我国农民社会权益保障问题的根本所在。

1. 法律制度方面

当前，我国已经建立了社会主义法治体系，但是法制还不健全，还存在一些有待立改废的地方，需要在实践中逐步完善，现有法律体系对于农民社会权益保障的匮乏、缺失。一些地方人大为农民立有社会权益保障方面的地方性法规，但大部分只强调农民义务，为了巩固相关部门既得利益，很少突出农民的社会权益，表面、形式的东西多于实质内容。法律相关度、配套性差，政策的零散性不利于对农民社会权益的系统化、规范化保护。如农民没有退休制度的制度关爱，农民年老丧失劳动能力之后，除了依靠子女的赡养外，只能勉强坚持劳作，继续自给自足地过生活。在一些落后地区，为了维持生活，七八十岁老人还在生产一线也屡见不鲜。比如，在解决农村大量转移劳动力问题上，由于保障农民转移和相关权益的政策法规的不完善，导致农民在发展中真正得到的迁移权益受损，特别是严格的户籍制度曾严重阻碍了农民向城市的自由迁移。

长期以来中国农民权益得不到充分、有效保护的一个重要原因，是没有从行政法、经济法、社会保障法、仲裁法等法律制度层面，为中国农民社会权益保护提供全方位的制度保证。现行保障农民社会权益的法律法规不完善，甚至还存在缺位，已有的法律法规执行不力，甚至遭受践踏的现

---

① 胡晓义：《加快完善覆盖城乡居民的社会保障体系》，《行政管理改革》2014年第11期。

象还时有发生，农民社会权益受到侵犯的现象普遍存在，且在某些方面和一些地区还比较严重。有些规定仅仅处于部门法中，实用性较差，比较笼统抽象。如1993年7月生效的《农业法》，没有对农民权益保护问题作出规定。2002年12月对《农业法》进行修改，单列了"农民权益保护"章节，反映对农民权益保护的重视。但其内容不够全面，操作性差，主要是基于农民经济权益的保护。

我国法治建设任重道远，无论是实体法还是程序法都还不够完善。我国农民的合法社会权益并没有在我国现行的法律制度体系中得到充分体现，存在着立法源头上的空白和障碍，导致农民社会权益保障很难取得突破性进展。

2. 公共服务制度方面

当前，我国对农民的公共服务还有不完善之处，尚未打破束缚自由迁徙流动的户籍管理制度，没有完全建立城乡统筹的就业制度，没有形成城乡统一平等竞争的劳动力市场，不能为所有城乡劳动者提供平等的就业机会和服务，未能有效开展农民职业技能培训体系建设，培训的资格认证体系及评价体系不够科学。2015年国务院《政府工作报告》提出："今年的工作任务之一是对已在城镇就业和居住但尚未落户的外来人口，以居住证为载体提供相应基本公共服务。"强化政府公共服务职能，加强公共服务制度建设，使其为社会提供公共产品和服务，将成为我国各级政府的核心职能。公共服务制度不健全、不完善，很难让农民的社会权益保障落到实处。改革开放之初，随着城乡二元结构的松绑，农民有了一定的自主迁移权。比如，农民发展中的社会保障制度、政策和服务还均不够完善。进入21世纪以来，政府出台并实施了新农合、农村低保、新农保等多项重大的惠农政策，这是保障农民实现基本公共服务均等化的重要举措。但就目前情况看，农村社会保障制度仍然未能实现全面覆盖，农民参保率低的现象依旧存在。全国农村居民新型农村合作医疗制度虽在2010年已实现了基本覆盖，但这一制度是以大病统筹兼顾小病理赔为主，出现了参保人员的受益面小，费用报销范围狭窄，报销程序复杂，报销比例偏低等情况，使农村居民看病难、因病致贫的情况仍未得到很好解决。

（二）农民社会权益保障的物质基础薄弱

新中国成立以来，特别是1978年以来，我国在经济上已经取得重大成就，我国农民社会权益保障的物质基础雄厚，国家的财富蛋糕一直在做,也在不断做大。但是现实的物质基础,从以下方面考量起来,仍有相对薄弱之嫌。

1. 农村公共品供给不足

从 2014 年世界 GDP 排名来看,我国国内生产总值排名全球第 2 位,中国 99255.4 亿美元,即人民币 620346.25 亿元;人均国内生产总值则排名全球第 79 位,中国 7261.58 美元,即人均人民币 45384.875 元。到 2013 年年底,我国还有 8249 万名农村贫困人口,全国有 12 万多个贫困村,832 个国家扶贫开发工作重点县和集中连片特殊困难地区县,长期困扰贫困群众的喝水难、用电难、行路难、上学难、就医难、增收难、贷款难等诸多问题还没有得到根本解决。这样加重农民负担,降低了农民生存生活质量,成为农民收入增长和农业生产发展的重大障碍,也是农民社会权益保障的重要制约因素,没有坚实物质基础,农民的社会权益保障则只是空谈。①

2. 资金缺口的压力较大

我国维系农民社会权益保障的资金缺口压力较大。从城乡养老金的资金问题来分析,可见资金压力的现实存在。这还只是社会保障制度的一部分,如果全面实现社会保障制度城乡一体化,全面保障公民的迁徙权、就业权、教育权,那么又需要多少资金来维系,这又是一个值得深思的问题。我国流动人口所拥有的养老和医疗水平很低,如果一味地将这部分人员的待遇提高到城镇户籍人口的水平,势必会给社保资金带来压力,加重养老金缺口的程度。2015 年 4 月 3 日,财政部副部长王保安在国务院新闻办举行例行吹风会上表示,"对全国社保基金投资的严控、严管、高标准的监管不变……中国养老保险基金出现缺口是有可能的,建立社保基金制度就是为了做战略储备"。据国家统计局公布的数据显示,我国 2012 年城镇化率达到 52.57%,35% 的户籍人口实现了城镇化率。这意味着,城镇基本社会公共服务有 2.5 亿名农民难以享受到。如果实现城乡社会保障并轨,估算下来,仅城乡养老保险并轨过程中总的资金缺口就会高达 30.69 万亿元。②

如果这种计算准确的话,单单城乡养老一体化保障一项,我国就有巨额资金缺口的压力。当然在宏观上在理论上,通过深化改革,发展经济,

---

① 许跃辉:《关于我国农村公共财政体制建设问题的思考》,《华东经济管理》2005 年第 6 期。

② 王晓慧:《社保落差悬殊拖城镇化后腿》,《华夏时报》2014 年 1 月 23 日。

提高国家财力，壮大三农的实力来保障农民社会权益，经济基础的提高，物质基础的坚实，农民社会权益的保障水平才有可能会提高。

(三) 农民社会权益自我保护能力不足

新中国成立以来，特别是1978年以来，农业、农村面貌发生了深刻变化，农民的物质和精神生活得到很大改善，农民的思维方式和观念也相应发生重大转变，农民的素质整体水平呈上升趋势，但是与市场经济发展要求、社会发展趋势还不太适应，还不太一致。农业的弱势性、农民的怯懦性、农村经济的分散性等特点，决定了农民自身力量的单薄，决定了农民社会权益自我保护能力的不足。

1. 农民自身素质不高

农民素质包括思想道德素质、文化知识素质、科学技术素质、经营管理素质和身体健康素质等方面。

随着素质教育、职业教育的深入发展，农民素质整体水平不断提高，农民的市场意识、竞争意识、开放意识、主体意识、参与意识、民主意识、团队意识、自主意识、科技意识、政治意识、大局意识、现代意识都在增强。随着改革的不断深入和市场经济的纵深发展，对我国农民素质提出了更高的要求，一部分农民素质还存在明显的不适应之处。

部分农民受教育程度低，文化知识水平不适应。受教育程度低，接受和应用农业新技术、新成果的能力也就较低。一部分农民主动性不强，造成农村科技力量薄弱，农技推广难度大。小农意识、经验意识浓厚，使农民对政策、制度的认识、理解和运用不够准确，很难抓住机遇，部分农民对新观念新政策新知识缺乏兴趣和信心，部分农民只顾眼前利益，不顾长远利益。

思想道德和思想观念状况等与农村社会主义精神文明建设要求不适应。一方面，农民的社会主义、爱国主义、集体主义观念日益增强；另一方面，中华民族的传统美德日益受到挑战，道德约束力在下降，勤劳善良、淳朴憨厚的民风受到严重挑战。农村一些不良社会风气的滋长，宗教、迷信、讲排场、搞攀比、盲目建房、大操大办、赌博成风等，增加了农业、农民非生产性的额外支出，农业生产、再生产投入不足，严重影响农村发展。不少失地农民一夜暴富后，生活挥霍，甚至参与赌博，有些还欠下巨额债务。

在体制复杂转轨、社会深刻转型的今天，部分农民素质与市场经济发展要求不适应。思想封闭保守，与农村市场化、农业现代化所要求的开放意识、市场意识、现代意识、竞争意识、信用意识还有差距，一部分农民思想观念陈旧保守，安于现状，缺乏自强、自立和进取精神，一些传统落后、愚昧思想仍占据着头脑。

2. 农民法律意识不强

1985年11月22日第六届全国人民代表大会常务委员会第十三次会议通过《关于在公民中基本普及法律常识的决议》至今已经30多年，意味着在全民中开展普法教育也已经30多年。广大农民还是缺少基本的法律知识，还没有形成基本法律意识、法律思维，维权意识模糊淡薄，维权手段粗暴简单。20世纪90年代以来，中国农民个人粗暴维权抗争活动进入当权者和大众视野，农民缺少权利意识的启蒙，缺乏法律意识，当出现社会权益受到损害时，不懂得运用法律手段和正当途径来维护。农民的法律知识缺乏，自我保护法律意识差，城市化进程越加快，农民的权益越容易被侵犯，进入21世纪之后，随着一些严重损害农民权益的事件剧增，农民的合理诉求没有得到妥善及时有效解决，群体性事件频发，社会不和谐因素明显增加，加大了党和政府综合管理的难度，增加了维稳的社会成本和经济成本。

3. 农民的组织性不高

由于我国农业生产存在经营分散，规模小，经济实力弱，技术水平滞后等特点，农民从事生产和组织管理能力不强，现代农业科技成果并不能大面积用于农业生产和生活。例如现代农村电力基础设施，水利工程和道路网络并未充分发挥促进农业和农村经济社会发展的重要作用，在大部分地区农业生产区域化、社会化、专业化水平低，这种组织化低的现状严重影响农民增收的可持续性，影响了农业和农村的发展。将农民组织起来，让农民成为极具市场竞争力的市场主体，已是现阶段持续增加农民收入，增强农业竞争力和全面实现农村现代化的必然要求。在我国，农业产业化水平层次不高，在农业产业化中龙头企业也比较少有，企业也没有与农民形成利益共享、风险分担机制，未能提供及时有效的农业产业化和社会化服务，个体农民在生产生活中常常被歧视，一些正当、合理权益常常被剥夺，其社会权益必然也得不到很好的保障。农民利益表达渠道的错位与缺失，农民的矛盾得不到及时有效化解，是激化农民群体性事件的重要原因。农民的政治、经济、社会权益还不平等，农民始终处于弱势地位，其权益还难以得到有效保护，农民权益的维护和实现不能仅靠外在的力量，而是要靠农民自身去维护和争取，由于农民的分散化和无组织性，缺少利益诉求的有效渠道。

总体而言，解决我国农民发展问题，关键在于维护好包括社会权益在内的农民发展的各项权益。长期以来，农民发展的社会权益得不到充分有效的保护，根源在于制度上的缺位，制度建设的滞后。由此，造成了农民的迁徙自由权、就业权、受教育权以及社会保障权等社会权利未得到应有的及时、充分、全面的保障。我国农民社会权益保障的水平不高，仍与现阶段经济、社会的发展水平不太适应。同时，也存在一些非制度性的障碍，比如农民自身素质、根深蒂固的观念、历史传统影响、农耕文化原因和心理素质因素也不容忽视，对农民发展的社会权益的保障都产生重要影响作用。

第三节 农民发展社会权益保障问题的原因

我国农民占总人口的大多数，是一个典型的农民大国。但在我国整体的发展中，农民却是最大的一块短板。在农民的发展过程中，社会权益保障的缺失，阻碍着农民的发展。这里面，既有二元体制差异的影响，政府投入不足和企业社会责任缺乏的影响以及农民自身素质低的影响，也有社会观念落后、思想意识陈旧等方面的影响。

一 城乡二元社会制度差异的影响

我国城乡二元经济社会制度，内容丰富，体系完备，它从很多方面对农民社会权益进行了强行限定，是造成农民社会权益得不到很好保障的根本制度性原因。不合理的户籍制度作为城乡二元制度的基础性制度，由此衍生了二元的就业指导、教育制度和社会保障制度，导致农民迁徙权益、就业权益、教育权益和社会保障权益等都受到了影响。

（一）对农民迁移权益的影响

由于城乡二元结构，国家通过一系列政策安排，宏观上通过对国民收入分配和再分配等政策，在操作、实践层面实行对农产品低价征购甚至无偿占有政策，限制农民的自由流动和自主择业，采用城乡分割的户籍制度等，实质上对农民的人身自由是一种超经济限制。当这种差距导致农民流向城市时,国家便用城市和农村户口的划分,把公民分为城市户口和农村户口两类,并通过行政和法律手段,对其实行不同的政策,之后让他们的居住地点、职业选择、生活空间相对固定,进一步肯定、维持、固化这种差距。

中国特有的城乡经济社会二元结构,把农民限制封闭在农村里,束缚在土地上,阻碍农业生产的发展,影响农村经济的发展,是农村落后、农民贫困长期得不到应有解决的重要原因。[1]

(二) 对农民就业权益的影响

城乡二元户籍制度作为城乡二元制中的基础性制度,成为农民流动中的最大制度成本和就业的最大障碍。1958年,国家颁布的《中华人民共和国户口登记条例》及其相关配套措施,对农民流动进行了严格限制,使农民与城镇居民在劳动法律地位上事实上处于不平等地位。正是这一户籍制度的长期实行,造成农民工在劳动就业、技能培训、义务教育、社会保障等方面的被歧视。户籍制度的核心,一是属地管理,二是身份管理。改革开放以来,尽管对农民流动的限制不断放宽,但是身份管理的功能并没有彻底改变。

对于流动农民而言,因为户籍在农村,在城市就业的基本权益就得不到充分实现。城市有关部门在决策时,没有把流动农民就业考虑在其政策范围之内,对流动农民就业往往是基于其提供廉价劳动力,对城市发展有积极作用。因此,受二元户籍制度的影响,理论上在城市有就业权益的流动农民,在实际中其就业权益根本得不到体现。尽管近年来流动农民的国民待遇在不断提高,但是,在城乡二元经济社会结构未被彻底打破,针对流动农民的种种制度性障碍未被彻底消除的社会大环境下,农民就业权益依然没有从根本上得到彻底保障。

此外,城乡二元劳动力就业市场使流动农民无法获得平等的就业机会。由于二元劳动力就业市场实施的是歧视性就业制度,歧视性就业制度造成流动农民在求职、就业、管理等方面遇到了许多不公平待遇。这种二元劳动力就业市场也使农民无法取得与城市居民同等的劳动就业权益。

(三) 对农民教育权益的影响

农民作为我国公民的重要组成部分,理应享有国家宪法和法律规定的

---

[1] 于珂:《我国养老保险制度的困境及改革路径》,硕士学位论文,复旦大学,2007年。

各项受教育权益。但是，长期以来的城乡二元体制差异、政府在城乡教育政策制度上的选择性安排，导致了农民发展社会权益不能得到较好的保障。

城乡体制差异导致城乡生产力发展不均衡，使农民教育权受损。生产力发展水平制约着教育经费投入水平，影响教育发展的规模和速度。而我国长期实行的是城乡分割的二元经济，农村生产力发展水平明显滞后，是导致城乡教育差异和农民教育权益不能得到有效保障的重要原因。此外，政府采取了集中稀缺教育资源办好重点学校的教育发展政策，对推动一定时期的经济社会和教育发展都发挥了重要作用。但这一政策在推动部分中小学教育质量提高的同时，不可避免地扩大了城乡之间、学校之间资源配置及教师之间经济待遇和社会地位的差距，直接导致农村教育质量下降，使农民教育权益受损。

（四）对农民社会保障权益的影响

城乡二元经济社会结构是我国经济社会发展的一个重要历史阶段，也是导致农民发展权益与城市居民发展权益差异的历史原因。二元的制度设计和资源投入的城乡分割、城市倾向，一方面加重二元结构，另一方面因公共资源分配不公产生城乡社会保障权益差异。二元的社会保障制度与就业、教育、迁移制度共同作用，造成了农民发展社会权益的二元性以及经济、文化、政治等发展权益的二元性；同时，也使我国的社会保障制度未能很好地承担通过收入再分配的"调节器"，消除贫富差距，"熨平"社会公正、促进社会公平、实现经济社会发展目标的任务。同时，城乡社会保障制度体系存在的财政体制、法律体制、管理体制、配套制度等制度体系的缺陷，也是农民社会保障权益受损的原因。

除了考虑上述农民在享受迁移、就业、教育、社会保障等方面的权益差异以外，再加上城镇居民的各种显性、隐性的福利性的补贴，那么，城乡在迁移、就业、教育和社会保障等方面的差距更为明显。我国城乡二元经济社会结构的显著差异是形成"三农"问题的要害和根源，也是导致农民发展社会权益保障问题的制度性根源。

二 政府投入不足及责任边界不清的影响

洛克指出,政府是一种责任,是为了实现公共福利。① 政府是行使公共权力的主体机构,公共福利体现的一个重要方面是作为弱势群体农民的利益和福利能否从社会进步与繁荣中得到保障和关怀,从而体现社会公平公正。农民作为中国公民应当享有的迁移、就业、教育、社会保障等社会权利和利益,但是,由于政府财政投入不足及责任边界不清,干预了农民发展社会权益的享有与保障。

(一) 对农民教育权益保障的影响

教育作为准公共产品具有很强的外部性,这种外部性会随着人力资源的转移而流动。也正是由于这种外部性导致其投资主体的产权难以界定,为更有效地享有投资的产权,政府官员在进行决策时就有可能将资金投向其他产权明晰的领域,加上官员的政绩考核尚不健全,教育投资的"政绩"效果不能立竿见影,因此投资决策有可能要服从于整个区域经济发展,减少投入从而影响教育发展,直接影响到农民发展的教育权益保障。

由于政府责任边界不清,也导致农民教育权益受损。政府责任边界,主要指政府行政权力的边界,也就是政府行政权力的职能、范围以及它与其他权力、权利之间的关系。然而,目前我国政府的责任边界模糊不清。② 因上下级政府之间的职能与责任不清,导致农民教育供给不足。县级及以下基层政府具体负责农民教育的财政资源较少,中央政府以及省级政府财政资源充沛。在政府财政使用上,一般以行政事业费为主体,以部门预算为基础,这种财政预算管理体制存在的弊端明显,影响到包括农民教育供给的能力和效率,也直接影响到农民教育权益保障的水平。

(二) 对农民迁移、就业权益的影响

在体制转轨和社会转型过程中,政府投入不足与责任边界不清,扮演了与市场经济体制不相适应的角色,偏离了自身基本职责和基本任务,承担了许多本不该由政府承担的功能,在对待农民流动迁移、劳动就业等方面,往往会出现"越位""错位"和"缺位"的倾向。政府凭借手中拥

---

① [英]洛克:《政府论》,叶启芳、瞿菊农译,商务印书馆1983年版,第4页。
② 金太军:《公共权力与公共福利保障——兼论社会弱势群体的福利诉求与保障》,《学术月刊》2003年第10期。

有极大的公共权力,同时又缺乏足够的监督,必然会对农民发展中的迁移、就业等权益带来危害。

特别是在经济转轨和社会转型时期,在计划经济体制下形成的一系列旧体制、旧机制,政府受各种利益驱使,政府责任边界不清,个别政府部门频繁改变市场经济游戏规则,凭借政府管理之便利随意改变政策、规章,使进城农民在流动迁徙和劳动就业等问题上遭受不平等的待遇。

(三) 对农民社会保障权益的影响

由于政府与市场,政府与社会、政府内部上下级之间的边界不清楚,导致了市场主体受损,也对农民发展的社会保障权益带来了许多负面影响。一些地方政府的财政在很大程度上来源于当地企业的税收,而企业的税收主要来源于该企业的经营收入。部分地方政府只考虑到经济发展和自身的政绩,不作为或者乱作为,忽略对农民权益的保护。特别是在高额的GDP的诱惑下,在高政绩的驱动下,某些地方政府不负责任,出现不给进城流动农民上保险,少上保险,虚报上保险人数等现象,直接损害了农民发展的社会保障权益。

随着公共财政收入的急剧增长,政府公共财政权力对社会经济生活的影响在加剧,政府如何才能做到不缺位、不越位、不错位,同时又准确定位、精确到位,成为当今时代全新的课题。

总之,我国到了必须通过深化改革开放推动社会经济发展的关键时期,打破各种既得利益格局,明确政府责任及责任边界,深化行政体制改革,完善国家现代治理体系,是确保农民发展的社会权益的制度保障。

三 企业社会责任缺乏的影响

企业社会责任是指企业在追求利润最大化的同时,应最大限度地增进和维护社会公共利益。西方发达国家的市场经济体制形成已有几百年的历史,一直到1916年克拉克才首次提出企业社会责任。20世纪末,企业社会责任开始成为各界普遍的共识和行为,社会责任运动在全球迅速兴起。我国在2005年明确将企业社会责任纳入修改的《公司法》中。明确企业在生产经营管理中不仅要追求经济效应,同时要担负社会责任,注重社会效应。

改革开放 40 年来,我国在经济快速发展中涌现出了一批具有良好社会形象和国际竞争力的企业,但不可否认的是,也有一部分企业缺乏社会责任,影响了包括农民发展社会权益在内的企业员工权益的实现。

一是企业对农民发展社会权益保障的责任意识淡薄,思想观念错位。部分企业实用主义价值观至上。责任心不强,思想观念严重错位。有些中小企业或成长阶段的企业,考虑到履行社会责任会增加其成本,可能会导致经营困难,选择有意识地逃避。企业过度追求产品利润,甚至有些企业偷税漏税,没有履行对社会的责任和回报。

二是企业没有发挥好维护农民发展社会权益保障应起的作用。有的企业逃避税收和社保缴费,企业参加社会保障的覆盖面窄、统筹层次低。有的企业特别是私营、个体企业,流动农民社会保障和福利权利普遍缺失。有些企业不为农民工购买社会保险,有的只买一部分保险,或者只给一部分流动农民工投保,还是为了应付劳动保障等相关部门的检查,较低的社会保障参保率,给流动农民的迁徙、就业、教育、社会保障等都埋下了隐患。[①]

三是企业承担农民发展社会权益保障的社会责任自律性普遍较差。有些企业社会责任的自律性比较差,甚至一些企业在政策、制度约束之下依然逃避责任。在西方发达国家,企业社会责任很重要的因素是靠雇员特别是类似我国流动农民等群体的觉醒,通过各种自身抗争来维权推动发展。企业具有追逐利润最大化的本性,企业并不可能完全靠其自身的慈悲、觉醒和良知主动、自觉地承担社会责任。因此,必须增强各级政府和各类非政府组织的监督,以及农民自身维权意识和能力的提高,来维护农民发展的社会权益。

四 农民自身素质低下的影响

我国农民长期处于社会底层,大多数农民受教育程度不高,素质和能力相对低下,对社会权益缺乏认识,维护自身合法社会权益的意识也较弱,这使他们在迁徙、就业、教育和社会保障等社会权益保障方面经常受到损害。

---

① 徐增阳、王洪江:《弱者的权利:农民工的权益保护问题》,《调研世界》2003 年第 2 期。

一是农民文化素质和职业素质低下，导致就业竞争力弱。从我国城市劳动力市场需求来看，用人单位对劳动者都有文化程度的要求。据有关资料显示，从 2003 年第四季度部分城市劳动力市场供求状况来看，在全国 92 个城市中用人单位通过劳动力市场招聘各类人员约 246.7 万人，进入劳动力市场的求职者约 280.6 万人，可以说是供大于求。在众多用人单位中，86.3% 的用人单位对求职者文化程度有要求，要求高中文化程度的用人需求占总体需求的 40%，对初中及以下文化程度的需求比重为 30.3%，对大专以上文化程度含大专求职者的需求比重为 16.1%。从用人单位需求对技术等级要求看，对技术等级有明确要求的占总需求人数的 43.3%。[①] 虽然进城农民总体素质高于农村劳动力的平均文化程度，但其文化程度结构仍不能满足城市劳动力的需求结构。低素质的进城农民进入城市就业市场后，不仅没有资格从事一些技术含量高、收入丰厚、稳定性强、社会地位高的职业，也很难与城市职工相抗衡，往往从事的多是一些技术含量低、收入低、稳定性差、社会地位低的简单劳动。由于进城农民大量积聚在建筑、运输等部门，在城市建设扩张时，进城农民就业机会增多；反之，大量进城流动农民就会在城市失去工作的机会，只能选择回到原籍。

二是农民自主意识和法律意识缺乏，必然导致自身维权意识、维权能力薄弱。农民自主意识不强，很重要的方面体现在农民维权的主体意识不强上。农民在自身合法的社会权益遭到侵害时，不知道如何维护自己的合法权益。发生了权益争执纠纷，也不知道运用法律途径、救济手段解决问题。农民的法律素质较低，不知道通过合法的途径来表达自己的权益。一些进城农民为了保住工作，维持基本生计而委曲求全，对用人单位明目张胆或变相侵害自身权益的行为忍气吞声，不敢拿起法律武器维护自己的合法权益。许多进城农民不知道自己有哪些合法的权益，这在很大程度上削弱了他们捍卫自身权益的能力，有的甚至根本不知道如何运用法律武器来维护自己的合法权益。由于农民教育程度不高，法律知识欠缺，必然导致维权意识淡薄。

三是农民身上的传统意识和陈旧观念，政治法律素质较低，束缚了自身合法社会权益的维护。由于受到不公平教育体制的影响，农民思想文化

---

① 朱启臻、李敏、马珍珍：《对城乡劳动力就业不平等的再思考》，《经济与管理研究》2004 年 3 期。

素质低下，农村封闭、保守、愚昧观念以及农村经济相对的封闭性、分散性决定了农民的思想狭隘性、封闭性、盲目性，政治法律素质低下。农民存在着比较严重的畏官心理，受封建臣民观念的影响，随着我国民主政治的发展，农民仍处于政治参与的两难当中；一方面热切希望通过政治参与来表达自己的利益和主张，另一方面又不知道如何合法地表达自己的思想和诉求，来维护自己包括社会权益在内的各种合法的权益。在自己的各种社会权益被忽视、被损害时，自认倒霉忍声吞气，宁愿吃点亏保平安也不愿维护自身正当社会权益。在政府机构中农民没有自己的代言人，在这种格局下，农民对于国家各种决策，很难有影响和发言权。农民的怯懦性、分散性等特点，决定了他们只能奢望其他利益主体和决策者对自己进行一些照顾。

四是农民组织化水平较低，使农民社会权益保障很难落到实处。农民缺少真实代表自己利益的组织。我国宪法中也规定了公民有结社的自由。但农民没有代表自己利益的组织，农民的政治参与和政治表达受到一定限制，农民没有一个能够代表自己利益，为自己提供必要的公共服务组织。我国宪法和法律规定，村民委员会属于基层群众性自治组织。① 但是村民委员会"自治化"不完善，村委会难以成为真正有效的保护农民合法社会权益的组织，尽管从理论上从规定上村委会理应可代表农民利益，维护农民权益。②

以一家一户为单户的小农经济难以与市场经济实现连接、融合。我国还没有在政府与社会各阶层之间建立起有效沟通的渠道，又缺少代表农民利益的群众组织和社会组织来表达他们的声音和建议，满足他们合理合法的诉求。因此，农民的各种权益极易受到侵犯，在实践上农民社会权益保障也就难以落到实处。

总体看来，农民发展的社会权益得不到充分有效保障，其中最关键的原因是我国在计划经济时期形成的城乡二元分割的经济社会结构。长期存在的二元结构客观上造成城市居民与农民身份上的差异，对农民发展的社会权益保障带来了制度性歧视，是阻碍农民发展社会权益保障的最根本的制度原因。

---

① 张天钧：《政治视角中的农民权益问题》，《经济师》2007年第2期。
② 颜三忠：《新农村建设与农民平等权的法律保障》，《江汉论坛》2006年第8期。

第四节 农民发展社会权益保障的对策建议

我国正处在由传统农业社会向现代工业社会的转型过程中,如何保障好农民发展的社会权益,将数量庞大的农民带入现代社会,不仅直接影响到我国农业、农村、农民的现代化转型,也影响到全面小康社会的建成,也影响到现代化强国目标的如期实现。为此,必须采取有效的措施,解决好农民发展过程中的社会权益保障问题。

一 深化城乡二元制度改革推进城乡发展一体化

(一) 深化户籍制度改革

一段时期以来,我国户籍管理制度等级森严,农村户口和城镇户口、小城市户口和大中城市户口的差别、含金量以及享有的各种社会权益和社会福利差别很大。约翰·罗尔斯在《正义论》的开篇中强调:"正义是社会制度的美德……只要它们不正义就必须被改造或废除。"这种城乡有别的户籍制度是阻碍农民发展社会权益保障的重要制度性根源,影响着农民的教育、自由迁徙、流动就业及社会保障等。

1. 剥离附加在户籍制度上的社会保障和社会福利功能

户籍制度与教育、就业、各种社会保障等显性利益和隐性福利挂钩,不同的户籍有不同待遇和福利,人为地把平等的身份变成了不平等,加大了贫富差距。户籍制度的改革超越户籍制度本身,要改革传统的户籍制度,最重要的是要改革附着在户籍上的社会保障制度和福利分配制度。①

2. 建立新型户籍制度

按照户籍制度改革的要求,统一城乡户口登记制度,全面调整户口迁移政策,实施居住证制度,逐步基本建立新型户籍制度,全面放开建制镇和小城市落户限制,有序放开中等城市落户限制,合理确定大城市落户条件,严格控制特大城市人口规模,努力实现农业转移人口和其他常住人口在城镇落户。按照2014年7月30日国务院发布的《关于进一步推进户籍制度改革的意见》,"落实放宽户口迁移政策。统筹户籍制度改革和相关

---

① 李振京、张林山:《我国户籍制度改革的主要问题与总体思路》,《宏观经济管理》2014年第3期。

经济社会领域改革,合理引导农业人口有序向城镇转移,有序推进农业转移人口市民化"。

3. 推动户籍制度改革纳入法制化轨道

修订户口登记条例并尽快出台《户籍法》,是深化户籍制度改革的法制保障,将近年来国务院出台的一系列户籍制度改革政策以及各地探索成功的经验尽早用法律的形式固定下来,从根本上剥离户籍与福利,实现户籍制度法制化、规范化、科学化、常态化。

(二) 深化迁徙、就业、教育、社会保障制度改革

恩格斯提出:"通过消除旧的社会分工,通过产业教育、变换工种、所有人共同享受大家创造出来的福利,通过城乡融合,使社会全体成员的才能得到全面的发展。"[1] 因此推进城乡一体化,逐步实现城乡居民基本权益平等化,就必须深化迁徙、就业、教育、社会保障制度改革。深化改革,保障农民的社会权益,是我国文明社会的一个重要标志,也是关系到经济社会发展的重要因素,也是我国社会稳定,人民幸福的基本条件。

1. 深化农民迁徙制度改革,保障农民迁徙自由权益

迁徙自由是与生俱来的权利,也是经济持续发展的动力,更是现代文明国家的标志。农民迁徙自由权的保障是一个渐进式逐步推进的过程。[2] 但是,迁徙自由毕竟积弊多年,牵一发而动全身,迁徙自由权益保障也不可能一步到位,必须从我国国情出发,充分考虑到我国的历史和现实,吸收外国先进经验和做法,并联系法律制度、财政制度、户籍制度、就业制度、社会保障制度做综合改革。

2. 深化农民就业制度改革,保障农民平等就业权

解决城乡劳动者就业不平等问题,从根本来说必须从制度着手,打破城乡分割的二元社会结构,改革不合理的户籍制度。让全体劳动者享有基本的社会保障制度,保证农民的平等就业权,促进我国经济发展和社会稳定。一是建立完善的就业体系。将农民就业纳入统一的就业政策范畴,取消各种就业歧视性政策,政策上保证实现农民就业平等地位和公平待遇。建立起政府、企业和社会三方相互配合的劳动力市场管理体系和就业培训体系,取消对农民各种限制性的就业壁垒和措施,使农民获得公平就业机

---

[1] 《马克思恩格斯文集》第1卷,人民出版社2009年版,第689页。
[2] 练琪、李延:《论迁徙自由权及其在我国的实现》,《人大研究》2006年第5期。

会。二是开展专项服务活动,帮助进城务工农民实现就业。实现就业信息城乡联网共享。创办省市级劳动力市场,在镇、街道办事处创办农民就业服务站。通过信息推介会、洽谈会、发布会、招聘会等多种途径,全方位、多层次和多批次开展用工双方对接活动。三是建立统一规范的就业市场,形成城乡劳动者平等就业。鼓励和推动农民向二、三产业转移,积极开发农民就业岗位,拓宽农民就业渠道,建立统一的人才市场和信息服务体系。

3. 深化农民教育制度改革,保障农民公平受教育权

我国农民受教育权受到诸多不公平的待遇,应采取有效措施确保农民受教育权的实现。一是统筹城乡教育的协调发展,实现城乡教育的良性互动。面对日益扩大的城乡教育发展水平的差距,城乡知识差距不能在短期内解决,首先防止继续拉大的趋势,再力求缩小差距。二是支持农村义务教育体制改革,建立各级政府责任明确、财政分级投入、经费稳定增长、管理以县为主的农村义务教育管理体制。政府公共教育经费和其他教育资源公平地分配给每一所学校,关注农村薄弱学校的建设。[1] 三是逐步改变农村教师素质良莠不齐的状况,进一步完善农村教师工资保障机制,努力提高农村教育、教学质量,不断提高农民的科学文化、思想道德素质。四是促使农村教育与农村经济社会发展紧密结合、协调发展。促进人的现代化,推进教育信息化和教育现代化。五是通过媒体宣传,唤起社会对弱势群体的关注,增强社会舆论的监督功能,完善的法律法规,任何侵犯农民受教育权的行为,都应受到相应的法律制裁,为农民教育权益的保障营造出良好的社会环境。

4. 深化农民社会保障制度改革,保障农民社会保障权益

加快推进城乡分设的不同社会保障制度的并轨、整合,把城乡所有居民纳入城乡统一的社会保障范围,消除城乡之间社会保障各种关系转续存在的问题,形成救助、医疗、养老和社会福利等多层次的一体化保障结构,统一管理,协调发展,分步到位,统筹实现社会保障服务的城乡一体化。一是加快社会保障制度城乡一体化的整合、磨合、融合。城镇和农村社保制度本身的差异性、层次性不同,通过并轨在初期必定会新问题层出不穷,所以应该通过制度的整合、磨合,完善多层次社会保障体系,实现

---

[1] 谈松华:《农村教育:现状、困难与对策》,《北京大学教育评论》2003年第1期。

城乡社会保障制度的融合,实现社会保障制度的城乡一体化发展。二是明确中央政府与地方政府职权。中央政府承担宏观方面的责任,负责社会保障的统一管理和监控,协调不同地区不同部门的利益关系和要求。地方政府主要负担社会保障的具体组织实施及地方性行政管理事务。[①] 同时,中央财政要改变带有随意性、非固定性的中央财政投入机制。三是加快综合立法、全面立法。应出台《农民社会权益保障法》,以《社会保障法》为根本,在逐步修订、制定和颁布《社会福利法》《社会救助法》《最低生活保障法》《社会医疗法》《社会捐赠法》的基础上,理顺不同社会保障主体之间的利益关系,厘清社会保障良性、顺畅的运行体制和保护机制。四是统一社会保障的业务管理流程。在社会保险方面,把相互独立的各个险种合并为一。建立统一社保业务管理经办机构,统一收缴、统一运营社保基金,统一运作社保机构,统一监管机构,统一信息管理服务平台。社会保险费集中缴纳,统一征缴,各险种保险费可尝试按比例入账,尽量实现社会保险费"多费合一"。五是建立城乡一体化的社会保障综合信息管理服务平台,实现城乡社保信息资源的高效共享,实现数据即时、动态、无缝对接,让信息交换电子化、精细化、常态化。

二 厘清政府责任边界加强政府的服务职能

政府将所有的监管权集中于一身,也是将责任集中于一身。厘清公权力的边界,让政府的归政府,市场的归市场,才是最明智的政府责任边界。在农民发展社会权益保障的实践中,应该厘清政府的责任边界,加强政府公共服务职能,深化行政体制改革,加大财政对三农项目的转移支付力度,走法治化轨道。

(一) 深化行政体制改革

深化行政体制改革,打造"有限政府"。英国约翰·洛克的有限政府理论认为,保障人民的基本权利是政府的目的,政府的权力必须受到严格限制,政府必须实行法治。长期以来,我国地方政府职能存在着"越位"和"错位"。政府对于市场主体过多干涉,容易产生权力寻租空间。因此,增强政府服务职能,深化行政体制改革,必须让政府的权力受到限制,必须建立"有限政府",为了限制政府的权力,2015年1月李克强总

---

① 林闽钢:《我国进入社会保障城乡一体化推进时期》,《中国社会保障》2011年第11期。

理在国务院党组会议上指出，加快建立"负面清单、权力清单、责任清单"制度。"有限政府"要求简政放权先行、制度建设跟进，用法治精神与制度建设，推动行政体制改革从政策推动向法治引领转变，这也反映了洛克"政府的权力必须受到严格限制"的思想。

迁徙自由权、就业权、受教育权、社会保障权在实现过程中需要借助一定的社会资源，势必触动各种利益者，会带动利益的分配和再分配。因此，要求从经济改革切入，瞄准政府与市场的关系，打破行政许可制，拓宽创新空间，从行政体制改革入手，重新界定政府权力边界，构建政府职责体系，落实行政问责责任制，加强政府的服务职能，推进国家治理现代化，保障人民的基本权利，从而更好地实现农民发展社会权益的保障。

(二) 重视法律制度建设

重视法律制度建设，打造"法治政府"。我国农民社会权益的维护和保障需要宪法这一最高母法的确认和保护，需要我国行政法律制度的高度配合。法治建设要实现法治政府与法治社会的有机结合，树立"法无规定不能作为，法有规定不能不作为"的法律界限，在我国农民社会权益保障问题上，重视行政行为的规范化、法制化，应当建立常规的、制度化的利益表达渠道，让各种社会力量的利益诉求在法治的轨道内得以有效规范和保障。

我国建立了社会主义法治体系，但是我国法制化水平还不高，也不够完善。农民的合法社会权益没有很好地在中国现行的法律制度设计中得到体现。由于政策不具有法律所具有的国家强制力，在执行过程中难免走样变形，政策的执行力不够导致不能彻底遏制对农民社会权益的各种侵犯。所以，党和政府应该加强农民社会权益保护的立法，将保护农民社会权益的政策上升到法律的高度，同时制定有关配套法规，以切实保证农民发展社会权益保障的实现。

总之，要逐步清理中央和地方的不利于实现农民迁移自由权、平等受教育权、公平就业权、社会保障权的法律法规和政策，构建农民发展社会权益保障法律制度体系，是保障农民发展社会权益的治本之策。由于在复杂的社会转型期，仅仅依靠某项或某部分法律制度，很难从根本上解决我国广大农民社会权益保障问题，需要政府出台全方位的法律制度支撑，为农民发展社会权益保障的顺利实现提供强有力的法律条件。

(三) 加强公共服务职能

加强公共服务职能，打造责任政府。增强政府在农村公共服务领域的职能，为农民提供更好的公共产品和服务。重视农民发展的社会权益保障，就要加强政府公共服务职能，逐步实现城乡公共服务均等化、城乡要素配置合理化，加快形成政府主导、覆盖城乡、可持续的基本公共服务体系。"给农民以国民待遇"①，打破公共产品供给上的城乡二元体制，承担政府主导责任。政府把钱投到能改善城乡居民生活质量，关系到千家万户生存生活的教育、医疗、就业、失业培训、公共设施、社会保障和社会福利等方面来，让城乡居民都享有比较均衡的公共服务，逐步实现公共服务的均等化。

（四）加大涉农项目投入

全面建成小康社会，最艰巨最繁重的任务在农村，特别是农村贫困地区。农民是最大的弱势群体，理当受到政府更多的关注与保护，这是我国政府的重要责任和核心使命。2015年4月，习近平总书记主持以健全城乡发展一体化体制机制为主题的集体学习时强调，随着我国经济实力和综合国力显著增强，现阶段经济社会发展水平具备支撑城乡发展一体化物质技术条件，到了工业反哺农业、城市支持农村的发展阶段。农业是弱势产业，农民是弱势群体，实现城乡要素配置合理化，加快财经制度改革，财政预算更应向农村倾斜，要优化财力投向，有主有次地实行农村财经体制改革。从而更好地为维护农民发展的社会权益提供物质保障，使长期困扰我们的"三农"问题有可能在根本上得到解决。

加大涉农项目投入，保证农民持续性增收，离不开政策的支持和政府的扶持。

在农村基本项目上，比如道路、水利、土地整治等以补贴和贷款方式给予资助，有些农用基础设施建设以直接投资方式支持，并适当引入竞争机制。政府把税收取之于民，用之于民。完善公共财政制度、财政管理体制，加大财政转移支付力度，调整税收返还和财政补助政策，为逐步实现公共服务均等化奠定制度基础和经济基础。实施积极的就业政策，完善公共就业服务体系，强化政府促进就业的责任和政策引导。

抓住大好政策机遇，积极争取政府在农业基础设施建设、农业综合开

---

① 杜润生：《给农民以国民待遇——中国农村制度变迁》，四川人民出版社2003年版，第300页。

发、促进农民增收、公共事业建设、强化农民素质提升工程、完善农村社会保障体系等方面大力投入。完善农村基础设施建设机制，积极推进城乡基础设施共建共享、互联互通，科学创新公共服务设施和农村基础设施决策、投入、建设、运行管护机制，合理引导社会资本积极参与农村公益性基础设施建设。拓宽支农资金筹资渠道，保证支农专项资金稳定增长，确保支农资金的安全，提高资金使用效益。

从国际上来看，世界贸易组织（WTO）的《农业协议》也将国内支持措施分为"绿箱"措施、"黄箱"措施和"蓝箱"措施三类，还有"特殊和差别待遇条款"和微量支持措施，有针对性分门别类地按照国际游戏规则加强对三农的补贴，是国际通行的做法。

借鉴国外经验，结合我国实际，需要稳妥改革我国财政转移支付制度。加大对农村、中西部以及不发达地区的财政投入，逐步缩小发达和不发达地区之间、城乡之间、东中西部经济差距，为农民公平等效的自由迁徙权益、受教育权益、就业和社会保障权益的实现，提供坚强有力的物质条件。

三 提高企业社会效益增强企业的社会责任

企业是经济组织，也是社会组织，其生产和经营活动受社会影响制约，反过来也影响制约着社会。企业履行社会责任是由企业的本质、存在价值和基本职能决定。企业依靠农村土地资源、劳动力资源和消费市场而得到发展，同时企业的发展，也为农民发展提供就业机会，提高收入来源，推动城乡基础设施改善，为推进城乡社会发展作出贡献。随着市场经济改革不断深入，企业在承担社会责任方面取得了长足的进步和发展，也存在着违背企业社会责任的现象。

（一）企业社会责任主要内容

企业应促成经济、社会及环境进步以达到永续发展的目标，为雇员包括农民在提供平等的就业机会，提供相当的收入水平，保证工作一定程度上的稳定性，提供良好的工作环境，有一定的提升空间和机会。在就业及劳资关系上，遵守法律和规定，遵守劳动基本原则与权利，具有结社自由及集体协商权，取消童工、消除各种形式的强迫强制劳动，无雇佣歧视与就业歧视。消除农民在就业和职业方面的歧视。企业对城市建设的理解、支持，对残疾人、老年人、儿童和妇女组织等弱势群体作出社会贡献。

(二) 增强企业的社会责任

企业在追求利益最大化的同时,不能只局限于经济回报,不能短视,只重视眼前利益,而忽略社会效应,要在追求经济效应与社会效应中实现动态平衡。增强企业社会责任,需要发挥政府和企业两个方面的作用。

一是加强对企业的监管。企业社会责任的实现要靠国家与企业的合力,企业不会自觉承担起社会责任。没有国家的有效监管,企业一般不会主动尽到自己的社会责任。只有充分调动政府与企业两者的积极性,才能保证企业在政府的监管和服务下高效、完整地履行、实现社会责任。大量农民进城务工,是新时期以来我国城镇化发展及经济社会转型出现的现象,由于制度因素以及经济社会结构二元性,导致农民社会权益受损、缺失,要保护这个特定的弱势群体,只有发挥政府有效监管和企业自律管控的合力作用。

二是落实企业社会责任。我国目前农民社会权益之所以得不到有效保护,与企业缺乏承担社会责任的状况是分不开的,因此有必要通过完善企业社会责任制度,使农民发展的社会权益获得更好的保护。[①] 十八届三中全会指出,推动国有企业完善现代企业制度,以公平参与竞争、提高企业效率、增强企业活力、承担社会责任等为重点,进一步深化国有企业改革,这是党的文件中第一次把承担社会责任列为国有企业的任务之一。十八届四中全会提出"加强企业社会责任立法",进一步把企业履行社会责任问题提高到国家法治建设高度。《中共中央关于全面深化改革若干重大问题的决定》指出,完善国有资本经营预算制度,提高国有资本收益上缴公共财政比例,划转部分国有资本充实社会保障基金。2020年提到30%,更多用于保障和改善民生。建立工资分配保障制度,改善农民工的用工环境和用工机制。建立工会组织,保障农民工权益。农民工的权利得不到保障,单单依靠自己力量无法和企业抗衡,因此可探讨成立农民工工会组织,使农民工有强有力的组织为依托,从而更好地保障自己的基本权益不受侵犯。

三是转变企业发展理念。当代信息社会、工业社会中,企业要超越把利润作为唯一目标的传统理念,更要专注社会责任建设,这是一个现代企

---

① 刘辉:《企业社会责任体系下农民工权益保护之研究》,硕士学位论文,西南政法大学,2007年。

业发展的基本立身之本。履行社会责任也应当成现代企业发展不可或缺的一项功能。企业通过促进就业、提供产品和服务来履行社会责任，还应增加企业透明度，履行其他非纯粹经济的责任，而不只是赚钱的机器和血汗工厂。履行社会责任，才能有利于企业的可持续发展，才能促进企业做大、做强，做成百年老店。

四 确保农民主体地位提升农民的能力与素质

尊重农民发展的主体地位，增强农民发展的主体意识，促使农民发展主体自身的能力与素质不断提升，这样，农民才可以更有效地决定自身的命运，而不是被看成精心设计的发展计划与蓝图的被动接受者，才可以更充分地维护自身发展的社会权益。

（一）确保农民发展的主体地位

从根本上维护和保障农民发展的社会权益，要靠亿万农民发挥其自身的主动性，需要确保农民发展的主体地位。不能完全依靠国家，也不是依靠城市居民。坚持推进农村改革和制度创新，需要充分发挥亿万农民的主体作用和首创精神，不断解放和发展农村社会生产力，激发农村发展创造的活力。

一是解放思想，转变观念。发挥农民主体性，首先要从思想观念领域入手，不断解放思想。农民政治成长、权利意识觉醒和组织能力提升，是需要一个过程的。在党的十七大报告中首次提到"要加强公民意识教育"，越来越多农民清醒地意识到自己的公民权利，并积极为争取这种权利而行动。当农民权利表达的组织化程度越来越高，并上升为比较成熟比较理智的社会权益保障行为的时候，我国的农民市民化、公民化进程才有可能从根本上加以解决，农民发展社会权益保障问题才能得到根本解决。

二是进一步完善农民参与机制。农民发展的社会权益不平等，其根源都在于农民不能有效地实现政治参与。农民对于国家的决策缺乏权力，他们没有城镇居民所具有的那些参政、议政甚至执政的机会和权利，很难维护好自身发展的社会权益。首先，改变国家决策权力在工农、城乡之间配置不公的状况，增加农民参政、议政、监督的机会和权利，[①] 提高农民参与决策、参加管理的能力。农民只有对农村公共品需求具有了一定诉求机

---

① 杜旭宇：《中国农民的市场主体权益及其保障》，《云南社会科学》2005年第2期。

会与能力,才能够为自己争取到有利的发展政策和发展决策。其次,加强村民自治组织建设。村民自治是农民民主参与乡镇治理的有效渠道,农民应当积极有序参与到乡级政府的选举、治理、决策、监督等诸多层面和各种事务当中。完善民主管理、民主决策和民主监督等各项农民合法权益,需要创新村民行使自治权的程序、手段、途径,适当扩大村政决策的方式、范围和内容,增加农民参与的主体性、主动性、积极性和创造性。①

三是建立农民持续性增收的长效机制。统筹城乡发展的基本动力要靠"三农"自身,增加农民收入是解决"三农"问题的关键和要害,是农民发展社会权益保障的物质基础。这需要以下几个方面:建立城乡融合的体制机制,形成以工促农、以城带乡、工农互惠、城乡一体的新型工农城乡关系,实现城乡产业发展融合化;夯实农业基础地位,确保粮食安全;增强集体经济组织服务功能,创新农村合作经济组织机制;建立农村富余劳动力合理转移机制;加快建立现代农业产业体系,发展现代农业、建立特色农产品机制,创建名、特、优品牌机制,建立食品安全机制;培育龙头企业机制,延伸农业产业链、价值链,建立二、三产业集群发展机制,促进一、二、三产业交叉融合;加快推进农业现代化,在农村生产关系、生产力中引入新的生产要素,合理进行资源配置,建立农民增收的长效机制,大幅度稳定增加农民收入,增强农民在经济上的主体性、主动性。

(二) 提升农民发展的能力与素质

近年来,我国高度重视农民能力与素质的提升,农民能力与素质得到了不断提高,但仍难以适应农业现代化、新型城镇化、新农村建设和乡村振兴发展的需要,因此需要:

一是提高农民科学文化素质。让农民得到均等的受教育机会,是提高农民整体素质的根本途径。要实现农业生产水平的提高,就必须提高农民的素质。稳固和完善农村义务教育保障机制,逐步实现国家教育体制不再有城乡之分,确立城乡基础教育均等化目标,缩小城乡教育的投入差距。通过职业教育、创业培训等方式来切实提高农民的素质和能力。我国农村存在教育程度普遍低下的状况,需要因地制宜,对症下药,增加农民受教

---

① 马晓河、涂圣伟:《新时期推进农村改革的战略思考》,《中国经贸导刊》2011年第1期。

育的层次和途径，在不同地区间采取灵活、针对性的教育方式。培育新型农民，让农民真正成为农村发展和建设的主体，培养农民的法律意识，提高农民的法律素养，加强农民对法律条文与法律常识的宣传、指导和培训。

二是培养农民驾驭市场能力。在发展农村社会主义市场经济过程中，把农产品推向市场，把农民引向市场已是大势所趋。这需要提高农民的市场竞争意识、增强农民参与市场的能力、培养农民适应以市场定价为主的农产品价格形成体制的能力，以及适应多渠道、多形式、多主体的流通机制的能力，让农民逐渐形成参与统一、开放、竞争、有序的农业市场的习惯和能力，并充分尊重价值规律在市场经济中的作用。

三是积极培育农民组织能力。通过成立合法的社会组织，采取抱团取暖方式，可以放大农民个人的力量，维护农民发展的社会权益。地方政府要更新观念，鼓励、帮助农民组织起来，畅通利益表达渠道，实现农民的有效参与、合法参与，化不和谐为和谐，化不稳定为稳定的因素。各级立法机关要加强调研，尽快建立相关的法律法规，让农民的群众性组织在名称、功能、组建、发展、领导、监督等方面有法可依，在法律上得到承认，拥有法律地位。可从发展各种经济"中介"组织入手，借鉴国外相关经验，逐步建立起能代表农民社会权益的组织，依法维护农民发展的社会权益，从而促进农民自由全面发展。

总体而言，确保农民发展的主体地位，提高农民发展的能力与素质，给农业、农村、农民的发展注入新的动力，让广大农民平等地参与现代化发展进程、共同享受现代化发展成果，关系到乡村的全面振兴、小康社会的全面建成、现代化强国的全面实现，这是解决"三农"发展短板的重要途径，也是保障农民发展社会权益的重要途径。

第七章

农民发展的环境权益保障

我国是一个拥有13亿多人口的农业大国，农民占全国人口较大比重，农村相对于城市的发展较为缓慢，为此，党中央始终把解决好农业、农村、农民问题作为全党工作的重中之重。"三农"问题的核心是农民问题，农民在生存问题得到基本解决后，发展成为了农民的根本问题。农民发展依赖于获取必要的发展资源，资源获取达到一定程度，并利用这些资源提高自身素质和发展能力，这是农民发展的核心。在农民发展资源中，农村自然环境资源对于农民发展来讲是一种很重要的资源，因为，农村是淡水、耕地、林地、草原、生物等资源的最大腹地，是承载大量农民的主要场所，是实现农民可持续发展的主要环境依托。特别是在我国已集中出现了发达国家在百余年工业化过程中分阶段出现的环境问题，且这些环境问题在农村更为突出的情况下，农村生态环境的恶化加剧了农民的相对贫困化，制约了农民自身的发展和农村社会的进步，成为农民发展的瓶颈。

第一节 农民发展环境权益保障的重要作用

农民发展的环境权益保障，作为农民发展的权益保障系统中的重要组成部分，为农民的发展提供了自然生态环境的保障，实现和保障农民发展的环境权益有利于加强对农村资源的节约，对农村生态的保护和环境的治理，把农村生态环境建设落到实处。有利于在农村生态环境不断改善的基础上，变革农民生产方式和提高农民生产力水平，进而促进农民的全面发展。

一 农民环境权益保障是农民发展的题中之义

发展的本质是人的发展,农民发展是人的发展在农民身上的具体体现,农民发展的终极目标是全面发展,而农民全面发展是包括农民环境权益在内的各种权益实现的过程。

(一) 农民发展过程就是农民权益保障实现的过程

中国目前面临的最大问题是"三农"问题,"三农"问题的核心是农民问题,农民问题的实质是农民的发展问题。农民发展作为中国人的发展中的最大一块短板,是中国人发展的重点。农民发展的终极目标是实现全面发展,而农民全面发展的关键是农民应享有的各种权益得到维护和实现的过程[①]。由此可知,农民发展过程与农民权益保障实现的过程是同一过程,具体说,就是农民实现了全面发展,农民的权益保障就能得到实现;同样,农民的权益保障得到了全面的实现,农民也就实现了全面发展,反之亦然。

(二) 农民环境权益保障是农民发展的各项权益保障内容之一

"权益保障"是由权利、法益和保障三个词语组成。权利是法律为了帮助人实现自身利益,给予人的一种力量;法益是法律保护人们的利益;保障就是保护。简而言之,权益保障就是受到法律保护的权利和利益。权益保障的主体是人,农民权益保障是人的权益保障在农民身上的具体体现,农民发展的权益保障是指保障农民在发展过程中所应享有的各项权益。具体而言,农民发展的权益保障包括农民发展的经济权益保障、政治权益保障、文化权益保障、社会权益保障和环境权益保障等。所以,农民发展的环境权益保障是农民发展的各项权益保障的内容之一。

(三) 农民环境权益保障与农民发展具有内在的一致性

农民发展在某种意义上讲,受到自然环境的影响与制约,农民发展与自然环境紧密相连,所以,保障农民环境权益与农民发展是相互依存、相互影响的。

首先,保护农民环境权益有利于促进农民发展。党和国家始终把"三农"问题作为工作的重中之重,党的十七届三中全会指出:"必须保障农民权益,始终把实现好、维护好、发展好广大人民根本利益作为农村

---

① 牛锐:《保障农民权利是解决农民问题的关键》,《中国民族报》2008 年 10 月 10 日。

一切工作的出发点和落脚点。"① 农民环境权益保障作为农民发展中各种权益保障的一项重要内容，简言之，保障农民发展的环境权益，就是保障农民在安全、健康的环境中进行生产生活的权益，以及当其个人环境权益受到侵害时获得救济的权益。这里的环境主要是指生态环境，生态环境好坏对农民发展影响较大，生态环境好的地方，有利于农民发展；生态环境不好的地方，制约农民发展。由此可知，保护农民环境权益对农民发展至关重要，只有保障好农民环境权益，才能够促进农民发展。反之，则阻碍农民发展。

其次，农民发展程度也会影响农民环境权益保障的实现与否。因为，发展的本质是人的发展，农民发展作为人的发展在农民身上的具体体现，农民发展就是农民的本质力量和本质关系的发展，即农民意识的提升和发展②。农民意识主要包括农民的主体意识、参与意识、竞争意识、法制意识、环保意识和科技意识，等等，其中，只有农民的环境意识、法制意识得以提高，农民才能有意识地获取自身发展必需的环境资源，农民才会采取有效措施维护自身的合法环境权益，即农民发展的过程也就是农民维护自身环境权益的过程，也就是自身环境权益保障得以实现的过程。由此可知，农民发展不发展、发展水平高低直接影响到农民环境权益能否得到有效保护。农民发展了，农民的环境权益就能够得到有效保护；反之，农民环境权益就得不到有效保护。总之，农民环境权益保障与农民发展具有内在一致性，两者之间相互依存、相互影响。

二　农民环境权益保障对农民发展的促进作用

（一）农民环境权益保障有利于维护农民发展的需要

在农民发展过程中，农民对各项基本权益切实保障的需求越来越强烈，即强烈要求享有与其他群体发展的平等权益。农民发展的平等权益包括农民发展平等的经济权益、农民发展平等的政治权益、农民发展平等的文化权益、农民发展平等的社会权益和农民发展平等的环境权益等，其

---

① 《中国共产党第十七届中央委员会第三次全体会议公报》，2008年10月12日，见http://www.china.com.cn/policy/zhuanti/17thszqh/2008-10/12/content_16601345.htm。

② 赵宇霞：《我国农民发展的若干问题研究——基于马克思主义人学研究视阈》，中国社会科学出版社2012年版，第28页。

中，争取发展平等的环境权益已成为当前农民发展的最迫切需求。因为，在我国总体进入工业反哺农业、城市带动乡村的发展阶段以后，农业、农村和农民发展的大环境趋于好转，但应该同时看到，农村生态环境仍然存在许多亟待改善、制约农民发展的方面和因素。长期以来，城乡二元生态环境保护体制的存在，在自然环境资源权益分配、保障和实现方面，我国政府对待农民和城市居民还没有做到完全一视同仁，农民发展的生态环境权益未能得到有效保护，致使农民发展的生产环境和生活环境需要无法得到有效满足，严重阻碍和制约了农民的发展。为此，我国应彻底改革城乡二元的环境保护体制，使农民与城市居民发展过程中在生态环境资源分配、保障和实现方面享有同等待遇，实现和保障农民发展对环境资源的需要，促进农民发展。

（二）农民环境权益保障有利于充实农民发展的物质基础

环境与资源是每个人生存和发展所必须具备的基本物质条件，是获得生命形式的人能够在地球上生存和发展的最低要求。农民要实现发展，很重要的物质基础条件就是自然环境资源条件，像阳光、空气、水、土地、森林、草原、植物、野生生物等作为人类生存与发展的最基本的物质资源，是农民发展的重要物质基础条件，农民主要通过对土地、森林、水等资源的开发与利用为基本生存与发展的手段，因此土地、森林、水等资源对农民生存和发展具有更加重要的意义。一方面，农民需要合理利用这些自然资源来进行生产并获得收益以维持和改善生活；另一方面，农民进行生产和生活需要有良好、舒适、健康、安全的自然环境资源条件。这些良好、舒适、健康、安全的自然环境资源是大自然"馈赠"给农民的财富，是农民生存和发展的物质和能量基础。保障农民发展的环境权益，最重要的就是要保障农民对自然资源的利用权益，确保农民通过合理开发和利用自然环境资源，来获取生产资料和生活资料，任何个人、集体和组织都不能任意限制或剥夺农民对自然资源的合理利用。

在很多农业地区，农业收入是农民家庭唯一的生活来源，耕地、林地、水源等自然环境资源是直接关系到农民发展的重要环境权益。然而，农民这一几乎仅有的环境权益，也经常遭到诸如大规模违法征地，野蛮开发以及过低的征地补偿、工业污染土壤等各种"合法"与非法的侵害。而且，农民在农业生产过程中，由于缺乏环境意识，过量施用化肥和农药，使土壤、森林、空气、水等受到严重污染，为此，政府需要为农民开展种植技能培训，引导农民科学施肥、施药，减少对水的污染、空气的污染、土壤的污染等，保障农民发展的环境权益，为农民发展提供良好的自然环境基础。此外，农村乡镇企业的发展也带来一些环境问题。由于部分乡镇企业没有污染处理设施或污染处理设施没有良好的污染处理效能，将生产过程中产生的废水未经任何处理或者形式性的处理就直接排入河中，引发土壤污染、水污染等。为此，政府应严查污染企业，责令其限期整改达标，保障农民的清洁土壤权益、水权益，满足农民发展对土壤资源、水资源等的需求，促进农民发展。

(三) 农民环境权益保障有利于提高农民发展的身体素质

农村和农业的发展，归根结底是农民的发展。保障农民发展的环境权益就是要保护农民赖以生存的自然环境，如水、空气、土壤等环境的清洁、安全、无毒，这就需要维护农民使用清洁水、清洁空气、清洁土壤等的权利和利益。只有对这些环境权益保护好，才能使农民享受良好、舒适、健康、安全的自然生态环境，保证农民生产和生活的正常进行，促进农民的自由全面发展。

农民发展的实质是提高农民的素质和能力，就农民素质而言，农民发展的素质主要指心理素质、身体素质、思想道德素质等。其中，农民身体素质是农民发展各种素质提升的物质基础，为此，提高农民发展素质，就要提高农民发展的身体素质，这也是促进农民发展最重要的途径和方法。随着工业化、城镇化的快速推进，大量高耗能高污染企业转移至农村，给当地农民带来就业机会的同时，也使当地农村的水、土壤和空气遭到污染。由于农村环境污染的日益严重，使广大农民群众饮用受污染的水，食用含重金属的农作物以及呼吸有毒的空气，农民的身体健康受到很大影响，严重制约了农民的发展。

当前国家高度重视生态文明建设，大力推进环境整治行动，农民生产生活环境得到明显改善，维护了农民发展的环境权益，促进了农民身体素质的提高。

(四) 农民环境权益保障有利于提高农民发展的现代意识

提高农民发展的现代意识，是指在农民发展过程中提高农民现代的市场意识、民主意识、法制意识、环保意识、开放意识、竞争意识、参与意识以及维护自身权利意识等。农民通过提高现代意识，维护各项权益，实现自身发展。环境保护意识是实现农民发展的一种现代意识，保障农民环境权益促进农民发展的具体表现为：

第一，保障农民环境权益有利于提高农民的环境意识。近年来，发达区县加大农村环保投入，处理农村垃圾，购置垃圾箱、保洁车、垃圾运输车、新建垃圾池等，农村硬件设施的完善并未使环境得到根本改观，仍有环卫工人和农民在村上焚烧垃圾造成空气污染，损害农民的清洁空气权。为此，需要对农民开展环境宣传教育，提高农民的环保意识，认识到环保与自身身体健康息息相关，学会从自身做起，用实际行动保护农村环境，维护自身环境利益，促进自身发展。

第二，保障农民环境权益有利于提高农民的参与意识。为贯彻落实党的十九大精神，推进美丽中国建设，在全国范围内开展环境污染整治，如英山县温泉镇47个村开展河道水库垃圾清理活动，当地学生和群众参与捡垃圾，改善河库的生态环境，保护当地人民的环境权益。宝清县政府每年支出200万元治理农药废弃物包装污染，以0.1元/个的价格回收农药包装废弃物，村民们主动参与捡农药瓶，经过几个月的整治，地里见不着农药瓶子、化肥袋子，改善了农民的农业生产环境和生活环境。环境整治活动调动了农户参与环境治理的积极性，提高了农民参与意识，既维护了自身发展的环境权益，也促进了自身的发展。

第三，保障农民环境权益有利于提高农民维权意识。经济发达地区农民法律意识高，善用法律手段进行维权，如福建省闽侯以县394位村民状告一家固体废弃物处理企业，长期存在偷漏排等环境违法行为，严重影响当地居民的身体健康。受害村民获得中国政法大学污染受害者法律帮助中心提供的法律援助，最终394位村民获得600万元赔偿金。农民维权意识的不断增强，有效地维护了自身发展的环境权益。

总体看来，实现和保障农民生产、生活的环境权益，是农民生存和发展的基本需要。由于我国长期的城乡二元经济社会结构和农民在经济上的相对贫困，更由于农村环境立法不完善和环境保护制度缺失，使农民发展的环境权益分配、保障及实现处于弱势地位。切实保障农民发展的环境权益，不仅有利于促进农村环境的改善，维护农民切身利益，更是促进农业、农村和农民可持续发展，实现党和国家实施乡村振兴战略的迫切需要。

第二节 农民发展环境权益保障现状与问题

随着工农业生产的快速发展，农村环境污染也日趋严重，给农民身体健康带来了危害，农民要求有关部门保护生态环境的呼声也越来越高。为此，我国政府多次修改法律法规，从法律上明确农民拥有环境的知情、参与和监督等权益，农民环境权益保障得到了改善。但不可否认，目前农民环境权益保障仍旧存在一些问题，农民生产生活中使用清洁的水、土壤、空气，农民生产生活环境的知情、参与、监督等权益仍受到不同程度的侵害，使农民发展的合法环境权益得不到有效保障，直接危害农民的身体健康，制约农民发展。

一 农民发展环境权益保障的积极变化

（一）农民拥有环境知情权益

随着工农业的不断发展，大气污染、水污染等带来的环境问题日益严重，农民环境权益受到了损害，而环境信息不足是造成农民环境利益受损的一个重要原因。为此，全国人大修改环保法、大气污染防治法、颁布水污染防治法，国务院颁布"土十条"，而新的环保法、水污染防治法修改的内容都涉及政府建立环境信息公开平台、公布饮用水水质信息，大气污染防治法规定政府公布大气环境质量，"土十条"规定政府公布土壤环境状况，保障农民环境知情权。

为确保农民发展的环境知情权益，相关的法律法规、企业事业单位对环境信息都作出了明确规定，具体体现在：一是现行法律对农民环境知情权益作出规定。比如，新的《大气污染防治法》第十六条规定，城市人民政府每年在向本级人民代表大会或者其常务委员会报告环境状况和环境保护目标完成情况时，应当报告大气环境质量限期达标规划执行情况，并向社会公开。[①] 这一条款对政府公开环境质量执行情况的义务作出了规定，便于农民了解大气环境信息，确证了农民对大气环境问题的监督。再比如，新《水污染防治法》也作出了规定，地方政府要公布每个季度的

---

① 《中华人民共和国大气污染防治法》，2016年1月1日，见http://www.creditsailing.com/FaLvFaGui/636340.html。

饮用水水安全信息。这条法律规定地方政府负有公布饮用水信息的义务，农民通过网络平台知晓饮用水水质状况，使农民环境知情权益得到保障。还有，"土十条"也规定，各省（自治区、直辖市）人民政府定期公布本行政区域各地级市（州、盟）土壤环境状况。[①] 这条法规还规定政府有公布土壤环境状况的义务，农民通过政府官网知晓土壤污染信息，规避可能产生的一些不良风险，保护身体健康。

二是部分省份建立了企事业单位环境信息公开平台。《企业事业单位环境信息公开办法》于2015年1月1日颁布实施，其中，第四条规定有条件的环境保护主管部门可以建立企业事业单位环境信息公开平台，[②] 为保障农民环境知情权益提供法律和程序上的支持。目前，北京、上海、河南等部分省份大都建立了企业事业单位环境信息公开平台，发达省份的农民可以通过浏览企业事业单位环境信息公开平台网页，知晓重点排污单位的环境信息，这在一定程度上保障了农民发展的环境知情权益。

总之，保障农民拥有环境知情权益，让农民知晓环境信息，并对环境变化作出准确及时反映，及时制止各种污染蔓延，从而确保身体健康，实现全面发展。

（二）农民拥有环境参与权益

个别地方官员为追求政绩，重经济发展，轻生态环境保护，忽视农民环境权保护，没有为农民提供参与环境保护的机会，农民参与权缺失是导致农民环境利益无法争取的直接原因。为此，新环保法、大气污染防治法、土十条对农民参与环境保护都作了规定，从而保障农民环境参与权。具体表现为：第一，现行法律对农民环境参与权的规定。新环保法体现全民参与环保的思想观念，规定一切单位和个人都有保护环境的义务。[③] 要求采用低碳、节俭的生活方式，对废弃物进行分类处理等形式参与环保。通过农民自身行动，减少废弃物产生，改善农村环境状况，促进农民发展。第二，《大气污染防治法》第十四条规定，城市人民政府在编制城市

[①] 《土壤污染防治行动计划》，2016年5月28日，见http://blog.sina.com.cn/s/blog_15e81cde40102w6pz.html。

[②] 《企业事业单位环境信息公开办法》，2015年1月1日，见https://wendang.chazidian.com/fanwen-461145/。

[③] 《新环境保护法》，2015年1月1日，见http://lf.lnu.edu.cn/dangjian/read.jsp?id=37202。

大气环境质量限期达标规划时,应当征求有关行业协会、企业事业单位、专家和公众等方面的意见。① 这条法则规定政府制订规划要倾听百姓意见,制订规划符合民心顺应民意,充分调动农民参与环保热情,积极参与农村大气污染治理,推动农村大气环境质量改善,促进农民发展。第三,"土十条"第九条规定,为了引导公众参与,实行有奖举报,鼓励公众通过"12369"环保举报热线、信函、电子邮件、政府网站、微信平台等途径,对乱排废水、废气、乱排废渣、污泥等污染土壤的环境违法行为进行监督。

这条法规规定农民通过多种途径对存在环境违法行为的企业进行举报,促使相关部门改进工作,切实维护农民环境权益,促进农民发展。

(三) 农民拥有环境监督权益

根据《宪法》和《环境保护法》的规定,一切单位和个人都有权对污染和破坏环境的单位和个人进行检举和控告,并有权对国家政府的对环境有影响的决策和行为进行监督的权益,这样,在它们前面加上主体的限制——农民,即为农民环境监督权益。由于个别地方政府为了所谓的政绩,采取粗放式的经济增长模式,超常规发展地方经济,结果给环境带来严重的污染问题,危害农民身体健康,需要农民对环境污染问题进行监督。为此,新《环保法》对农民环境监督权益作了规定,使农民环境监督权益进一步得到保障。比如,新《环保法》第五十七条规定,公民、法人和其他组织发现任何单位和个人有污染环境和破坏生态行为的,有权向环境保护主管部门或者其他负有环境保护监督管理职责的部门举报。接受举报的机关应当对举报人的相关信息予以保密,保护举报人的合法权益。② 这条法律规定了农民对环境违法行为有举报权益。通过举报人提供相关线索,立案查处和有效打击环境违法犯罪行为,保护农民环境权益,促进农民发展。

保障农民发展的环境知情权益是保障农民发展的其他环境权益的基础和前提。在某种意义上,环境知情权益是对政府环境行政机关权力的一种限制,也是对企事业单位环境行为实行监督的一种表现,保障农民发展的

---

① 《中华人民共和国大气污染防治法》,2016年1月1日,见http://www.gxll.gov.cn/html/2016/falvfagui_1108/44531.html。

② 《新环境保护法》,2015年1月1日,见http://blog.sina.cn/s/blog_13c07ba430102vgap.html。

环境参与权益还是建立环境制约机制的良好方式。农民参与环境保护的本意，在于对生产生活环境有不良影响的政府行政行为、企事业单位环境行为进行环境安全性评价。保障农民发展的环境参与权益也是行政管理民主化的一项重要内容，确保政府公正、合理地行使行政权力，防止行政机关及企事业单位的违法或不当行为引起环境污染和破坏，危害农民的身体健康。

二 农民发展环境权益保障的主要问题

（一）农民使用清洁的水、土壤、空气权益问题

从农民使用清洁水的权益保障方面看，改革开放以来，农村的工业、农业得到迅猛发展，但也带来了严峻的环境问题，部分工厂工业废水、废气未经任何处理随意排放，农民在农业生产过程中过量使用化肥农药，都造成严重的水污染，对农民身体健康构成严重危害，成为农民发展的瓶颈。导致水污染的具体情况：一是农村河水的重要污染源来自农村企业排放的废水。据调查资料显示，暗访小组突击检查一些乡镇企业，发现有的企业熟食加工厂没有废水处理设备，未经任何处理的废水直接排入附近河中，使河水受到严重污染，侵害农民的清洁水权，使农民的健康饮水需求无法得到满足，危及农民的生命安全。二是工业废气排放造成水污染。工业废气排放到大气中，废气中的有害物质与大气中的有害物质聚合，然后随降雨落入地面，进入河流后就会污染水源。三是大量使用化肥和农药污染河水。这一方面的问题是部分从事农技推广工作的人员受"多施肥多收成"这种老观念影响，加之栽培技术跟不上，促使农民过量施用化肥，施入土壤中的氮肥只有一部分被作物吸收，另一部分从土壤中流入水体，造成水体硝酸盐含量过高。中国农科院在北方5个省20个县集约化蔬菜种植区的调查显示，在800多个调查点中，50%的地下水硝酸盐含量因过量用氮而超标。[1] 另一方面的问题是留在农村务农的农民，大多是中老年人、妇女儿童，文化水平低，科技水平不高，缺乏对农药使用的知识，绝大多数农民对于用什么农药防治病虫害心中无底，农民的无知盲从导致农药使用量迅速增加，大量施用农药，使农药成分溶解到地下水中，对水源

---

[1] 《专家称中国农业过度依赖农药化肥导致土壤污染》，2012年9月10日，见http：//www.360doc.com/content/13/0225/13/778894_267779829.shtml。

造成污染。

从农民使用清洁土壤的权益保障方面看,农民发展过程中使用清洁土壤的权益也面临着较大的危害,这种危害主要来源于:一是企业排放固体废物污染土壤。据调查,2000年,我国工业固体废物产生量为8.2亿吨,其中县及县以上工业固体废物产生量为6.7亿吨,乡镇工业的产量为1.5亿吨。工业固体废物排放量为3186万吨,其中乡镇工业的排放量为2146万吨,占排放总量的67.3%。"十二五"以来,我国工业固体废物年产生量超过30亿吨,2015年产量达32.71亿吨。部分地方政府为了政绩,盲目招商引资,对一些企业入驻农村放宽审批条件,有些企业为了实现利润最大化,减少生产成本,生产出来的废物没有送到专门的废物处理场进行处理,而是直接堆放在耕地上、住宅区、路边或河边附近,废物一经雨水冲刷,向土壤中渗透,污染农田,侵害农民土壤权益。农民一旦食用受污染土地生产的农作物,将会严重危害身体健康以及生命安全。二是城市垃圾转移至偏远农村污染当地土壤。部分生活垃圾得不到有效处理,堆积在城市周边,造成对周围土壤污染。土壤一旦遭到污染,将严重影响农作物的质量安全,广大农民食用质量不合格的农产品,将会对身体健康造成严重危害,制约农民的全面发展。三是农民自己过量施用化肥污染土壤。提高农作物产量的有效途径是施用化肥,农民为了提高农作物产量,在农业生产过程中过量使用化肥,这些化肥施入土壤后,只有30%被农作物吸收,化肥利用率低。河北省农业厅一项调查表明,该省每年施用的300多万吨化肥中,只有1/3被农作物吸收。[①] 大部分流失的化肥污染土壤,污染农产品,长期食用受污染的农产品,会威胁身体健康。

从农民使用清洁空气权益保障方面看。工农业的快速发展,也给周围环境带来了巨大影响,工厂排放废气、秸秆焚烧、过量施肥等造成空气污染,人体吸入有害气体,能引起各类呼吸道疾病,危害身体健康。具体情况:一是工业废气排放污染空气。据调查,我国乡镇工业的废气排放量为2146吨,占工业废气排放总量的67.3%。而乡镇工业废气来源于城市污染企业向农村转移和家庭小作坊。随着城市经济快速发展,而企业排放的废气导致城市空气质量严重下降,迫于城市居民对空气质量的要求越来

---

① 《专家称中国农业过度依赖农药化肥导致土壤污染》,2012年9月10日,见http://www.360doc.com/content/13/0225/13/778894_267779829.shtml。

高，部分高耗能高排放的企业转移至生产成本较低的农村地区，由于农村环境管理机构匮乏，造成农村空气污染。伴随农村经济快速发展，也出现了很多家庭作坊式的小企业，无任何治理设施，生产废气直接排放，造成严重的空气污染。二是秸秆焚烧污染空气。处理秸秆的成本较高，虽然各级政府给予农民相应的补贴，但由于政府所给补贴数额太少，农民不愿意花费时间和金钱去处理秸秆，在田间直接焚烧秸秆，造成空气污染。三是化肥施肥不当造成空气污染。有的农户对化肥的施用方法等知识不够了解，施用量不精准，出现过量使用氮肥，造成严重的大气污染。而大气污染主要来自氮肥中氨的蒸发，反硝化过程中生成氮氧化物挥发，氮氧化物导致臭氧层破坏，臭氧层破坏会大大降低吸收紫外线的能力，导致人吸收过量紫外线的机会大大增加，而吸收过量紫外线会诱发各种眼科疾病和皮肤病，影响身体健康。

(二) 农民环境知情权益、参与权益、救济权益保障问题

从农民环境知情权益保障方面看，由于个别地方政府没有做到及时、充分以及多渠道地公开企业排污信息，该行为侵害了农民的环境知情权，导致农民对企业环境排污信息缺乏足够的了解，农民难以通过法律途径进行环境维权，致使农民无法形成良好的维权意识，成为农民发展的障碍。具体情况：一是环境信息公开不及时。对于突发环境污染事件，个别地方政府出于种种考虑，为了防止农民出现恐慌焦虑，往往采用拖延方法，等到事件基本平息之后才会公布环境信息，这时公布的环境信息，对农民来说已经没有什么用处。农民错过最佳时间知晓环境信息，未能及时保护好自身的生存环境，环境质量下降对农民发展产生不良影响。二是环境信息公开不充分。我国的环境信息主要是由政府主动公布的，个别地方政府出于自身利益考虑，往往只公开对自己有利的环境信息，不公开对自己不利的环境信息，导致农民对环境信息缺乏足够的了解，不能对危害自身生存环境的行为进行抵制，严重危害自身健康，制约其发展。三是政府环境信息公开渠道不多。目前我国政府主要通过各级环保部门的网站，报刊、广播以及电视等渠道主动发布企业排污信息，没有开通微博、微信、手机短信等多种渠道向农民发布企业排污信息，导致农民获取企业排污信息的渠道较为狭窄，难以满足农民对企业排污信息的需求，未能及时有效维护自身合法环境权益，制约农民发展。第四，农民缺乏主动获取环境信息的能力。目前，农民获取的环境信息主要来自政府和村委会提供，个别政府和

村委会未能提供农民所需要的确切环境信息，使农民无法了解农村环境存在的问题，难以改善农村环境状况，制约农民发展。

从农民环境参与权益保障方面看，由于农民参与农村生态环境保护方式单一，参与积极性低，使农民的环境参与权益得不到切实保护，制约农民参与意识的形成，阻碍农民发展。具体情况：一是农民参与环境保护方式简单。大多数农民通过议论或闲聊等方式参与农村环境保护，很少有农民通过上访、拨打环保举报热线、自发参与民间环保组织、环境诉讼、参加听证会等方式参与农村环境保护，致使破坏生态环境违法行为难以得到有效遏制，污染蔓延对农民身体造成危害，制约农民向前发展。二是农民参与农村环境保护积极性不高。大多数农民认为农村环境保护是一种公共产品，公共产品的产权不属于农民个人所有，所以应该由提供公共产品的政府来解决农村环境污染问题。受这种思想影响，当农村环境污染日益严重时，很少有农民采取有效措施保护农村环境，环境污染威胁农民健康，制约农民发展。

从农民环境救济权益保障方面看，尽管大部分农村地区生态环境有所改善，但个别农村地区生态环境仍在恶化，农民发展的环境权益还不同程度地受到损害，农民环境侵权救济难的问题依然比较突出。当农民自身环境权益受到侵害时，依据法律规定农民可以通过民事诉讼的途径进行救济，但法律规定在环境侵权诉讼中实行责任倒置制度，除了被告需要提供证据之外，作为原告的农民仍然需要提供初步的证据，由于收集证据需要请权威环境监测专业机构作出鉴定，需要巨大的费用，收集证据成本高，由于农民经济上的贫困、不富裕，负担不起高额的鉴定费，难以承担收集证据带来的高成本而放弃诉讼，放弃通过法律诉讼维护自身的合法环境救济权益。

（三）农民环境权益保障意识薄弱问题

总体上，目前农民环境权益保障意识还不高，对于环境权益保障的理解也有一定的差距，许多农民将环境状况简单地理解为卫生状况，只涉及垃圾和污水问题，有的更是将其环境状况理解为生活境况。大多数农民对环境权益保障的认知还是比较陌生的，比如，对环境权益保障状况的理解，多数农民将环境问题简单地理解为只涉及垃圾和污水的卫生状况问题，有的农民更是将其理解为生活境况。农民为了追求经济利益，过度使用农药化肥，不合理地开发利用自然资源，以至于自然环境遭受了严重的污染和破坏；加之伴随农民生活水平的不断提高，生活垃圾的种类也大大增加，由过去成分简单且可作为肥料再利用的生活垃圾演变到现在的成分复杂且难以再利用的塑料袋和塑料制品等生活垃圾。虽然我国农村地区的垃圾统一收集工作已经陆续展开，但是统一收上来的垃圾却苦于没有统一规划的垃圾处理场所及设施而只是堆放在村外较远的地方，不但没能从根本上解决问题，还造成了二次污染。由于农民的环境认知程度的局限，也导致他们更热衷于当下对自然资源的索取，而不是为了明天保护生态环境。此外，由于大多数农民没有接受过农村环保知识、政策法规的教育学习，对农村环境危害认识不清，使农民参与农村环境保护的意愿不强，环境权益保障意识比较薄弱。

第三节 农民发展环境权益保障问题的原因

我国农民环境权益受损的原因多种多样，既有制度层面的原因，也有政府层面的原因，以及农民自身层面的原因。通过深入分析农民环境权益保障存在问题的原因，找到解决农民环境权益保障问题的有效对策，促使农民环境权益保障得到有效实现，促进农民发展。

一 农民环境权益保障制度不够完善

(一) 城乡二元体制约束

我国城乡分割的户籍制度，导致农民和城市居民处于不平等地位，农民与城市居民相比，在就业、住房、教育、医疗、养老等方面受到了不公平待遇，农民在经济、政治、文化、社会上的弱势地位，使他们在环境资源权益分配方面也处于弱势地位，成为环境弱势群体，作为环境弱势群体的农民的环境权益得不到有效的保障，影响了农民的生产生活和基本素质的提高，阻碍了农民发展。比如，农村环保治理资金投入严重不足，导致农村污染处理设施无法正常运行，使生活垃圾和污水未能得到有效处理，严重影响农民身体健康，制约农民发展。再比如，环境监管存在重城轻农现象，政府是环境监管的主体，主要致力于解决城市和工业的环境污染问题，而对农村的环境污染治理重视不够，特别是落后、边远农村地区普遍缺乏专门的环保机构，导致这些地区环境监管基本处于空白状态，严重影响农民身体健康，农民健康需求无法得到满足，制约农民发展。

（二）农村环保政策缺乏

在计划经济体制下，对城市和农村采取不同政策，形成城乡二元社会结构，实行城乡分治。虽然计划经济已成历史，但城乡分治依然存在并影响着我国政策的制定，表现为在环保政策的制定上存在重城轻农倾向，我国制定了三大环保政策。一是实行预防为主、防和治相结合的环境保护政策。在我国城市工业污染日益严重的情况下，提出了预防为主、防和治相结合的环境保护政策，不可否认的是，这一政策体系在我国的城市工业污染防治方面取得了较好的效果，而对农村的农药化肥污染等方面的防治收效甚微，人居环境得不到有效改善，成为农民发展的瓶颈。二是谁污染、谁治理的环境保护政策。为了防治城市工业污染，提出了"谁污染、谁治理"的环境保护政策，承担环境污染治理主体责任是企业，企业负责解决自己造成的环境污染问题，而对城市污染和工业污染向农村转移导致的农村环境污染问题，缺乏污染治理的主体，对解决农民环境权益保障问题缺乏实际意义。三是加强环境管理的环保政策。各级政府是环境监管主体，在环境监管上存在重城轻农，区县乡镇建立环保机构，大部分村没有建立环保机构，难以及时制止村里企业违法排污行为，损害农民环境利益，限制农民发展。

（三）农村环保法律法规不完善

由于受城乡二元结构的影响，在环保立法上存在重城轻乡，环保立法的重点主要局限于城市和工业污染防治，而忽视农村和农业污染防治，导致农村生态环境恶化，制约农民发展。一是缺乏专门防治农村土壤污染的法律法规。据2014年4月全国污染状况调查显示，全国土壤总超标率为16.1%，污染以无机型为主，占超标点位的82.8%，耕地土壤点位超标率为19.4%，部分地区土壤污染比较重，耕地土壤环境质量堪忧，工矿废弃地突出一些，南方土壤污染重于北方地区。这已经表明我国的土壤污染较为严重，亟须修复和治理土壤污染，于是，国务院在2016年颁布"土十条"，然而"土十条"中的部分条款多为原则性规定，缺乏可操作性，使土壤污染仍不能够得到有效修复和治理。二是目前我国宪法未对公民环境权益作出明确规定，直接影响其他法律对公民环境权益的规定，影响了农民环境意识和法律意识的提高，也导致农民参与环保积极性不高，农村环境污染问题难以得到有效解决。三是目前我国法律未对农民参与环保方式作出规定，农民一旦遇到环境污染问题，不知道应该采用哪些方式参与环境污染治理，更不知道什么样的环境参与方式是最合理最合法的。农民所表现出来的环境参与意识薄弱，不能维护自身发展的合法环境权益，制约农民发展。

二 农民环境权益保障中政府责任不够到位

(一) 环境保护宣传教育薄弱

长期以来，我国环境保护宣传教育的工作重点在城区，地方政府特别是个别基层政府对农村地区的环境保护宣传教育工作不及时不到位，显得比较薄弱，导致农民缺乏对环境保护政策法规的认识，多数农民仅从广播、电视报道上获得一些粗浅的认识，使广大农民无法全面知晓自身环境权益所面临的侵害以及侵害的程度，也使农民参与环境保护与治理的积极性受到影响，难以形成重视环境污染问题、参与环境保护和维护环境权益的意识，自身发展的合法环境权益难以得到实现和保障，制约了自身的发展。

(二) 环境保护意识不强

就全国而言，地方政府环境保护法治意识在不断提高，但个别地方政府环保法治意识不强。一是受政绩观的驱使，个别地方政府环保法治意识不强。上级政府对下级政府政绩考核的重要指标是经济增长，有些政府官员为了实现当地经济增长，在招商引资方面只考虑经济效益，忽视环境效益和社会效益，通过降低环保准入门槛等优惠措施盲目地引进污染型企业，给当地生态环境造成污染，使农民发展所需要的各种资源遭到污染和破坏。二是部分农民群众对政府信息不透明习以为常，缺乏监督意识，有的地方政府对环境信息公开意识薄弱，不及时、不全面、不充分地公开信息，使农民无法及时、真实和全面知晓环境状况，对突发的环境事件难以作出及时处理，保护不了自己的生产生活环境，制约了发展。

(三) 对农村环境保护机构设置重视不够

建立农村环保机构及完善农村环保设施是维护农民发展环境权益的有效途径，农村环境保护工作的最终目标是要持续改善农村生产、生活的生态环境，实现农民的可持续发展。由于长期受城乡二元经济社会结构的影响，环保机构设置和环保设施建设存在重城市轻农村的情况。政府往往将大部分环保资金用于市、县、乡镇环保机构建设和设施的完善，而真正用于农村的环保机构及设施建设资金相对不足，导致农村环保机构设置和环保设施建设出现严重滞后现象。据有关全国各省的市县区设立环保机构的资料显示，四川省、浙江省、河北省等省的乡镇建立了环保机构，只有成都、蓝城区等区市的农村设立环保机构，大多数农村没有设立环保机构。由于大多数农村缺乏环保机构及环保设施，导致农村环境污染问题无法得到及时有效处理，农村环境污染的直接后果是使农村生产生活环境质量下降，制约了农民发展。

（四）无视企业环境污染行为

我国走的现代化模式是属于追赶型的现代化模式，整个社会都存在着快速发展经济的动力。地方政府在这方面尤为明显，特别是地方基层政府与能够带动经济增长的污染企业之间存在某种合作，存在着个别地方政府忽视纵容企业污染的事实。政府这一行为的根源不仅有个别地方政府领导人追求个人政绩的动机，也有各地地方政府间获得有利竞争发展经济优势的动机。政府为了较快地获得政绩，必须加快本地经济发展，因此，在经济发展和环境保护上更多地倾向于前者，企业环境污染行为往往被忽视。此外，由于我国经历了漫长的封建社会，受官本位特权思想影响，人治思想根深蒂固，要实现由人治到法治的转变，需要经历一个漫长的过程。仍存在一个主要领导说了算的问题，个别地方主要领导一旦作出了决策，没有人敢站出来反对。这样，为了完成考核任务和 GDP 指标，便为高耗能高污染企业大开绿灯，甚至不惜充当污染企业的保护伞，为农村环境、农民发展带来了严重危害。

（五）对农村环境治理经费投入不足

长期以来，我国环境保护工作往往是将大部分的财政资金用于城市工业污染的预防和治理，城市工业污染防治成效明显，而用于农村环境污染预防和治理的经费明显不足，致使农村环境污染处理因缺乏资金而不能正常运行，农村环境污染得不到有效治理。由于农村的污水、垃圾、农药化肥等的环境污染问题得不到及时有效处理，导致农民的生产和生活环境受到危害，制约了农民发展。这需要加大农村环境治理经费的投入，加强农村环境的综合整治，加快农村环境质量的提高，为推进农民发展提供良好的生态环境条件。

三 农民环境权益保障意识不强

由于农民自身意识方面的原因，其中既有农民环境保护知识、法律知识方面的原因，也有农民文化程度方面的原因，使农民环境权益没有得到有效保护，从而影响农民环保意识的形成，制约农民向前发展。

（一）农民文化水平不高

农民文化水平与环境意识两者之间呈正比例关系。一般来说，农民文化水平越高，环境意识越强，能较好地维护自身发展的合法环境利益，实现自身发展；反之，制约农民发展。根据农业部的调查，我国农民平均受教育年限为7.8年，其中，文盲半文盲占7%，小学文化程度占25.8%，初中文化程度占49.4%，大专以上文化程度仅占1.1%。[①]

所以多数农民文化程度不高，对环境信息的理解能力有限，很难读懂深奥的环境信息，自我保护意识未能形成，不能有效地维护自身合法的环境利益，进而制约农民自身发展。

（二）农民缺乏环境保护知识

一方面，由于大量农民只有初中以下学历，大多数农民施肥凭借自己的经验，而对农作物如何进行科学施肥不清楚，农民科学施肥意识较为淡薄，出现过量施肥的现象已成家常便饭，严重污染农村土壤和水，侵害农民自身的土壤权益和水权，制约自身发展。另一方面，地处偏远山村的农民，对环保知识了解甚少，没有认识到垃圾乱倒产生的危害，总的来讲，环保意识较为薄弱，不能维护自身的合法权益，制约自身发展。

（三）农民环境保护法律意识淡薄

我国农民的法律意识和环保意识还比较薄弱，制约农民现代意识的形成，阻碍农民发展。第一，留守农民文化水平低。经济不发达地区的农村青壮年都外出务工，留守在农村的农民大多数为老弱病残，这部分留守农民的文化水平普遍较低，对环保知识知之甚少，很多农民都有随意倾倒生活垃圾和生活污水的坏习惯，缺乏保护生存环境的意识，根本没有意识到自己的日常行为在破坏生存环境，而环境污染也给农民进一步发展造成负面影响。第二，经济欠发达地区的农村财力紧张，普法工作投入严重不足，无法组织开展普法宣传教育，导致农民对法律知识知之甚少。当自己的环境权益遭到侵犯时，往往采取上访、围堵政府等非理性方式，不走法律程序，法律意识薄弱，自身合法权益往往难以得到维护，制约农民发

[①] 温思美：《75%的中国农民为小学初中文化程度》，2009年3月9日，见 http://news.sina.com.cn/c/2009-03-09/180517369947_5.shtml。

展。第三，个别地方政府经济发展至上。个别地方政府为了带动当地农村经济发展，在引进企业的时候，只考虑企业给农民带来就业机会和促进当地经济发展。当经济发展和环境保护两者之间出现矛盾并要求其作出选择的时候，个别地方政府选择牺牲环境来换取经济发展，个别地方政府表现出来的环保意识非常淡薄，加剧了农村地区生存环境恶化，制约农民向前发展。第四，农民的小农意识浓重。小农意识重视私有，缺乏共享意识，表现为农民只关心自己的田地，维护自己的利益，对公共空间的环境保护缺少兴趣。导致农民普遍缺乏环境保护的意识，参与农村环境污染治理积极性不高，制约农民发展。第五，由于收入较低，农民负担不起环境污染证据收集费以及诉讼费，在处理环境纠纷时，往往选择忍气吞声，放弃通过司法诉讼途径进行维权，使农民自身合法的环境利益无法得到维护，制约农民发展。

第四节 农民发展环境权益保障的对策建议

实现和保障农民发展的环境权益，是一项长期而艰巨的任务。长期以来，我国对城市和农村实行两种不同的环境保护与治理模式，重城市轻农村的环境保护与治理模式使农村环境问题常常被边缘化，往往出现农村环境受到污染而得不到有效治理，侵害农民发展的环境权益行为，制约了农民的发展进程。实现农民发展既需要农民自身内在的发展条件，也需要外在的环境资源条件，尤其是对于广大农民群众的发展而言，他们对自然环境条件的依赖程度远远超过其他群体。这就需要进一步破除城乡二元体制障碍，使农民获得平等的发展环境和机会；不断加强政府责任，对农民发展的环境权益保障实施倾斜性政策；努力提高农民自身的能力与素质，增强农民发展的环境权益意识。

一 完善农民发展环境权益保障的相关制度

（一）改革城乡二元体制

我国政府对待农村和城市的环境保护没有做到一视同仁，政府往往将环境保护的工作重心放在城市，对农村的环境保护不够重视，近年来，为了推进城乡一体化发展，这种情况发生变化，农村地区建立垃圾处理设施和污水处理设施，但面临经费不足，导致垃圾处理设施污水处理设施无法正常运行，为此，各省份可以尝试建立农村垃圾污水处理农户付费制度，农户和财政补贴共同承担治理费用，此项举措能有效改善农村人居环境，促进农民发展。在环保机构设置方面，我国大部分乡镇设立专门的环保机构，而大多数农村没有设立环保机构，这种设置的弊端就会造成环保机构无法对农村企业进行及时有效的监管，导致农村企业非法排污现象频频发生，污染农村的水、土壤和空气，侵害农民的清洁水权、清洁土壤权和清洁空气权，使农民的健康需要无法得到满足，制约农民发展。为此我国政府应在未设环保所的农村设立环保所，对农村企业进行有效监管，及时查处农村企业的非法排污行为，保护农民的清洁水权、清洁空气权和清洁土壤权，满足农民的身体健康需求，促进农民发展。

（二）完善农村环保政策

农民发展与农村环保政策密切相关，农村环保政策成为农民发展不可缺少的外在条件。目前我国采取的环保政策为政府主导型的环保政策，经济欠发达地区的农民较少主动参与农村环保活动，致使环保政策实施效果不够理想，农村环境没有得到有效保护，农民环境权益受到侵害。为此，政府要完善农村环保政策，建立政府主导与农民主动参与的环保政策，通过以奖促治方式，鼓励农民积极主动地参与到农村环境保护行动中来，保护自己的生存家园，保护自身合法的环境利益，为实现自身发展提供良好的环境条件。另外，现有农村环保政策存在重经济轻环保现象，使农村的空气、水、土壤遭到严重污染，农民环境权益受到侵害。为此我国政府在制定农村环保政策时应将经济发展和环境保护放在同等重要的地位，努力做到在促进经济发展的同时使农村环境得到应有的保护，改善农民生存环境质量，为实现农民发展提供良好的外在条件。

（三）完善农村环保法律法规

受城乡二元结构的影响，我国在城市和农村的环保法律法规建设方面还存在差距，大部分法律法规都是用于解决城市污染治理，而真正用于解决农村污染治理方面的法律法规相对不多，致使农民环境权益未能得到较好保护，成为农民发展的突出障碍。第一，我国土壤遭到严重污染，为此我国出台"土十条"，然而"土十条"多为原则性规定，缺乏可操作性，使农用地土壤环境仍得不到有效保障。为此，我国政府应抓紧制定具有可操作性的专门防治农村土壤污染的法律法规，治理农村土壤污染，改善土壤环境质量，维护农民的环境利益，促进农民发展。第二，农民参与环保的方式在法律上缺少规定，影响农民参与意识的形成，制约农民发展。为此，我国政府应该建立完善农民环境参与制度，通过立法规定农民参与环保的方式，用法律手段来维护农民环境参与权，从而调动农民参与环保的积极性，让农民自觉主动地参与到农村环保行动之中，农村环境污染问题才有可能得到解决，推动农民向前发展。

二 强化农民发展环境权益保障的政府责任

(一) 加大农村环保宣传教育力度

加大农村环保宣传教育力度，提高农民环境参与意识，改善农民居住环境，良好人居环境促进农民发展。第一，加大农村环保宣传教育力度。近几年来，各省积极开展农村环保宣传教育活动，取得了一些成效，但仍有经济欠发达地区因为经费不足，难以开展环保宣传教育，为此，呼吁社会各界赞助农村普法事业，促进普法工作的顺利开展，各乡镇要从本地的实际情况出发，开展形式多样的环保宣传教育活动，向农民普及农村环保知识，帮助农民了解当前农村环境存在的主要问题、环境污染恶化的趋势以及对其自身造成的严重危害，希望唤起农民强烈的环境意识，从而调动农民积极主动地参与到环境保护行动中来。只有让农民行动起来，农村环境污染问题才能有望得到根本解决，农民才能获得较好发展。另外，各乡镇要根据农村环保工作的现状，采取以案说法、警示教育片等灵活多样的形式宣讲农村政策法规知识，唤起农民环境忧患意识，加深农民对遵守环境政策法规重要性的认识，增强农民环境政策法规意识，提高其遵守环境政策法规的自觉性，在现实生活中做到更好地保护农村环境，为农民自身发展提供良好的环境条件，推动农民向前发展。

(二) 增强地方政府行政人员环保法治意识

提高农民的环保法律意识，离不开地方政府行政人员环保法治意识的提高，而地方政府行政人员环保法治意识的提高成为促进农民发展的一支重要力量。第一，长期以来，我国政府对地方官员的政绩考核过分注重经济业绩，导致个别地方政府官员格外重视经济发展，对农村生态环境的保护缺乏应有的重视，个别地方政府官员所表现出来的环保法治意识较为薄弱，对农民开展环保宣传教育活动次数相对不多，使农民的环境意识难以形成，制约农民发展。为此，我国政府应对政绩考核指标进行改革，应将环保指标纳入政府政绩考核中去，通过各级行政学院、管理干部学院、开设环保专题讲座的形式对政府官员开展环境形势教育和环保科学知识的教育来提高地方政府官员的环保法治意识。而地方政府官员环保法治意识的提高，会使其采取有效措施对农民开展多层次、多形式农村环保知识宣传教育活动，使农民逐渐形成良好的环保意识，推动农民向前发展。第二，个别地方政府在重要的招商引资工程方面，实行"一把手"说了算，在做决策时，对环保法规视若不见，更多考虑的是企业的发展会给当地经济发展带来的积极影响，而较少考虑企业发展给当地环境带来的负面影响，环保法治意识较为薄弱，直接导致农村的普法宣传力度不够，使农民对环保法律知识知之甚少，难以形成法律意识，制约其自身发展。为此，我国应对法治意识薄弱的个别地方官员开展法制教育，通过参加行政学院、党校、单位组织的培训等渠道，扩充法律知识，改变个别地方官员法治意识不强的现状，使其重视农村普法教育，把法律知识送到农民身边，加深农民对法律知识的了解，学会用法律武器维护自身的合法权益，促进农民向前发展。第三，个别地方政府行政人员不公开应当公开环境信息以及环境信息公开不充分，其信息公开意识薄弱，侵害农民环境知情权，制约农民发展。为此，我国政府应完善政府信息公开制度，规定信息公开的具体范围，对无正当理由延迟公开信息或拒绝公开信息的行为要求其承担相应的法律责任，提高地方政府行政人员信息公开意识，杜绝个人私用信息，谋取不当利益，较好地维护农民自身发展的知情权，推动农民向前发展。

（三）加大农村环保投入

加大对农村环保投入是影响农村环境质量的主要因素之一，改善农村环境质量的重要手段就是推进农村环境综合整治，开展农村环境综合整治，有助于改善广大农民的生产和生活环境，而农民生产和生活环境的改善在很大程度上能够促进农民向前发展。第一，在农村环境污染治理资金投入上存在重城轻乡，我国绝大部分污染治理资金都用于城市污染治理，真正用于农村环境污染治理的资金相对不足，导致农村基础设施缺乏资金无法正常运行，工业垃圾、农业污水、企业废水未能得到有效处理，不良的人居环境在一定程度上制约农民发展。为此，我国各级政府应在财政预算中安排一定的专项资金，确保环境污染治理设施的正常运行。第二，在环境保护政策的投入上，我国建立的三大环境保护政策体系，只适合解决城市工业污染防治，而对农村面源污染防治基本收效甚微，农村的水污染、土壤污染得不到有效治理，不利环境条件阻碍农民发展。为此，我国应该根据农村环境问题的特点，对我国原有的环保政策进行创新，应改为"重在预防""谁受益，谁付费""谁治理，谁收费"和"引导性环境政策，"这些政策转变有利于从源头保护农村环境，使农民自觉采取有益环境行为，更好地保护农村环境，良好的环境推动农民发展。

（四）加强农村环保机构建设

建立农村环保机构，意义重大。能够及时处理环境问题，保护农村生态环境。然而现状并不令人满意，在环保机构设置上，大多数乡镇设有环保机构，大多数农村没有环保机构，造成大多数农村环境监管极为薄弱，导致农村环境污染形势愈加严重，恶劣环境成为农民发展的障碍。为此，我国政府应在农村逐步建立基层环保机构，发挥农村基层环保机构的环保监管职能，及时查处环境违法行为，使农村环境问题能够得到及时解决，改善农民的人居环境，好的人居环境推动农民发展。

三 提高农民发展环境权益保障的主体意识

（一）提高农民发展的环境科学意识

保障农民发展的环境权益，必须建立在农民对环境问题的科学认识基础上，这需要不断提高农民的环境科学知识水平。比如，过去农民不懂环境保护知识，也缺少科学施肥指导，导致大部分农田存在过量使用化肥农药现象，致使土壤污染和水污染。为此，应在农村地区广泛开展环境知识教育和培训，动员环境专业人士向农民开展环境知识讲座，通过图书、电视、报纸等媒体向农民介绍环境科学的基本知识，提高农民特别是农村干部的环境意识。尤其是地处偏远山区的农民对环境保护知识了解更少，为此，应举办环保知识宣传活动，向农民发放环保宣传小册子，发放宣传单或利用宣传车等形式在农村巡回宣传，向农民普及环保知识，让农民科学认识环境问题，使农民在日常生产生活中做到不乱扔生活垃圾、不滥用化肥农药等，保护自己生存环境，维护自己的合法环境权益。

除了进行普遍性的宣传教育外，还需对农民开展具体的技术培训和指导，向农民宣传讲解环境保护知识。可聘请专家、技术人员向农民具体讲解测土配方施肥技术，使农民掌握科学施肥方法，形成科学施肥意识；向农民讲解秸秆焚烧、污水排放、过度施肥对身体健康危害等环保知识，提高广大农民环境科学意识。

教育是促进农民发展的根本途径，为此，应加大对边远农村地区的教育投入，普及十二年义务教育，在高中教育阶段设立环保课程，让农村孩子除了掌握课本知识之外，还得养成良好的生活习惯。环保意识需要从娃娃抓起，让孩子们知道如何保护自己的生存环境，增强环境保护意识。

(二) 提高农民发展的环境法律意识

积极推进农村的环境普法工作，提高农民环境法律意识，增强农民保护环境的主动性，学会主动了解环境信息，能够对生产生活环境变化作出迅速准确地反应，更好地维护自身发展的环境权益。这需要以农民发展的环境权益为中心，强调环境权益与环境保护职责的统一，通过多种形式、多种渠道开展普法活动，提高农民发展的环境权益意识，促使农民遵守环境法律法规。

对于经济欠发达地区环境普法工作开展面临的诸多难题，如普法人员不足、经费投入不足等，可以鼓励企事业单位赞助农村普法事业，确保农村法制宣传教育活动的正常开展。通过开展环保法律知识讲座以及法治文化活动等系列环境普法活动，促使农民在日常生产生活中能够运用法律手段维护自身的合法环境权益。

此外，由于农民因经济不富裕，负担不起环境危害的鉴定费，往往放弃诉讼不进行维权，影响了法律意识的提高。为此，需要提供农民法律援助，帮助农民申请免费去打环境侵权官司，调动农民维权积极性。

(三) 提高农民发展的环境参与意识

由于小农思想在农村长期存在，此种思想的负面影响表现为环境参与意识落后，不注重公共环境的维护。为此，需要通过教育向农民普及共享理念，逐步消除小农思想的负面影响，注重公共利益，让参与共享意识深入人心，营造农民参与环保的良好氛围，增强农民参与环境保护的主动性。同时，还需要定期公布农村环境质量，及时公开农村环境保护发展规划、污染源的监测和治理情况等，鼓励农民参与环境管理活动，提倡农民对环境管理与保护工作进行监督和评议。

此外，还要发挥农村集体组织维护环境的职能。农村集体组织是在自然乡村范围内，由农民自愿联合，基于土地集体所有并实行家庭承包的一种农业社会主义经济组织。它是我国农村的经济基础和组织保证，也是农民维护自身利益，参与农村基层社会管理的自治组织[1]。由于农民个体的

---

[1] 张瑞：《村集体经济组织的现实问题与对策》，《农村经营管理》2001年第6期。

天然弱势,在农村环境管理和农民环境权益保护中,农民为了更好地实现自己对公共环境的管理,确保自身环境权益不受侵害,需要依靠农村集体组织,才能对抗对农村环境资源的不当开发利用,对抗来自企业或其他个人对农村生态环境的不利影响。因此,必须充分发挥农村集体组织在农民环境权益保障中的有效职能。一是要保障农民能够通过农村集体组织参与农村环境立法和决策的咨询和建议,保证立法和政策的科学性、合理性;二是鼓励农民通过农村集体组织进行的环境监督活动,保证监督活动更为广泛、更为全面、更为有效;三是发挥农村集体组织在环境纠纷处理中的重要作用,它既可以居中调解农民之间的环境纠纷,也可代表农民向侵犯农民环境权益的行为进行诉讼,从而维护农民环境权益。

参考文献

一 著作

《马克思恩格斯全集》第 1 卷，人民出版社 1957 年版。
《马克思恩格斯全集》第 2 卷，人民出版社 1977 年版。
《马克思恩格斯全集》第 3 卷，人民出版社 2002 年版。
《马克思恩格斯全集》第 12 卷，人民出版社 1998 年版。
《马克思恩格斯全集》第 19 卷，人民出版社 1971 年版。
《马克思恩格斯全集》第 23 卷，人民出版社 1972 年版。
《马克思恩格斯全集》第 28 卷，人民出版社 1973 年版。
《马克思恩格斯全集》第 45 卷，人民出版社 1985 年版。
《马克思恩格斯全集》第 49 卷，人民出版社 1979 年版。
《德意志意识形态》，人民出版社 1952 年版。
《列宁全集》第 1 卷，人民出版社 1984 年版。
《列宁全集》第 3 卷，人民出版社 1984 年版。
《列宁选集》第 1 卷，人民出版社 2012 年版。
《列宁选集》第 4 卷，人民出版社 2012 年版。
《毛泽东选集》第 1—4 卷，人民出版社 1991 年版。
《毛泽东文集》第 6—8 卷，人民出版社 1991 年版。
《邓小平文选》第 3 卷，人民出版社 1993 年版。
《江泽民文选》第 3 卷，人民出版社 2006 年版。
《胡锦涛文选》第 2 卷，人民出版社 2016 年版。
《习近平谈治国理政》第一卷，外文出版社 2018 年版。
《习近平谈治国理政》第二卷，外文出版社 2017 年版。
［英］英格尔斯：《人的现代化》，殷陆君译，四川人民出版社 1985

年版。

[法] 孟德拉斯：《农民的终结》，李培林译，社会科学文献出版社 2005 年版。

[俄] A. 恰亚诺夫：《农民经济组织》，萧正洪译，中央编译出版社 1996 年版。

[美] 詹姆斯·C. 斯科特：《农民的道义经济学：东南亚的反叛与生存》，程立显等译，译林出版社 2001 年版。

[美] 马若孟：《中国农民经济：河北和山东的农民发展：1890—1949》，史建云译，江苏人民出版社 2013 年版。

[美] 西里尔·E. 布莱克：《日本和俄国的现代化》，周师铭等译，商务印书馆 1984 年版。

[美] 塞缪尔·亨廷顿：《现代化：理论与历史经验的再探讨》，张景明译，上海译文出版社 1993 年版。

[美] 米格代尔：《农民、政治与革命：第三世界政治与社会变革的压力》，李玉琪等译，中央编译出版社 1996 年版。

[德] 马克斯·韦伯：《儒教与道教》，洪天富译，商务印书馆 1995 年版。

[美] 杜赞奇：《文化、权利与国家：1900—1942 年的华北农村》，王福明译，江苏人民出版社 2003 年版。

[美] 罗伯特·芮德菲尔德：《农民社会与文化》，王莹译，中国社会科学出版社 2013 年版。

[法] 巴尔扎克：《农民》，陈占元译，江西人民出版社，2016 年版。

[美] D. 盖尔·约翰逊：《经济发展中的农业、农村与农民问题》，林毅夫、赵耀辉译，商务印书馆 2004 年版。

《梁漱溟全集》1—8 卷，山东人民出版社 2005 年版。

晏阳初：《平民教育与乡村建设运动》，商务印书馆 2014 年版。

费孝通：《乡土中国》，北京大学出版社 2012 年版。

[美] 黄宗智：《华北小农经济与社会变迁》，中华书局 1986 年版。

梁漱溟：《中国文化要义》，上海人民出版社 2005 年版。

曹锦清、张乐天、陈中亚：《当代浙北乡村的社会文化变迁》，上海远东出版社 2001 年版。

贺雪峰等：《新乡土中国》，北京大学出版社 2013 年版。

孙达人：《中国农民变迁论——试探我国历史发展周期》，中央编译出版社 1996 年版。

陈吉元、胡必亮：《当代中国的村庄经济与村落文化》，山西经济出版社 1996 年版。

秦晖：《农民中国：历史反思与现实选择》，河南人民出版社 2003 年版。

金雁、卞悟：《农村公社、改革与革命》，中央编译出版社 1996 年版。

曹幸穗：《旧中国苏南农家经济研究》，中央编译出版社 1996 年版。

秦红增：《乡土变迁与重塑——文化农民与民族地区和谐乡村建设研究》，商务印书馆 2012 年版。

郑永廷：《人的现代化理论与实践》，人民出版社 2006 年版。

孙津：《中国农民与中国现代化》，中央编译出版社 2004 年版。

徐勇：《大变革中的中国社会的生活方式》，华夏出版社 1987 年版。

张岱年、程宜山：《中国文化与文化论争》，中国人民大学出版社 1996 年版。

同春芬：《转型时期中国农民的不平等待遇透析》，社会科学文献出版社 2006 年版。

汪习根：《法治社会的基本人权——发展权法律制度研究》，中国人民公安大学出版社 2002 年版。

赵宇霞等：《我国农民发展的若干问题研究：基于马克思主义人学研究视阈》，中国社会科学出版社 2012 年版。

谢双明：《马克思主义东方农民问题的理论及其在中国的发展研究》，中国社会科学出版社 2013 年版。

陆益龙：《农民中国——后乡土社会与新农村建设研究》，中国人民大学出版社 2009 年版。

李克强：《农村公共产品供给与农民发展》，中国社会科学出版社 2013 年版。

翟新花：《我国农村集体经济体制变迁中的农民发展》，中国社会科学出版社 2015 年版。

段联峥：《马克思主义视域中的农民利益思想研究》，中国书籍出版社 2015 年版。

王正中：《中国农民现代化及其推进策略》，合肥工业大学出版社 2008 年版。

王宪明：《中国小农经济改造的制度研究》，中国经济出版社 2009 年版。

袁振龙：《农民问题国家比较研究》，知识产权出版社 2010 年版。

潘逸阳：《农民主体论》，人民出版社 2002 年版。

宋承先：《论重农主义》，上海人民出版社 1957 年版。

徐莉：《城乡一体化中农民文化权益保障研究》，西南财经大学出版社 2011 年版。

杜伟、黄善明、黄敏：《农民经济权益保障研究——基于成渝城乡一体化改革的思考》，科学出版社 2011 年版。

刘珺、宋周：《城乡一体化中农民社会权益保障研究》，科学出版社 2014 年版。

丁德昌：《农民发展权法治保障研究》，中国政法大学出版社 2015 年版。

戴茂堂等：《传统价值观念与当代中国》，湖北人民出版社 2001 年版。

郑杭生：《当代中国农村社会转型的实证研究》，中国人民大学出版社 1996 年版。

张海涛：《农民参与行为与农村实用人才开发》，中国农业出版社 2011 年版。

甘满堂：《农民工改变中国——农村劳动力转移与城乡协调发展》，社会科学文献出版社 2011 年版。

何玲玲：《马克思人的发展与社会发展关系理论研究》，人民出版社 2014 年版。

李克强：《农民收入、农民发展与公共产品研究》，中国社会科学出版社 2010 年版。

王丰、蒋永穆：《马克思主义农业现代化思想演进论》，中国农业出版社 2015 年版。

应星：《农户、集体与国家——国家与农民关系的六十年变迁》，中国社会科学出版社 2014 年版。

徐勇、徐增阳：《流动中的乡村治理——对农民流动的政治经济学分析》，中国社会科学出版社 2003 年版。

黄丙志：《农村劳动力与社会保障》，上海人民出版社 2007 年版。

曹幸穗：《旧中国苏南农家经济研究》，中央编译出版社 1996 年版。

徐勇：《农民改变中国》，中国社会科学出版社 2012 年版。

运迪：《当代中国农民的教育与自身发展》，苏州大学出版社 2012 年版。

曾绍阳、唐晓腾：《社会变迁中的农民流动》，江西人民出版社 2004 年版。

严新明：《生存与发展——中国农民发展的社会时空分析》，社会科学出版社 2005 年版。

魏晨明：《人的发展问题研究》，中国社会科学出版社 2012 年版。

郭书田、刘纯彬：《失衡的中国》，河北人民出版社 1990 年版。

高林远、祁晓玲、黄善明等：《新时期中国农民权益保障问题研究——基于城乡一体化改革背景的理论与实践反思》，科学出版社 2017 年版。

李云才、刘卫平、陈许华：《中国农村现代化研究》，湖南人民出版社 2004 年版。

高君：《农民工市民化进程中的就业和社会保障问题》，吉林人民出版社 2011 年版。

高君：《农民流动与社会保障》，中国农业出版社 2013 年版。

高君：《中国农民发展理论研究》，人民出版社 2016 年版。

高君、荆晶：《千村故事·劝农劝学》，中国社会科学出版社 2017 年版。

二 论文

李大兴：《论马克思人的全面发展理论的根本变革》，《哲学研究》2006 年第 6 期。

楚成亚：《中国现代化进程中的农民问题综论》，《山东大学学报》（哲学社会科学版）1996 年第 3 期。

韩长赋：《我国农村改革与发展的理论指南》，《求是》1999 年第 13 期。

刘冰清：《乡村人类学背景下中国农民的历史发展》，《云南师范大学学报》（哲学社会科学版）2013 年第 3 期。

谭德宇：《乡村治理中农民主体意识缺失的原因及其对策探讨》，《社会主义研究》2009 年第 3 期。

林兴初、陈晓熊：《农民现代化与发展本体的时代性变迁》，《理论与改革》2006 年第 1 期。

卢昌军、邓大才：《从"以业为商"到"以农为市"——社会化小农的市场维度考察》，《华中师范大学学报》（人文社会科学版）2007 年第 4 期。

蒋永甫、应优优：《试论农民发展的理论、实践与对策——以农民组织的分析为维度》，《云南大学学报》（社会科学版）2014 年第 6 期。

朱颖原：《农民发展的困境与解困之路》，《山西大学学报》2012 年第 2 期。

牟成文：《转型期我国农民政治意识变迁的特征分析》，《社会主义研究》2010 年第 2 期。

朱启臻：《小城镇建设与农民现代化》，《小城镇建设》2000 年第 1 期。

巩寿兵：《城乡融合进程中失地农民经济发展权的法律支持研究》，《农业经济》2018 年第 9 期。

李文明：《中国农民发展的现实困境与改革路径》，《农业经济问题》2014 年第 6 期。

李克海：《民工经济与农民现代化》，《社会学研究》2005 年第 1 期。

张永丽、赵锋、姚华：《合作与不合作的政治经济学分析——我国农民经济组织发展中的国家、政府与市场》，《西北师范大学学报》（社会科学版）2006 年第 1 期。

李兴平：《转型期农民环境抗争的行为逻辑——基于政治机会结构的检视》，《宁夏社会科学》2018 年第 1 期。

廖菲：《当代中国农民问题与农民现代化探究》，《教学与研究》2000 年第 12 期。

程同顺、张长虹：《西方国家的农民政治组织与经济发展》，《毛泽东邓小平理论研究》2003 年第 1 期。

杨勇：《我国农民政治行为的行动结构与逻辑转向》，《甘肃社会科学》2016 年第 2 期。

周作翰、张英洪：《中国农民的政治参与和参政权》，《政治学研究》2007年第2期。

李进兵：《浅议农村平等的发展机会和权利》，《经济体制改革》2005年第3期。

吴高泉：《现代性语境中"农民"一词的话语探析》，《社会科学战线》2007年第4期。

文军：《略论现代化及其在中国的历程》，《长白学刊》1996年第6期。

于德运：《我国农民文化心态的变化与现阶段农村文化建设的价值取向》，《社会科学战线》2003年第3期。

周军、田克勤：《中国农村现代化进程中农民文化价值观的变迁及其引导》，《东北师范大学学报》（哲学社会科学版）2013年第3期。

王毅杰、童星：《流动农民社会支持网探析》，《社会学研究》2004年第2期。

李迎春、刘静：《新型城镇化中被征地农民社会政策建设研究——以江苏省太仓市为例》，《中州学刊》2018年第4期。

李挚萍：《社会转型中农民环境权益的保护——以广东农村为例》，《中山大学学报》（社会科学版）2007年第4期。

曾艳华：《农民发展能力的问题与对策》，《改革与战略》2006年第6期。

周志山：《马克思人的全面发展学说的社会关系解释模式》，《学习与探索》2005年第1期。

翟新花：《我国农村集体经济体制历史变迁中的农民发展》，《当代世界与社会主义》2013年第5期。

王晓丽：《关于农民发展激励机制构建的思考》，《山西大学学报》（哲学社会科学版）2012年第2期。

李大兴：《论马克思人的全面发展理论的根本变革》，《哲学研究》2006年第6期。

朱颖原：《农民发展的困境与解困之路》，《山西大学学报》（哲学社会科学版）2012年第2期。

包先康、朱士群：《论农民公民能力的提升：基于社会政策的视角》，《福建论坛》（人文社会科学版）2013年第1期。

邓秀华：《构建农民工政治参与的评价指标体系》，《广东社会科学》2012年第3期。

黄进：《中国农民主体性的现状与重构》，《探索与争鸣》2012年第2期。

张艳新：《马克思人的全面发展理论探微》，《黑龙江社会科学》2006年第1期。

张瑞：《农民的发展趋势理论：从马克思到孟德拉斯》，《学海》2013年第3期。

刘冰清：《乡村人类学背景下中国农民的历史发展》，《云南师范大学学报》（哲学社会科学版）2013年第3期。

吴向东：《论马克思人的全面发展理论》，《马克思主义研究》2005年第1期。

吴理财：《中国农民行为逻辑的变迁及其论争》，《中国农业大学学报》（社会科学版）2013年第3期。

罗正月：《马克思小农经济思想对解决我国"三农"问题的启示》，《当代经济研究》2009年第4期。

郭少华：《新型城镇化视阈下农民现代化实现路径探析》，《中州学刊》2014年第4期。

唐春元：《邓小平对马克思主义农民理论的巨大发展》，《毛泽东思想论坛》1995年第4期。

杨平、王俊拴：《马克思主义农民理论的中国化》，《甘肃社会科学》2008年第1期。

李文明：《中国农民发展的现实困境与改革路径》，《农业经济问题》2014年第6期。

周逸先、宋恩荣：《中国乡村建设运动及其历史启示》，《河北师范大学学报》2006年第2期。

刘琦：《建国以来中国农民的巨大变化》，《广东社会科学》1999年第6期。

马良灿：《理性小农抑或生存小农——实体小农学派对形式小农学派的批判与反思》，《社会科学战线》2014年第4期。

陆学艺：《中国农村现代化的道路》，《教学与研究》1995年第5期。

张新光：《建国60年农民生活方式变迁的不协调性及成因》，《经济社会体制比较》2009 年第 5 期。

高新才、李忆春：《贫困地区农村妇女文化程度及其对农村经济发展的影响——以甘肃省中部地区为例》，《中国农村经济》2004 年第 9 期。

何海涛、陈鲁文：《农民现代化的社会心理认定研究》，《中南民族大学学报》2007 年第 1 期。

宋海春：《现代化进程中农民政治参与问题及对策分析》，《东北师范大学学报》2002 年第 4 期。

秦永州：《传统农民价值观念的内省》，《中国农村观察》2002 年第 5 期。

杨春娟：《农民道德观念变迁与道德提升路径选择》，《河北师范大学学报》2009 年第 5 期。

张怀璧：《农民现代化的主要障碍及对策研究》，《现代农业》2006 年第 12 期。

李成之：《农业产业化：我国农业发展新趋势》，《徐州师范大学学报》1998 年第 3 期。

赵强社：《职业农民培育路径探微》，《理论学刊》2009 年第 3 期。

张尤佳、王太金：《"同票同权"：农民平等选举权的有效实现》，《社会科学辑刊》2010 年第 2 期。

李凯中：《农村社会转型与农民组织化》，《求索》2006 年第 12 期。

张奎良：《人的本质：马克思对哲学最高问题的回应》，《北京大学学报》（哲学社会科学版）2015 年第 5 期。

姚德利：《论马克思主义人的发展的权利内涵》，《当代世界与社会主义》2009 年第 3 期。

张等文、陈佳：《城乡二元结构下农民的权利贫困及其救济》，《东北师大学报》（哲学社会科学版）2014 年第 3 期。

后　　记

　　本书是笔者主持的国家社会科学基金项目"农村文化建设与农民全面发展研究"（项目号：17BKS005）的阶段性成果。这项研究成果是笔者在《农民工市民化进程中的就业和社会保障问题》（吉林人民出版社 2011年版）、《农民流动与社会保障》（中国农业出版社 2013 年版）、《中国农民发展理论研究》（人民出版社 2016 年版）和《千村故事·劝农劝学卷》（中国社会科学出版社 2017 年版）的基础上，关于中国农民发展的前提性、基础性问题，也是中国农民发展的核心性、关键性问题，即中国农民发展的权益保障问题的深入思考，这应该是关于中国农民发展的基本理论问题和现实问题研究的进一步深化。

　　在研究和教学活动中，笔者指导的一些研究生、单位同事或将笔者提出的研究框架的一些局部具体化，或将笔者提出的思路和观点一点点地往前推进，循环往复的交流和讨论，逐渐形成了本书的分析主线和主要思想。本书除了笔者的劳动以外，也凝聚着笔者指导的一些研究生、单位同事的贡献，他们分别参加了资料收集、实地调研或撰写了部分内容。本书第一章、第二章的写作有笔者的同事钱彦慧博士的参与，第三章的写作有笔者指导的研究生宋沁沁的参与，第四章的写作有笔者指导的研究生李志的参与，第五章的写作有笔者指导的研究生王雪的参与，第六章的写作有笔者指导的研究生李钥的参与，第七章的写作有笔者指导的研究生林云飞的参与。此外，在本书撰写过程中，笔者的同事雷家军教授、丁峰博士、吴晓平博士给予了热心支持和大力帮助。对于所有上述学生、同事不同程度地为本书作出的有益贡献和帮助，表示诚挚的感谢！

　　笔者在本书撰写过程中参阅了大量的国内外相关文献资料，吸收了许多学者专家的学术思想和观点，借此机会，向各位学者专家表示深深的谢意！笔者尽力把各位学者的学术观点和相关研究成果在本书中予以注释或列入参考文献，但也难免有所疏漏，敬请多多谅解。中国社会科学出版社责任编辑宫京蕾女士为本书的编辑出版认真负责，做了大量精心细致而又富有创建性编辑工作，谨借此机会向她表示诚挚的感谢！

多年来，笔者坚持以马克思主义理论为指导，致力于构建中国农民发展学理论体系，但又清醒地认识到这项工作的艰巨复杂以及笔者的时间、精力、学识和水平所限，尽管做出了很大努力，书中肯定还存在许多不足之处，恳请专家读者批评指教！

高　君

2019年1月于杭州临安吴越人家寓所